Ines Geipel

Schöner Neuer Himmel

Aus dem Militärlabor des Ostens

KLETT-COTTA

Klett-Cotta
www.klett-cotta.de
© 2022 by J. G. Cotta'sche Buchhandlung
Nachfolger GmbH, gegr. 1659, Stuttgart
Alle Rechte vorbehalten
Cover: Rothfos & Gabler, Hamburg
unter Verwendung einer Abbildung von © IMAGO United Archives
International
Gesetzt von Dörlemann Satz, Lemförde
Gedruckt und gebunden von GGP Media GmbH, Pößneck
ISBN 978-3-608-98429-3
E-Book ISBN 978-3-608-11851-3

Bibliografische Information der Deutschen Nationalbibliothek
Die Deutsche Nationalbibliothek verzeichnet diese Publikation in der
Deutschen Nationalbibliografie; detaillierte bibliografische Daten
sind im Internet über http://dnb.d-nb.de abrufbar.

Inhalt

»Nach dem Timbre und der Lautstärke, dem Sprechtempo, der Wortwahl und dem Satzbau lässt sich der emotionale Zustand des Menschen beurteilen. Das Ziel des Experiments ›Sprache‹ besteht darin, aufgrund der Untersuchung der Frequenz- und Amplitudenzeitcharakteristiken der Sprache des DDR-Kosmonauten bei Aussprechen der Zahl ›226‹ auf deutsch (in der Transkription ›zwo sechsundzwanzig‹) seinen funktionellen Zustand unter den realen Flugbedingungen einzuschätzen. Das Experiment ›Sprache‹ sieht die weitere Vervollkommnung der Methoden zur medizinischen Überwachung des Gesundheitszustandes der Kosmonauten während des Fluges vor.«

BArch (Berlin), DY 30/69605, S. 89, unnummeriert.

Unknown
soldier

Doppeltext. 26. April 2018. Der Tag begann wie oft die Tage, die einem später nicht mehr aus dem Kopf gehen: normal, schön, sonnig. Und das in Berlin. Ein normaler Himmel, der normale Kaffee. Ich musste in die Stadt. Für 11 Uhr war eine Pressekonferenz angesetzt. Auf dem Podium drei Frauen. Sie würden ihre Geschichten erzählen. Ich hatte zu moderieren und war entsprechend vorbereitet.

Heute ist der 26. April 2021. Genau heute vor drei Jahren ist etwas in mein Leben getreten. So sagt man wohl später dazu. Ich weiß noch, wie ich während der Pressekonferenz vorn auf der Bühne stand. Im Saal viele Medienvertreter. Rechts neben mir die drei Frauen. Ich trat irgendwann zwei, drei Schritte zurück, sodass ich von hinten auf ihre Rücken sehen konnte. Als würden die auch reden, dachte ich. Als ginge das, gleichzeitig nach vorn und nach hinten. Als hätte beides nichts miteinander zu tun. Eine Art Doppeltext. Die Frauen sprachen von Missbrauch und Gewalt im Sport. Ruhig, klar, entschieden. Jedenfalls musste es sich im Saal so angehört haben. Sie sagten ihre Sätze. Die Journalisten stellten ihre Fragen. Es sah nach einer völlig normalen Pressekonferenz aus.

Es ist der 26. April 2021. Ich sitze am Küchentisch und fange an, dies aufzuschreiben. Ich denke an einen Bericht. Das erste

Bild ist das mit den Rücken, das zweite die Mail, die ich zwölf Stunden nach der Pressekonferenz erhalten habe. Sie liegt vor mir und hat diesen Inhalt: »Tja, Schätzchen, Du hast Deinen Spaß gehabt. Viel zu lange, wie wir finden. Nun sind wir dran, und das wird nicht lustig werden. Dabei wird kein Stein auf dem anderen bleiben. Worauf Du Dich verlassen kannst. U. S.«

Ich bekomme ab und zu solche Mails, die mit »Schätzchen« beginnen. Hallo, Schätzchen oder hör mal, Schätzchen oder sag mal, Schätzchen. Sie werden ausgedruckt und in einem speziellen Hefter abgelegt. In meinen Augen sind es Zeitzeugen. Die Schätzchen-Mail vom 26. April 2018 hatte die E-Mail-Adresse unknownsoldier@ – und landete nicht in dem Hefter. Sie blieb auf dem Schreibtisch liegen. Unknown soldier. Was offenbar nach Bedeutung klingen sollte, ein bisschen nach geheimer Mission. Aber was war davon zu halten? Wollte mir jemand Angst machen? Und wieso? War das nicht ein bisschen dick aufgetragen? Wenn ich heute an die Situation zurückdenke, habe ich die Nebelbilder von Gerhard Richter vor Augen. Das Verschwommene, Unscharfe, die unklaren Konturen. Aber vielleicht braucht es gar kein Bild. Vielleicht sollte ich einfach nur versuchen aufzuschreiben, was sich ereignet hat.

Der unbekannte Soldat. Ich musste zuerst an das Grab des *unknown soldier* in Canberra denken, das ich vor Jahren mal besucht hatte. Die vielen roten Blumen an der Wand. Es waren Mohnblumen. Etwas später kam ich auf Tarnanzüge, runtergeklappte Visiere und auf meinen Vater. Fast 15 Jahre Hauptabteilung IV der Staatssicherheit, Militärausbildung, Späher,

Grenzgänger, Westagent mit acht verschiedenen Identitäten. Er war der unbekannte Soldat in meinem Kopf. Aber brauchte es ihn, nur weil es mal wieder eine bescheuerte Mail gegeben hatte? Ich zögerte. Das Ding mit dem Osten. Es war mit den Jahren nicht einfacher geworden. Etwas war zurückgekommen, hatte sich verschoben, bewegte sich in Endlosschleife. So jedenfalls mein Eindruck. Was vor 20 Jahren noch gesichert schien, worüber es Dissertationen, viel Forschung und fundiertes Wissen gab, war mittlerweile unklarer denn je. Rutschig, vage, wie ohne Boden. Mehr und mehr schien der Osten weggefragt zu werden, zurückgeschrieben, ausgeblendet, umerzählt.

Fragt man die, die sich damit auskennen, reden sie auf seltsame Art von Restauration und wirken müde dabei. Was aber bleibt von einem Land, was von einem System, das es nicht mehr gibt? Was war sein Kern? Was ist sein Erbe, wenn es mehr sein soll als persönliche Erinnerung? Und wieso unknown soldier? Wer wollte da in den Raum zurück? Mein Blick blieb auf den beiden Buchstaben hängen. U. S. Schon merkwürdig. Noch dazu, weil der unbekannte Soldat offenbar zu dem führte, was mich selbst seit geraumer Zeit beschäftigte.

Pneumatisches. Wenn ich unterwegs bin, habe ich immer den kleinen Mac dabei. Insofern kann ich relativ gut nachvollziehen, wann ich wo und in welchen Einrichtungen, Behörden oder Archiven gesessen habe. In der Woche vor dem 26. April 2018, so besagt es der Computer, war ich im Militärarchiv Freiburg. Dort bin ich eigentlich ganz gern. Die

Tage an diesem Ort sind auf angenehme Weise ritualisiert: die Eingangstür mattweiß, metallen, sachlich. Das pneumatische Geräusch, fein, schleifend. Hinter ihm ein kalter Sog. Es macht klick, ich muss durch die Schleuse und bin drin.

Der April vor drei Jahren war heiß, der Freiburger Lesesaal eine Eisbox. Ich hatte Socken dabei. Auf der Ausgabentheke lag mein Aktenberg. Der Mann, der ihn mir rüberschob, lächelte mir sanftmütig zu. Ich zog den Stapel zu mir. War das der Anfang? Schon länger hatte ich einen Begriff in meinem Kopf: Militärisch-Industrieller Komplex, auch MIK genannt. Zu DDR-Zeiten haben wir oft Witze darüber gemacht. Kamen wir an einer Russenkaserne vorbei, sagten wir MIK. Roch es irgendwie silbern nach Strahlen, hieß es MIK. Gesperrte Gelände, schwarze Löcher des Systems – das war MIK. Worum es sich dabei handelte? Wen hätten wir fragen sollen?

Polytrauma. Mit 1989 war MIK passé. Verschwunden, wie so vieles? Doch irgendwie hatte sich MIK in mir festgehakt und beanspruchte sein Eigenleben. Das virtuelle Auge, das bionische Gehirn, GPS, Sea Hunter, die geplanten *Mars-Cities* der NASA – wenn ich etwas hörte oder las, was mit Militär und Forschung zu tun hatte, zogen die drei Buchstaben durch meinen Kopf wie Leuchtbojen. Irgendwann dachte ich: Was soll's, ein Stoff ist es ja allemal. Außerdem: Wieso weiß man eigentlich so wenig davon? Oder weiß nur ich nichts davon? Also versuch es, fahr nach Freiburg. Wenn etwas über MIK zu erfahren ist, dann da. In Freiburg liegt, das hatte ich im Internet recherchiert, was zum Komplex DDR-Militärforschung gehört oder mindestens das, was noch von ihm vorhanden ist. Dokumente zur Militärmedizinischen Akademie Bad Saarow und dem Zentralen Militärlazarett, zum Institut für Luftfahrtmedizin Königsbrück, dem Marinemedizinischen Institut Stralsund, der Akademie der Wissenschaften, dem *Interkosmos-Programm*. Ein Bestand, der vom Bundeswehrkommando Ost – das nur von Oktober 1990 bis Juni 1991 existiert hatte – ans Militärarchiv Freiburg übergeben wurde. MIK. Als ob man einer ungenauen Erinnerung nachginge, etwas, womit man gelebt hat, ohne es je ergründet zu haben. Eine abgestorbene Imagination, ein Stück Kalter Krieg, eine Verschwörungstheorie? Vielleicht hatte es ja eher mit dem zu tun, was in uns ist. Mit dem Hund der Geschichte, der die Spur aufnimmt und lostrottet, weil er muss, die Schnauze nah am Boden.

Die Klimaanlage rasselt. Vor mir die Akten, die Signaturen. Ich schaue aus dem Fenster. Wo ich bin? Im April 2018. Ein Feld früher Sommerwolken schiebt sich gemächlich am Archivfenster vorbei. Ich denke an Verheißung, an Willenlosigkeit, an Überblick und Weite. Ich sitze über brösligen Papieren. Archive sind seltsame Räume. Im Grunde Zeitkapseln. Jemand verschließt das Jetzt, zieht einen durch einen langen Flur, trödelt eine Weile rum, um dann irgendwo stehenzubleiben, vor etwas, was zwar geschehen ist, aber noch keine Zuordnung gefunden hat. Es ist noch unterwegs, ohne Landung.

Auf meiner Bestellliste für die Archivwoche im April 2018: »Klinik und Therapie ausgewählter Sabotagegifte«, »Folgen ionisierender Strahlung aufs Gewebe«, »Neue Erkenntnisse über die Panik im Gefecht«, »Plazentaforschung«, »Medizini-

sche Vorbereitung von Kosmonautenkandidaten«, »Selbst-
mordversuche Strafgefangener aus psychiatrischer Sicht«,
»Blutersatzmittel«, »Leistungsorientierte Verwendungen von
Frauen«, »Polytrauma«[1]. Themen, die mir im digitalen Bestellsystem ins Auge gefallen waren. Aber wo anfangen? Beim
Himmel. Auf alle Fälle da. Bei der Frage nach bewohnbaren
Zonen und außerirdischem Leben. Bei dem, was größer, älter,
unendlicher ist als alles, was wir uns vorstellen können. Sollte
es nicht was geben auch ohne uns?

Isolationscontainer. »Der Mensch ist nach wie vor
das universellste, biegsamste und wichtigste Glied in einem
Steuersystem, wobei eine sinnvoll abgestimmte Verteilung
von Funktionen zwischen Mensch und Automaten zu einer
Erhöhung der Zuverlässigkeit des Gesamtsystems führt.«[2]
Das steht so am Anfang der Habilitationsschrift des Flugmediziners Hans Haase, Jahrgang 1937, vom Institut für
Luftfahrtmedizin in Königsbrück, nur ein paar Kilometer
von Dresden entfernt. Das Institut, eine Einrichtung der Nationalen Volksarmee (NVA), unterstand dem Ministerium für
Nationale Verteidigung. Haase war stellvertretender Direktor
des Instituts, zwischenzeitlich Vorsitzender der ständigen
Arbeitsgruppe »Kosmische Biologie und Medizin«[3] innerhalb
des Interkosmos-Programms und betreute auch Sigmund
Jähn, den ersten Deutschen im All. Generalmajor Sigmund
Jähn umrundete im Sommer 1978 die Erde. Hans Haase ver-
teidigte seine Kosmonauten-Studie im November 1988. Da-
zwischen liegen zehn Jahre, in denen nicht nur in Königs-

16

brück »systematisch an raumfahrtmedizinischen Projekten gearbeitet« wurde, wie einem Sitzungsbericht der Leibniz-Sozietät der Wissenschaften zu Berlin aus dem Jahr 2008 zu entnehmen ist.[4]

Ein System im System, das systematisch ausgeforscht wurde. Was sollte das sein? Flüge ins All sind ultimative Heldenprojekte, mit jeder Menge Strahlebildern und ordentlich Nationalpathos obendrauf. Vielleicht liegt es ja an den steifen Raumanzügen, an dem ganzen anachronistischen Outfit, dass mir die Bildgeschichte der Weltraum-Titanen nie recht plausibel vorkam. Viel Winkewinke aus der Kapsel, weiches Schweben im All, breitbeiniges Gehopse auf dem Mond. Als sähe man einem Trupp von Entrückten beim Spielen im Nirgendwo zu, behütet einzig vom Universum. Aber was bekamen wir da eigentlich zu Gesicht?

Die Kosmonauten-Studie von Hans Haase setzt für den Realitätscheck ein präzises Datum: den 1.10.1976. An diesem Tag fuhren sieben Männer, die nach einem zähen Verfahren unter 300 DDR-Militärpiloten ausgesucht worden waren, ans Militärmedizinische Institut Königsbrück. Jeder der sieben sollte in den kommenden Wochen seinen persönlichen Hypertest durchlaufen. Es ging um körperliche Fitness, technisches Wissen, um Raumorientierung, Motorik, im Grunde um die generelle Tauglichkeit für einen Flug in den Kosmos. Nur vier von ihnen wurden nach den harten Testwochen in die Sternenstadt bei Moskau abkommandiert. Zwei blieben am Ende übrig: Sigmund Jähn und Eberhard Köllner. Sie waren ab da *Forschungskosmonauten* und absolvierten eine knapp zweijährige Spezialausbildung: mehrtägige Aufenthalte in

17

der »Surdo-Kammer« – einem Schweige- und Isolationscontainer, eine Flugausbildung auf der MiG-21, die Ausbildung auf Raumflugsimulatoren, Spezialtraining in der Thermokammer bis 60 Grad, Parabelflüge, Training auf der Humanzentrifuge, Training im Hochgebirge, Autogenes Training, endlose Theoriestunden.[5]

Waren sie froh darüber? Fühlten sie sich als Auserwählte? Wie ging mehrtägige Isolationskammer? Was für ein Körper sollte da eigentlich in den Himmel katapultiert werden? Ich höre, wie sich in mir Luken, Kammern, Kapseln schließen und etwas nach innen geht. Draußen auf dem Gehweg vorm Archiv laufen Menschen vorbei. Ich höre ihre Schritte, ihre Stimmen, ihr Lachen und denke an die Freundlichkeit des Lebens. Drinnen, in der Mappe, liegen die Jahre 1976, 1977, 1978. Im Osten waren das leise Jahre. Es bröckelte. Man konnte es hören. Ich lebte in einer Internatsschule im Thüringer Wald. Als wir nach den Sommerferien Anfang September 1976 wieder zusammentrafen, erzählte Claudia, meine Freundin aus Zeitz, von Oskar Brüsewitz. Der Pfarrer hatte sich zwei Wochen zuvor auf dem Platz vor seiner Kirche mit Benzin übergossen und dann angezündet. Ein öffentliches Zeichen, das bemerkt wurde und sich einbrannte. Wir lagen in unseren Betten und sprachen über den lichterlohen Mann, über sein Nein in unserer lauten Stille.

Quellensätze. Eine Akte ist eine Akte und zunächst nichts anderes als ein Zufallsfund. Soll sie irgendwann für etwas relevant werden, braucht es allerhand Verknüpfungspunkte. Quellensätze, Kontexte, eine Art Gewebe, in dem das einzelne Dokument mit anderen, mit der Zeit, mit weiteren Ereignissen zu sprechen beginnt. Es braucht einen roten Faden, bei Lichte besehen einen Gedächtnisraum. Es ist allerdings nicht so einfach mit dem Erinnern. Es heißt, wir bauen im Nachhinein um. Wir wollen die mit den dicken, weißen Schleifen gewesen sein, die Hüterinnen der großen Träume. Die Heiteren, die Starken, die Anführerinnen. Wir wollen Blindschleichen in uns gestopft, Köpper gekonnt und uns mit den Jungs gedroschen haben. Das Nachhinein kreiselt nicht gern, es erzählt lieber Heldengeschichten. Aber wie damit das Faktische der Zeit finden, wie ihr begegnen, sie nochmal abklopfen, befragen? Und was soll das überhaupt? Braucht es das? Ja klar, auf jeden Fall. Das aufgelassene Erbe des Ostens findet noch immer keinen Ort, keinen Konsenspunkt. Das dürfte verschiedene Gründe haben. Was noch immer fehlt, ist die historische Zuordnung. Was fehlt, ist der Blick auf die Erfahrungswucht nach mehr als 50 Jahren Diktaturerfahrung. Und trotz anderslautender Beteuerungen fehlt nach wie vor Forschung. Glaubt denn ernsthaft jemand, dass wir hier durch sind, dass das schon alles gewesen ist?

Als der Flugmediziner Hans Haase mit seiner Kosmonauten-Studie 1976 die Schwerelosigkeit in den Blick zu nehmen versuchte, war ich 16. Ich weiß, wo ich zu dem Zeitpunkt war, was ich machte, wonach ich Sehnsucht hatte, was alles schon in mir war. Oder, um es mal auf den Punkt zu bringen: Ich kann die Freiburg-Akten nicht objektiv lesen. So und so bin ich drin, in der Auseinandersetzung um die Zeit, den Stoff, das Ungeklärte, um das Schweigen in den Verhältnissen. Das ist so und nicht zu ändern. Zwischen 1976 und 2018 liegen reichlich 40 Jahre. Noch vor kurzem hätte ich gesagt, dass das viel Zeit ist. Aber welche Quellen, welche Kontexte, welche Geschichte haben wir in uns so sicher, dass sie nicht ins Rutschen kommen?

Alles, von Anfang an. Ich musste an Jacob denken. Es war vor Wochen, vielleicht im Januar 2018, als er mich nach einer Veranstaltung in Berlin angesprochen hatte. Seit fünf Jahren war ich Vorsitzende der Doping-Opfer-Hilfe. Eine Organisation, die all diejenigen unterstützt, die aus dem Glanzbild des Sports herausgefallen sind. Hauptsächlich die, die mit dem Staatsdoping der DDR kollidiert waren. Was zu sehen und zu hören ist, wenn die Scheinwerfer ausgestellt sind und die Zeit nach dem großen Kämpfen beginnt, ist der Gesellschaft nicht zu vermitteln. Es interessiert sie nicht. Der Sport soll Siegmaschine, Weltgottesdienst ohne Gott oder was auch immer sein. Aber bitte nicht das Couchprogramm vermasseln. Sport ist schön, Sport ist gut, Sport ist für alle da. Und ansonsten? Schulterzucken, Pech gehabt, selber schuld. Dunkle Nachbilder sind uncharming. Am besten, sie kommen gar nicht erst vor.

Jacob und seine unruhigen Augen, die verwaschenen Jeans, die Basecape mit NY vorn drauf. Seine Art, sofort zur Sache zu kommen, mich an einen Tisch zu ziehen und Stapel an Fotos auszupacken. Seine Zeit als Zirkusakrobat. Hier, zeigte er stolz, das war ganz mein Ding. Auf dem Foto ein feingliedriger Körper, der ganz oben, direkt unter der Kuppel des Zirkuszeltes schwebte. Auf der anderen Seite zwei Hände, bereit, ihn aufzufangen. Da ist irgendwann mal was schiefgegangen, meinte er und sah mich unverwandt an. Und dann? – War's vorbei. War zu viel Angst da, und ich bin zu den Rennfahrern.

Seine Zeit auf dem Rennrad und der nächste Packen Fotos. Und Urkunden. Und Medaillen. Das habe ich genauso seriös behandelt wie die Zirkusnummer, versicherte er. Ich nickte und sah ihn zum ersten Mal länger an. Warum sind Sie da?, fragte ich. Jacob erklärte: Ich stand auf dem Vorplatz des Dresdner Hauptbahnhofs. Ein Auto kam. Wir fuhren eine knappe Stunde. Wir stiegen aus, und ich verbrachte die nächsten zehn Wochen in einem Zimmer neben Sigmund Jähn. – Neben Sigmund Jähn? Dem ersten Deutschen im All? Der Mann mit dem Basecap schob weiter Fotos über den Tisch, als müssten die irgendwas beweisen. Auf einem er, sehr jung, mit Lorbeerkranz um den Hals, das Gesicht verschwitzt, strahlend. Wann war das? – 1974. – Ich meine, das mit Sigmund Jähn? – Auch so um die Zeit. Aber das habe ich erst später kapiert, als der mir im Fernsehen unentwegt aus seiner Flugkapsel zuwinkte.

Jacobs Augen, sein Körper, dünn wie eine Gurke. Er erzählte was von Nadeln, Drähten, Biopsien. Sind Sie sicher, dass da was mit Ihnen gemacht wurde? Eine Frage, die ich mir hätte sparen können. Deshalb war er ja da. Er schüttelte den Kopf: Es gibt nichts, keine Unterlagen, kann man komplett vergessen. Ich sah in sein Gesicht. Mehr als fünf Jahre machte ich das schon: Recherchen, Gespräche, Behörden, Archive, am Ende fast immer nichts, jedenfalls nichts von

Belang, nichts Belastbares, nichts, was jemandem wie Jacob helfen könnte. Es geht nicht um Sie, sagte er in die Pause hinein. Sondern? – Ich muss es wissen. Ich muss das Programm kennen, alles, von Anfang an. – Mit Ihnen ist irgendwas gemacht worden, sagen Sie? – Klar. – Und heute wollen Sie wissen, was es war, weil es Ihnen schlecht geht?

Wir sahen beide auf denselben Punkt auf dem Boden, als sei der in der Lage, uns über die Situation zu hieven. Jacob zog sein Basecape vom Kopf. Kein einziges Haar, keine Wimper, keine Augenbraue. Ist Ihnen schnuppe, nicht, schob er nach und winkte nur ab: Aber das ist es nicht einmal. Worum es geht, ist der Kampf gegen das Nichts. Dass sich nichts tut, dass es keine Klärung gibt, niemanden, der redet. Als ob es das alles nicht gegeben hätte. – Aber könnte es nicht auch anders gewesen sein? – Wie anders?

Anämisches. »Die besonderen Bedingungen des Raumfliegers«, heißt es in der Haase-Studie, sind »Schwerelosigkeit, kosmische Strahlung, künstliches Wohnmilieu, nervlich-emotionale Anspannung«[6]. Mir wäre Sehnsucht nach Wald eingefallen oder Angst vielleicht. Aber letztlich hatte ich mir nie wirklich Gedanken darüber gemacht. Bei Schwerelosigkeit dachte ich an Trampolin und Achterbahn, an ein fliehendes, sagenhaft leichtes Gefühl, das zwangsläufig mit viel Luft zu tun hatte. Nun las ich, dass sich unter der Schwerelosigkeit die Muskeln abbauten und das Blut in den Kopf stieg. Dass es zu einer »negativen Wasserbilanz« komme und zur »akuten Verschlechterung der Sehschärfe«[7]. Auch sei der

Energieverbrauch unter der Schwerelosigkeit um das Fünffache erhöht.

Als würden unsere Erdenkörper da oben im All einen systematischen Schlag wegkriegen. Vor allem Muskeln, Knochen, Blut, Hirn. Als steuerten wir im Himmel in eine heftige Demenzphysis, dachte ich. Dazu der Zwang, im hermetischen Raum auszuharren, sich im engsten Radius einzurichten, den eigenen Körper aufs Äußerste zu reduzieren. Und das über Wochen, Monate, vielleicht Jahre. Außerdem gehe es in den Flugkapseln enorm laut zu, hieß es. Der Maschinentrakt arbeite unablässig. Die Raumanzüge seien von innen her kalt. Wegen fehlender Bettschwere wäre an Schlaf kaum zu denken. Tag und Nacht existierten im All nicht. Nicht zuletzt die starke Belastung durch ionisierende Strahlung, durch Lichtblitze, durch »sensorischen Hunger«[8].

Die Klimaanlage im Archiv ackert, ich schwitze. So hatte ich mir das nicht vorgestellt: Man kann sich da oben nicht bewegen. Blut, Knochen, Muskeln, Hirn gehen rasend schnell flöten, dazu kein Schlaf, viel Strahlung, viel Langeweile. Das Exklusivdrama der Kosmoshelden las sich bei Flugmediziner Haase eher wie eine bizarre Bühnenshow.

Terra incognita. Fünf Tage nach der ersten Schätzchen-Mail kam die zweite: »Na, Schätzchen bist Du schon nervös? Keine Sorge, wir haben Dich nicht vergessen. Es geht nur noch um ein paar Details. Feintuning ist heute ja bekanntlich alles. U.S.« Mails dieser Art kommen ja oft noch in Serie. So richtig zum Wundern war das also nicht. Und dennoch:

Etwas war da. Etwas, was mit den Wörtern, mit ihrem Ton zu tun hatte. Als ob ich den Raum, aus dem die Wörter kamen, irgendwie schon kennen würde. *Unknown soldier.* In einem Sonntagabend-Tatort, der keine Auflösung finden soll, kommt irgendwann eine somnambule Figur mit schwarzem Kapuzenpulli um die Ecke. Der Kommissar hat dann zu raunen, dass seit längerem einer in der Stadt lebe, der vermutlich aus dem Bosnienkrieg oder aus Afghanistan komme. Ein alter Kämpfer, der sein Handwerk gelernt habe. Einer an der unsichtbaren Front, der von der Pieke auf gelernt habe, im Stillen sein Programm durchzuziehen. Eine Art sozialer Outlaw, der das Verborgene liebe.

»Was essen Kosmonauten? Die Art und
Weise, sich zu ernähren ist weitgehend
irdisch. Zur Verfügung stehen 70 Produkte,
verpackt in Rationen, die 65 Prozent in
dehydrierter Form vorliegen. Man kann
sagen, dass die Ernährung aus Tuben schon
Geschichte in der bemannten Raumfahrt
ist. Nur noch Fruchtsäfte oder - konzen-
trate, Pürees, pastenartige Produkte
befinden sich im Angebot. Es erklärt sich
aus den Besonderheiten der Nahrungsauf-
nahme in der Schwerelosigkeit. Bekanntlich dürfen ja keine Verkrümelungen
oder Flüssigkeitstropfen in die Kabinen-
atmosphäre gelangen, da sie bei Einatmung
zu schwerwiegenden Komplikationen führen
können. «

Zentrales Archiv des Deutschen Zentrums
für Luft- und Raumfahrt e.V., Göttingen, BAAR,
A872, unnummeriert.

Der Neue Mensch

Wohlsinn und Totale. Was hatte Jacob mit Sigmund Jähn zu tun? Hatte ich etwas mit *unknown soldier* zu tun und wieso? Wo war der Link? Heute, drei Jahre später, dürften sich diese Fragen erübrigt haben. Im April 2018 aber tappte ich völlig im Dunkeln, lag nichts anderes als die Kosmonauten-Studie auf dem Tisch. In ihr war ich hängengeblieben. »Die Menschheit steht am Beginn der Überwindung des Geozentrismus als des bisher vorherrschenden und historisch bedingten Weltbildes des Menschen«, steht auf Seite 23. Weiter hieß es, es gehe um die »Überwindung des organbezogenen Denkens«[9]. Aber wie sollte das aussehen? Lagen die Organe dann sorgsam aufgereiht nebeneinander und fanden höchstens noch zum Morgenrapport vorm zerfledderten Herz zusammen?

Der Neue Körper und die forcierten Konzeptzonen des vergangenen Jahrhunderts. Dazu ist viel gesagt. Ich meine, über die neuen Wahrnehmungen und die neuen Realitäten des Einzelnen innerhalb des neuen Kollektivs. Was das angeht, dürfte es für die Laboranten und Konstrukteure der unterschiedlichsten Forschungsszenen jedes Mal ein konkretes Datum und einen präzisen Ort gegeben haben. Man wird an einem Tisch gesessen, gesprochen und sich die Dinge überlegt haben. Das Entscheidende dürfte, wie meist in solchen Fällen, nicht aufgeschrieben worden sein. Und dann, was ist dann geschehen?

»Irgendwann kannst du das sicher mal jemandem erzählen, aber man wird dir nicht glauben.«[10] Ein Satz aus dem Film »Das Schlangenei« von Ingmar Bergman. Ich sah ihn im Herbst 1980 in Jena. Da war ich 20. Ich erinnere mich noch immer an das Gefühl vor der Leinwand oder eher daran, dass ich es nicht haben wollte. Als ob mir etwas zu nah gekommen war. Die Bilder, das Nervöse, Exzessive, Strudelnde. »Durch die dünne Membran erblickt man bereits das vollkommen ausgebildete Reptil.« Dieser Satz kam mir vor wie eine Chiffre, wie der gesamte Film offenbar als Chiffre gedacht war. Das Leben wie im Kokon, die Wände, die Spiegel, die Kameras dahinter. Als ich aus dem Kino kam, war der Abend milde. Ich stand an der Bushaltestelle und fuhr in eine Trabantensiedlung an der Autobahn. Etwas in mir schloss den Film ein wie eine Konserve, wie einen Ort in meinem Kopf.

Manchmal sind die Wörter so zart, als wollten sie sich selbst aufheben. Die dünne Membran. Wir blicken auf das vergangene Jahrhundert, wir stehen im Jetzt. Wir wollen das Individuelle, die Balance, den Wohlsinn, das Milde. Aber wie zwischen all dem diese dünne Membran ausmachen, wie sie verteidigen, wie überhaupt noch gegenhalten? Der Neue Mensch und der Kommunismus. Das war mein Anfang. Ich komme von da. Die Sehnsucht danach, es so genau wie möglich zu erzählen, von Anfang an. Vermutlich gab es keinen. Die Angst davor, es nicht genau genug erzählen zu können, es nicht hinzukriegen. Der Kommunismus als Utopie, Verheißung, Illusion, Mythos, Wahn, Verbrechen. Der Kommunismus als Realität. Als konkretes Zeiterleben, als konkretes Raumerleben, Wahrnehmungserleben, Empfindungserleben, Körpererleben. Was in ihm im Grunde bedeutete, dass alles Leben von einem einzigen Zentrum aus gelenkt wurde. Im Gegenzug lief jeder Gedanke, jede Bewegung, jedes Gefühl der Gesellschaft hin zu ihm. Die Welt als Totale.

Ich sitze in Freiburg und blicke in die 70er Jahre im Osten. Die Zeit kriecht aus den Wörtern. Sie schmeckt noch heute nach utopischer Unschuld. Immer besser, heiterer, friedlicher, solidarischer. Immer progressiv-fortschrittlicher. Ein dichter rhetorischer Wald. Was zwischen den Wörtern steht und nicht bis in die Buchstaben kommt, ist schon auch da. Aber was bedeutete das? Und vor allem: Was heißt es heute? Als ob man die Realität in einem fort über die Ränder der Wörter hinausschieben könne.

Die 70er Jahre. Wir tragen Schlaghosen, Plateauschuhe und surreale Frisuren. 1976 die Biermann-Ausbürgerung, ein Jahr später die »Charta 77« in Prag. Schließlich der August 1978 und Sigmund Jähn im All. Ein Propagandacoup sondergleichen. Während der erste Deutsche 125-mal um die Erde kreiselt, wird an allen Schulen des Landes der Militärunterricht als Pflichtfach beschlossen. Auch die Mädchen lernen jetzt schießen. Sie marschieren, werfen Handgranaten, laufen mit Gasmasken über Sturmbahnen, retten in brennenden Bunkern ihre Mitschüler. Später im Militärlager haben wir abends, bevor das Licht gelöscht wird, unsere Stiefel vor den Betten Richtung Westen auszurichten. Wir liegen wach und warten auf die Trillerpfeife des Lagerchefs im Flur. Sie teilt uns mit, dass wir jetzt durch die Nacht laufen werden, um uns dem Feind entgegenzuwerfen.

Staatstrauma. Die Freiburg-Woche. Nur Tage später die Pressekonferenz. Berliner Alltag. Ich fuhr in die Hochschule, traf mich mit Freunden, arbeitete in der Beratungsstelle der Doping-Opfer-Hilfe. Das zweite Entschädigungsgesetz lief auf Hochtouren. Ich hatte Jacob vor Augen und das, was an ihm so herumflatterte. Johanna mit den nervösen Flecken im Gesicht, von der alle drei Monate ein Brief ankam, in dem sie schrieb, dass ein Riss durch ihr Leben gehe, der nicht zu kitten sei. Karla, eine erfolgreiche Chefärztin heute in Leverkusen, die über Nacht nicht mehr laufen konnte und nun nachts weinend in den Turnhallen ihrer Kindheit hockt. Es ging ums Zuhören und darum, da zu sein.

Im Jahr 2000 fand der große Berliner Prozess gegen die Drahtzieher des DDR-Staatsdopings statt. 20 ehemalige Athletinnen und ein Athlet bezeugten und wurden im Gerichtssaal angehört. Auch ich war Nebenklägerin. Das erste Entschädigungsgesetz erfasste knapp 200 ehemalige Aktive, nach dem zweiten Gesetz waren es zusammen fast 2000. Zahlen sind Zahlen. Aber zwischen ihnen hockt eine Wunde. Sie erzählt sich nur stockend, nur manchmal, nur in Ausrissen, sie muss über viele Löcher und Hürden. Und dennoch war diese Wunde mit den Jahren immer größer geworden.

Nach dem Mauerfall gab es langwierige Ermittlungen, dann viel Forschung, Prozesse, Urteile, schließlich Entschädigungen. Ging es anfangs um Aufklärung und Skandal, verschob sich der Fokus zunehmend hin zu denen, die dem System ausgesetzt waren. Zu der Frage also, was ein staatliches Zwangsdoping an Alltag produziert hatte, an Gewalt, Missbrauch, Abhängigkeit, Zersetzung. Nach und nach war dieser Raum kenntlicher geworden. Ich hielt es für meinen Job, zusammen mit anderen das Staatstrauma der Körper ins Politische zu übersetzen. Es ging um Aufmerksamkeit und ums Beharren der Erinnerung.

Strahlenkörper. Aber wo kam die Konditionierung der Staatskörper im Osten überhaupt her? Was lag da drunter? Welche Ideen, welche Hoffnungsprojekte, welche Realitäten? Der Neue Mensch als anthropologische Traumschleife, als ein sich immerzu transformierendes Hoffnungsprojekt, als große Entlastungserzählung. Heilung durch das Neue, Tröstung durch die Natur, viel Vitalismus-Manna, der Glaube an die wahre Gemeinschaft, ultimative Aussteigerprojekte. In dieser Hochstimmung startete das wacklige Europa in sein 20. Jahrhundert und schmolz seinen alten Jenseitsglauben zusehends in diesseitige Sozialutopien um. Vor allem die beiden politischen Religionen Nationalsozialismus und Kommunismus bezogen sich in ihrer Heilserwartung auf christliche Traditionen, die sie in ihre Radikalisierungsprogramme einzuspeisen vermochten.

»Zur Dynamik der totalitären Bewegungen gehört es, dass die Ambitionen, Ideen und Interessen, von denen sie getragen wurden, nichts Statisches, sozialökonomisch Vorgegebenes waren, sondern nach vorn in ein Niemandsland unbestimmter Ansprüche und Erwartungen wiesen«, schreibt der Historiker Gerd Koenen in seinem Buch *Utopie der Säuberung*.[11] Aber der Abgrund der Geschichte lässt sich nicht in Anfangserwartungen, Hoffnungen oder Zukünfte zurückerzählen. Auch die Wörter haben Angst, vermutlich genauso viel wie wir Menschen. Auch sie müssen über das Unüberbrückbare, durch das, was Gerd Koenen »ein grausam verfehltes Experiment« nannte.[12] Dabei würden sie vermutlich auch gern ausweichen, ihre Ruhe haben wollen, sich einrollen, dichtmachen, eine Weile in sich wegdämmern. Aber sie sind da, um zuzuhören. Sie haben die Zeit einzufangen, zu erfassen, zu beruhigen. Und? Ist nicht genau das ihr Problem?

Die biopolitischen Utopien in Russland hatten die Revolution von 1917 nicht als initialen Schock nötig. Ihre Anfänge lagen deutlich früher und lesen sich wie ein schillerndes Konglomerat der unterschiedlichsten Ideengeschichten. So hatte Nikolaj Fedorow (1829–1903), auch Gesprächspartner von Tolstoj und Dostojewski, Ende des 19. Jahrhunderts mit seiner »Philosophie der Tat« einen kühnen Deal zwischen Vergangenheit und Zukunft, genauer zwischen allen Lebenden und Toten vorgeschlagen, um sie in einem »ewigen Universum« zu vereinen. Der westlichen Zivilisation mit all ihrem Wohlstand, mit Erfolgs- und Machthunger sei nur mit »Supramoralismus« beizukommen, gab er vor und hatte das diesseitige Paradies namens Sozialismus vor Augen.[13] Das hätte sich die Menschheit in einem »gemeinsamen Werk der totalen Beherrschung und Verwandlung des Universums, der Bekämpfung und Überwindung des Todes und der Auferweckung – der vollkommenen Wiederauferstehung – aller Verstorbenen« zu

34

erschaffen.[14] Der Hauptakteur seiner Unsterblichkeitsidee war niemand anderes als der »sich selbst regulierende, künstliche Körper«.[15] Seele brauchte es keine, da die Welt ohnehin nur rein materiell-körperlich existiere. Insofern sei es auch kein Problem, den Neuen Körper mittels Technik zu manipulieren.

Die heutigen Transhumanisten dürften an den Traktaten von Fedorow wohl ihre wahre Freude haben. Dabei war er schon Inspiration und Stichwortgeber in seiner Zeit, insbesondere für seine Jünger. Einer von ihnen war Konstantin Ziolkowski (1857–1935), der von Weltraumtürmen mit Fahrstühlen in den Himmel, von interstellaren Kolonien, von der Metamorphose aller Menschen zu einem gigantischen »Strahlenkörper« träumte. Er baute den ersten Windkanal in Russland und eine Zentrifuge für Küchenschaben und Küken, konstruierte ein lenkbares Ganzmetallluftschiff, wollte unbedingt mit den Bewohnern anderer Planeten Kontakt aufnehmen, entwarf mehrstufige Raketen mit Flüssigtreibstoff und machte Pläne für bemannte Raumstationen. Offenbar ein Tausendsassa, der nach der Revolution zunächst durch Lenin, dann durch Stalin als »genialer Sohn des Volkes« zu einer wirkmächtigen Propagandalegende aufgebaut wurde.

Kollektiv-Experimentelles. Die Ideen der Interplanetaristen entwickelten in den Kreisen der russischen Intelligenzija eine solche Sogkraft, dass es nicht viel brauchte, um sie in der heißen Zone der Revolution weiter aufzuladen. Man wollte dazugehören und Teil des Utopischen sein. Der Biokosmist Aleksandr Svjatogor plante ein »Haus der Unsterblichkeit«, das die Diktatur von Zeit und Raum abschaffen wollte. Er nannte sich Kreator und war ganz besoffen von seiner großen »Kampfgemeinschaft des Neuen«[16]. »Es ist an der Zeit, der Erde einen anderen Weg vorzuschreiben. Es wäre auch angebracht und an der Zeit, in den Lauf der anderen Planeten einzugreifen.«[17] Die Herrschaft über Erde und All, die Machbarkeit von Geschichte, die interstellaren Formate des Menschen, die Körper als Projektile, um sie ins Jenseits zu schießen. Grenzen? Wer ohne Grenzen ist, herrscht über Zeit und Raum.

Der Schlangenei-Sog: Als würde unter dem Firnis der Zeit etwas heranwachsen, das es einem im Nachhinein schwer machte, es zu begreifen. Es war schon da, aber noch nicht geboren. Es hatte schon Wirkung, obwohl erst in den Köpfen. Es konnte ungestört wachsen, es konnte warten. Es konnte so vieles, obwohl noch nicht existent. Ich sah auf die Wörter, wie sie nach und nach auf dem Display erschienen. Etwas war da. Etwas noch ohne Gestalt, aber bereits anwesend.

Russland glühte sich durch seine Revolutionsjahre. Dynamisch, anarchisch, fanatisch, kreativ, heroisch. Ruhepunkte? Keine. Die alte Welt wurde in den Schmelztiegel der Geschichte geworfen, um über Nacht im Gigantismus der Sowjetmoderne zu landen. Die liebte Höhe und gravitierte qua Geburt um ein Schwarzes Loch. Es hieß Auslöschung. Je größenwahnsinniger die Ideen, desto brutaler der Preis im Realen. Das galt auch für Biokosmisten, Interplanetaristen und Kreatoren.

Svjatogor mit seinem »Haus der Unsterblichkeit« wurde unter Stalins Säuberungsparanoia im Juni 1937 verhaftet und zu acht Jahren Lager verurteilt. Sein Schicksal verlor sich im Nirgendwo. Der Biokosmist Aleksandr Jaroslavskij (ohne Datum–1930) hatte unmittelbar nach dem Sturm auf das Petersburger Winterpalais gleich noch zum »Sturm auf das Weltall« gerufen. 1928 wurde er wegen »Verleumdung der UdSSR in der ausländischen und weißen Presse« verhaftet, zu fünf Jahren Lager verurteilt und 1930 auf den Solowezki-Inseln erschossen. [18]

Leo Trotzki, Revolutionär der ersten Stunde und Stalins großer Widersacher, gehört auch in diese Phalanx. Auch er war Bioutopist, auch er wollte keinen Stein auf dem anderen lassen, auch für ihn war es Zeit für eine »radikale Revision – der Natur wie des Menschen«[19]. »Das Leben, selbst das rein-physiologische, wird kollektiv-experimentell werden.«[20] Trotzkis Schönheitsidee? »Einen höheren gesellschaftlich-biologischen Typus zu erschaffen, einen – wenn man so will – Über-Menschen.«[21]

Der Strahlenkörper, der interplanetare Verkehr, die Volkspaläste, der Übermensch im bolschewistischen Kollektivversuch. Psychologie, Biologie, Pädagogik, Medizin, Physiologie, Militärforschung. Alles und jedes sollte zum Modernsten, Neuesten, Besten werden. Dabei wurden Laborimperien aus dem Boden gestampft, immense Staatsgelder in die Hand genommen, Heerscharen an Forschern eingestellt, die widersprüchlichsten und wildesten Ideen vorangetrieben. Was anfangs nach Offenheit aussah, zerstob jedoch in den einsetzenden Machtstrudeln oft genug wie über Nacht.

Sowjetische Bioutopien und ihre Schlüsselmetaphern: Unsterblichkeit, Interplanetarismus, der Neue Mensch und seine

Organprojektionen. Als wäre die Imagination dabei, die Realität umzuschreiben. Stalin forderte dabei, dass nur erforscht wurde, was auch Praxisnähe ausweisen und der Neue Mensch wirklich brauchen konnte, der Selbstumbauer, Gesäuberter und Missionar in eigener Sache werden sollte. Einer, der sich qua Willen, Technik, Züchtung und Sowjeterziehung neu erschaffte. Und das dermaßen neu, dass es ihm auch möglich würde, die eigenen Gene zu überlaufen. So mindestens der Plan.

»Hirn gleich Haupt gleich Partei«. Das war die prominente Formel des ersten russischen Nobelpreisträgers und Reflexforschers Iwan Pawlow (1849–1936). Der Forscherkult ums Hirn sollte nicht nur das Rätsel Lenin lösen, sondern die Genialität des sowjetischen Kollektiventwurfs im Grundsatz klären. Die »proletarische Biologie« entwarf deshalb Züchtungsutopien, die das Leben unter die Generalorder der Großhirnrinde stellten. Eine Attacke vor allem auf alles Spontane, Offene, Kreative. Ein Programm mit Langzeitwirkung, das auch spukhafte Forschungsdeformationen ins Leben rief. Vieles davon dürfte nie an die Öffentlichkeit gelangen. Manches schon.

Hybrides. So entschied die Sowjetregierung im Jahr 1926, eine Expedition ihrer Starbiologen nach Kindia, Französisch-Guinea, zu schicken. In der dort neu gegründeten Affenstation wollte man im Zuge angelaufener Hybridisierungsforschung Schimpansenweibchen mit menschlichem Sperma inseminieren. Ein Jahr später waren drei Weibchen bereits besamt, was im Versuchsergebnis zu »einer uneindeutigen Situation« führte.[22] Die Forscher wollten mehr und entwickelten die Idee, »afrikanische Frauen mit Schimpansensperma« zu besamen.[23] Sowohl der Gouverneur von Guinea als auch der betreuende Arzt am Hospital von Konakry verweigerten die Genehmigung für die Bizarrerie, sodass das sowjetische Biologenteam ergebnislos, aber immerhin mit einigen Affen im Gepäck die Heimreise antrat. Die Tiere aus Afrika gehörten ab da zum ersten Versuchsstamm für eine im georgischen Suchumi entstehende Zuchtfarm.

Ich muss wieder an die Tische denken, an denen das verhandelt wird, was wir später Geschichte nennen, an Einlassordnungen, Tagesordnungen, Sitzordnungen. An den Krimsekt am Anfang und den am Ende. Oder war es Wodka? An die Sätze, die in keinem Protokoll erscheinen. An die Blicke und Codes, an das, was man sich zuschiebt, um dazuzugehören. Es ist nicht so, dass man sich das nicht vorstellen kann. Aber es ist so, dass immer ein Rest bleibt. Etwas, das sich nicht übersetzen lässt, nicht kann, das sich verweigert.

Der Neue Mensch, der jung, genial, stark, potent und leistungsfähig zu sein hatte. Es ging um Aufzucht, Evolution, Höheres, um den »neuen Sowjetmenschen« und die naturwissenschaftliche Fundierung für ein sogenannt »allgemein anwendbares Verfahren«.[24] Es ging auch um die Forscher in Suchumi, die daran glaubten, »in Übereinstimmung mit einem einheitlichen wissenschaftlichen Plan den Genfonds des Landes sehr schnell verändern« zu können.[25] Auch Frauen sollten Neue Menschen werden dürfen. »Entsprechend dem allgemeinen Klima der Epoche waren die betroffenen Frauen aufgerufen, sich der Versuchsdisziplin unterzuordnen. Zur Teilnahme an den Kreuzungen schien es ratsam, mindestens fünf Frauen ausfindig zu machen, denen bevorstand, nicht weniger als ein Jahr unter den Bedingungen strenger Isolation auf der Affenzuchtfarm in Suchumi zu leben.«[26] Sie sollten »ideell, aber nicht materiell an den Experimenten interessiert sein«.[27]

Die praktischen Vorbereitungen liefen, die Versuchsreihe startete, da verstarb im Sommer 1929 urplötzlich *Tarzan*, das einzige geschlechtsreife Anthropoiden-Männchen auf der Suchumi-Farm. Die Forschung wurde ausgesetzt, eine neue Affengruppe angekauft. 1930 kam es dann zur Verhaftung des Leiters der Forschungsgruppe. Man schickte ihn nach Alma-Ata in die Verbannung, wo er 1932 verstarb. Die Forschungs-obsession wurde auf Eis gelegt. Die Versuchsreihen und Auf-zeichnungen verschwanden weisungsgemäß bis nach 1989 in den sowjetischen Archiven.

Stalin-Wissenschaften. Das ist fast hundert Jahre her. Was geschah danach? Was wurde nach dem Ende des Zweiten Weltkrieges aus all den frühen Bioutopien? Was aus der Heroik und der Anmaßung des Anfangs? Und wo liegt der Beginn nach 1945, wenn es um sowjetische und ost-deutsche Forschungsprofessionen geht? Wann fingen die Ge-heimforschungs-Komplexe an, sich zu verzahnen?

Der Sieg über den Nationalsozialismus hatte den sowje-tischen Wissenschaftseliten einigen Surplus verschafft. Sie witterten Morgenluft. Hitler war niedergerungen, insbesondere auch durch die starke sowjetische Militärforschung. Aber Stalin blieb Stalin, und ideologische Scharmützel blieben Scharmützel. Wirkliche Verschnaufpausen, mehr Forschungsautonomie? Das sollte es geben, aber nur kurzzeitig, nur hie und da, nur mittels undurchsichtiger Verfahren. »Es ist kein Zufall, dass die Phasen eines besonders gravierenden ideologischen Eingriffs gegen Ende der 40er Jahre mit großen Privilegien für die Wissenschaftler einhergingen«, schreibt der Historiker Kirill Rossijanow.[28]

In den Jahren des Großen Vaterländischen Krieges wurde aus dem Neuen Menschen der *Stalin-Mensch*, definiert als radikaler, absoluter Avantgardist, der bereit war, »sein ganzes Leben in neue, unbekannte Formen zu überführen«, wie es der Philosoph Boris Groys formulierte.[29] In diesem Furor gelang es Stalin zusehends, seine Politik mit den Forschungsdiskursen des Landes gleichzuschalten. Der Terror-Mann genehmigte, befeuerte und bezahlte vor allem, was seiner Macht und seinem Erbe diente. Insofern hat es seine Logik, dass »eine der letzten ideologischen Ausformungen des Stalinismus sich wesentlich um Fragen der Steuerbarkeit von Vererbung drehte, das heißt um die Frage, inwieweit gesellschaftliche Prägungen direkt und planmäßig ins Erbgut – der Pflanzen, der Tiere wie der Menschen – überführt werden können. Das war keine Abschwächung, sondern im Gegenteil eine Steigerung aller früheren Biologismen«, schreibt Gerd Koenen.[30]

Stalin starb im März 1953. Sein Imperium bestand 30 lange Jahre. Als Nikita Chruschtschow 1956 seine Personenkultrede hielt, kippte er Stalin von seinem *Übermenschen*-Thron.

Es folgte, was man später Tauwetter-Zeit nannte, in der vieles als neu und anders ausgerufen wurde, auch in den Wissenschaften. Im Nachhinein fällt auf, wie wenig neu diese neue Phase bei Lichte besehen war. Das galt auch für den Stalin-Satellitenstaat DDR.

»Lassen sich die systemische Ausbreitung von Viren beeinflussende Faktoren ermitteln und auf der Erde reproduzieren, im Hinblick auf die Gewinnung virusfreier Gewebe?«

Vorschläge aus dem Bereich der Phytopathologie: Prüfung der Durchbrechung der Ausbreitungsresistenz von Viren; Prüfung des Einflusses auf die vollsystemische Ausbreitung von Viren; Untersuchungen zu möglichen Veränderungen – speziell genetisch fixierter Mutationen – an pflanzenpathogenen Viren. Vorschläge zur Beteiligung der Akademie der Landwirtschaftswissenschaften der DDR am Interkosmos-Programm auf dem Gebiet der Biowissenschaften und der Agrarwissenschaften, VD AL 00/7-5/79, Zentrales Archiv des Deutschen Zentrums für Luft- und Raumfahrt e.V., Göttingen, BAAR, A854, unnummeriert.

Kybernetik-
Lampions

Dresden, Kindheit, Weißer Hirsch. Von zuhause aus hundert Stufen runter zur Zwanziger, auf der anderen Seite nicht ganz so viele wieder hoch bis zum Rondell. Oben links das Schloss San Remo, dann der Luisenhof, rechts die Standseilbahn. Auf der Plattleite die dicken Gründerzeitvillen. In einer Hanna, ein Haus weiter Steffen, die beide schon warteten. Auf den Balkonen Malven und Kresse, in den Gärten Klaräpfel und Schneekirschen. Sich mit diesen Beständen durch das Netz der Kindheit hangeln, mit den Flocken aus Schönheit und Licht. Der Weg die Plattleite entlang bis zur hohen, hellen Mauer. Dahinter das Ardenne-Reich, schwer abgeschottet und natürlich nur für Interne zugänglich. Einzige Ausnahme: die kupfern leuchtende Sternwarte. Und genau da wollten wir hin. Es war Hanna, die morgens in der Schule immer mal zu uns sagte, dass wir am Abend kommen könnten, um in den Himmel zu schauen. Hanna wusste das. Sie war die Tochter des technischen Direktors von Ardenne.

Hanna, Steffen, Suse, Hans, Peter und Petra, die Horde also. Der simulierte Sternenhimmel, das edle Teleskop in der Mitte der Sternwarte, die sich langsam aufschiebende Luke in den Kosmos. Unsere Sternenabende. Und über allem der Exklusivname Manfred von Ardenne, der als *Roter Baron* wie ein Naturgesetz zum Kindheitstext gehörte: Wann kommt sein Farbfernseher endlich? Wie erwirbt man so ein sagenhaftes Schloss? Wie lange war er bei den Russen, und ist er nicht eigentlich ein KGB-Mann? Mit ihm schwappte etwas über den Weißen Hirsch, das mit Glanz, Adel und Geheimnis zu tun hatte. Er war der weiße Elefant meiner Kindheit, eine Art Fata Morgana von Dresden. Aber wer war er wirklich?

1907 in einer großbürgerlichen Militärfamilie in Hamburg geboren, gehörte Manfred von Ardenne zu den sogenannten »weißen Jahrgängen«, die für den Militärdienst bis 1918 zu jung und für die Wehrmacht bis 1939 zu alt waren. 1923 reichte er mit 16 sein erstes Patent ein, annähernd 600 sollten es werden. Mit 17 machte er sich selbständig und baute Fernrohre, Fotoapparate, Alarmanlagen. Mit 21 eröffnete er in Berlin ein privates Forschungsinstitut für Elektronenphysik. Sein Faible: drahtlose bewegte Bilder. Das hatte Drive und vor allem Format. Ein Youngster, der die Dynamiken seiner Zeit auszulesen wusste und daraus seinen ganz eigenen Forschungsstil kreierte. Während des Nationalsozialismus blieb sein Berliner Privatlaboratorium aktiv. Wohl mehr als das. 1942 legte Manfred von Ardenne ein Geheimdossier vor, das als offenkundige Vorlage für einen Prototyp der vermeintlichen »Hitler-Bombe« – der Atombombe – diente, aufgebaut auf einem Waffenstützpunkt in Bad Saarow.

Nach Kriegsende bot er den Amerikanern sein Wissen und seine Dienste an.[31] Durch die frühere Ankunft der Roten Armee in Berlin wurde diese Absicht durchkreuzt, und er gehörte zu den annähernd 3000 deutschen Wissenschaftsspezialisten, die als intellektueller Reparationsbestand in die Sowjetunion zwangsverpflichtet wurden.[32] Die USA hatten zwei Atombomben über Japan abgeworfen. Stalin brauchte unbedingt auch eine. Zusammen mit Familie und Forschungsinstitut wurde Manfred von Ardenne im April 1945 von einer Spezialeinheit der Roten Armee nach Suchumi, genauer nach Sinup, in einen abgeschirmten Geheimkomplex gebracht. Sein Auftrag: die Entwicklung eines Isotopen-Trennverfahrens. Er lieferte. Seine Forschung diente als Basis für die 1953 in der kasachischen Steppe gezündete erste Wasserstoffbombe der Sowjets. Für diese Forschung erhielt er noch im selben Jahr den Stalin-Preis, vielleicht eine Art Nobelpreis des Kommunismus.

Tatmänner. Kaum zwei Jahre später kehrte er nach Deutschland zurück. Hinter ihm sein sowjetisches Dezennium, er nun knapp 50. Wie es für ihn war, als er in Dresden, auf dem Weißen Hirsch, sein Märchenschloss am Elbhang bezog, unter ihm die Stadt in Schutt und Asche? Denkbar ist vieles. Auch ist es nicht so, dass er sich selbst nicht dazu geäußert hätte. Aber seine Texte lesen sich eher wie ein Versteck, als dass man sie als persönliche Selbstverortung verstehen könnte. Richtig ist, dass seine minutiös vorbereitete Rückkehr nach Deutschland unter der Obhut von Walter Ulbricht, dem neuen Diktator im Osten, stand. Er protegierte ihn, war sein Schutzpatron, ermöglichte, mit ihm besprach er sich: »In Walter Ulbricht war ich einem Mann der Tat begegnet, der schnell das Wesentliche erkannte, sich die Argumente des Gesprächspartners aufmerksam anhörte und dann nicht lange mit der endgültigen Entscheidung zögerte. Ich habe mir deswegen immer wieder erlaubt, aus meiner Sicht Empfehlungen über notwendige Maßnahmen, Veränderungen oder Festlegungen an ihn heranzutragen«, hält Manfred von Ardenne in seinen Memoiren fest.[33]

1955. Eine Zeit der Blöcke, des Wiederaufbaus, des gesamtdeutschen Traumadeliriums. Die 50er Jahre des Ostens. Die Hoffnung, der Wiederaufbau, der Terror, die Verbote, die Politscharmützel, die Erschießungen in Moskau. Die frühe DDR und ihre apostrophierte Unschuld. Das bessere, friedlichere Deutschland hatte vor allem eins: sich nach vorn zu denken. Vergangenheit war nicht. Und die Realität? Bekam der Sowjetrückkehrer vom Weißen Hirsch überhaupt was von ihr mit? Noch 1955 eröffnete Manfred von Ardenne auf dem malerischen Elbhang sein privates Forschungsinstitut für Elektronen-Ionen- und Kernphysik. Als Adliger und Privatunternehmer war er ein Solitär und kann dennoch als Prototyp für die frühe Forschungslandschaft des Ostens verstanden werden.

Es ging um Projektgelder, Zugänge zur Macht, Schlüsselpositionen und den Aufbau von Netzwerken. Um etwas, das insbesondere den Sowjetrückkehrern vorbehalten bleiben sollte. Denn mit ihnen hatte Moskau gute Erfahrungen gemacht. Ihnen vertraute man, nun ja, ein bisschen. Ostberlin warb um sie und versorgte die ostdeutschen Sowjetrückkehrer großzügig. Eine Exklusivstrategie, die Erfolg zeitigte. Nur ein Viertel von ihnen setzte sich in die Bundesrepublik ab. Auf dem Feld der Wissenschaften wiederholte sich damit, was auf der politischen Bühne längst zur Tatsache geworden war: kein Schritt ohne Kremls Gnaden.

Ein Machtkalkül, das sich auch über zahlreiche Biographien erzählen lässt: Der Physiker und Nobelpreisträger Gustav Hertz (1887–1975) wurde wie Ardenne im April 1945 nach Suchumi abkommandiert und blieb dort neun lange Jahre, um das Atombombenprojekt der Sowjets mit zum Erfolg zu bringen. Auch er erhielt für seine Forschungen den Stalin-Preis. Nach seiner Rückkehr wurde er 1955 mit der Leitung des Wissenschaftlichen Rates für die friedliche Anwendung der Atomenergie beim Ministerrat der DDR betraut.

Der Giftgas-Experte Peter Adolf Thiessen (1899–1990), wegen seiner aktiven Nazitätigkeit 1945 aus der Preußischen Akademie der Wissenschaften ausgeschlossen, musste ebenfalls zusammen mit Ardenne nach Suchumi. Auch ihn machte man zum Stalinpreisträger. 1957 wurde er Vorsitzender des neu gegründeten Forschungsrates der DDR, eine Art Koordinierungszentrale zwischen Wissenschaft, Politik und Wirtschaft.

Ein Dreigestirn, das nach 1945 nicht ohne Grund den Namen »Schutzring Ardenne-Thiesen-Hertz« erhielt.[34] Dass stehende Verteidigungslinien in riskanten Zeiten, wie es die Anfänge der DDR waren, überlebensnotwendig waren, zieht sich wie ein roter Faden durch das Quellenmaterial dieser Jahre. Postengerangel, Erfahrungsneid, Schulddynamiken, üble Attacken. 1950 wurde das Ministerium für Staatssicherheit gegründet. Ein nächster Staat im Staat. Das Gestrüpp der Nachkriegsjahre wurde damit noch undurchsichtiger und brandgefährlicher. Nicht wenige blieben in ihm stecken.

Heinz Barwich (1911–1966), in Berlin geboren, studierte bei Max Planck, Albert Einstein und Werner Heisenberg, promovierte 1936 bei Gustav Hertz, um ihm ins Siemens-Forschungslabor II zu folgen. Nach Ende des Krieges war er einer der wenigen, die freiwillig in die Sowjetunion gingen, um dort zehn Jahre zu verbringen. Unmittelbar nach seiner Rückkehr nach Ostdeutschland wurde auch er in gewichtige Ämter gehievt, als Berater der Deutschen Akademie der Wissenschaften und als erster Direktor des Zentralinstituts für Kernforschung in Dresden-Rossendorf. 1964 floh er während der 3. Genfer Atomkonferenz in den Westen. Der Bau der Mauer, erklärte er, hätte ihm endgültig den Rest gegeben. Zwei Jahre später war er tot, mit 55 Jahren.[35]

Fragloses. Wie unwirklich diese Biographien letztlich sind. Nicht, weil sie nicht stimmen würden, sondern, weil sie öffentlich nicht sein durften. Nichts über die schillernden Aufbrüche in der Weimarer Republik, nichts über die Hitler-Zeit, nichts über die Sowjet-Jahre, nichts über das, was nach der Rückkehr 1955 folgte und sich mittlerweile Deutsche Demokratische Republik nannte. Keine Brüche, kein Zeitgeschlinge, kein Hadern. Sie waren die Bürgerlichen, die Alten, makellos und unkenntlich, die man zu Monumenten machte, zu Sockelwesen, die nicht befragt wurden, weil sie nicht befragt werden sollten. Wie diese Zeitstaffagen und Distanzmanöver so lange und so perfekt durchhalten?

Als die Forscherstars Mitte der 50er Jahre aus der Sowjetunion in die DDR zurückkehrten, waren sie im Grunde Anfänger in einer Gesellschaft, die auch zehn Jahre nach dem Kriegsende noch um Fassung und ein Stück Normalität rang. Beides gab es nicht, stattdessen registrierte, beäugte, denunzierte man sich. Wie damit umgehen? Manfred von Ardenne sah nicht danach aus, sich vom Zeitgestrüpp unnötig aufhalten zu lassen. Er startete von der Höhe aus, mit »Vorschlägen zur Verbesserung des Nutzeffektes unserer Aufwendungen für Forschung und Entwicklung«.[36] Die schickte er gleich mal an den Ministerpräsidenten des Landes, an Otto Grotewohl. Der Mann vom Elbhang verlangte Klarheit, Struktur, Konzentration, Weltniveau. Industrieforschung solle am Ort stattfinden, in der Produktion. Noch dazu brauche es ein koordinierendes Forschungsgremium. All das Tohuwabohu mache ja so überhaupt keinen Sinn.

Was die neue Forschungsinstitution anging, kam Manfred von Ardenne zügig ans Ziel. Wohl auch deshalb, weil der Vorschlag ganz auf Ulbricht-Linie lag. Im Sommer 1957 wurde der Forschungsrat der DDR gegründet, der zum Türöffner für Schlüsselpositionen in der Forschungspraxis wurde. Manfred von Ardenne forderte als Startkapital für sich sofort knapp zehn Millionen Mark für Investitionen ein.[37] Selbstredend ein Affront. Er wusste es. Er wusste auch, dass er damit durchkommen würde. Sein Anspruch wurde sublim gedeckt, vom obersten Regenten im Land, von Ulbricht selbst. Details, die einiges über das Klima der frühen DDR-Jahre erzählen, über die Patronage-Politik im neuen Arbeiter- und Bauernstaat, über die Deals der Eliten und die Anstrengungen der neuen Macht, die intellektuellen Hochleister der Vorkriegszeit halbwegs im Boot zu halten. Noch brauchte man sie.

Manfred von Ardenne lief nicht einfach über den Weißen Hirsch, stand nicht im Gemüseladen nach der einzigen grünen Gurke der Saison an oder fuhr mit der Standseilbahn zum Körnerplatz runter. Im normalen Leben war er gleichsam nicht vorhanden. Dafür konnte man ihn als graue Eminenz regelmäßig im Fernsehen anschauen, und zwar immer, wenn die Volkskammer tagte. Dann hielten die Kameras direkt auf einen isoliert wirkenden Mann zu. Nichts an ihm wirkte noch exklusiv. Was er wohl dachte? Ich kann mich nur an das statische Bild von ihm erinnern, das sich mit den Jahren seltsam eindunkelte.

Große Drücke. Der Begriff Kybernetik kam ursprünglich aus den USA, genau genommen aus ihrer Militärforschung, die noch während des Zweiten Weltkrieges eine Technik forcierte, die die Bahnen feindlicher Flugzeuge im Voraus berechnen konnte. Planspiele? Die Forschungen erwiesen sich als richtig, doch der Stand der Technik gab den dafür erforderlichen Megacomputer noch nicht her. Tatsache ist, dass das, was sich später *Kybernetik* nannte, »in einem Klima von militärischer Steuerung der Forschung sowie von Bemühungen um Automatisierung und Computerisierung der Militärs in und nach dem Zweiten Weltkrieg« entstanden war, wie Philipp Aumann in seiner Kybernetik-Studie *Mode und Methode* erläutert.[38] »Man muss vorhalten, man muss den Bewegungsplan seines potentiellen Zieles in das eigene Kalkül einbeziehen, man muss im Raum einer Zukunft operieren, und man muss im Raum einer solchen Zukunft adressieren«, erweitert der Philosoph Stefan Rieger seinen Zugriff auf das Kybernetik-Phänomen.[39]

Im Raum einer Zukunft operieren und im Raum dieser Zukunft adressieren – das war offenbar das, wonach der globale Nachkrieg hungerte. Keine Vergangenheit mehr, keine Weltkriegskatastrophen, keine Napalmkriege, keine bereits schon zu dem Zeitpunkt laufenden Umweltdesaster. Die neue Wahrheit hieß Zukunft, ihre Erzählungen fanden ganz vorn, in der Imaginationswelt ihrer User statt, in einem wie auch immer ausgestatteten Verheißungsraum. *Cybernetics* zog daraufhin wie selbstverständlich von der militärischen in die zivile Forschung um und wurde vielleicht eine Art hyperkomplexe Angstbewältigungsmaschine. In jedem Fall war es ein Surrogat. Es sollte Gesellschaftstransmitter, Wundermittel, Modernisierungsprogramm, neue Sprache sein und die Wirklichkeit mittels reiner Technikekstase in einen komplett anderen Zustand versetzen. Kybernetik wurde zum Hype, zum Superstar, zu einer Art Metaphänomen, das die neue Welt gegen möglichst alle Ängste zu wappnen hatte, da die neue Technik planbar, konstruierbar, steuerbar, automatisierbar, vernetzbar war.

Gebläse. Der Osten tat sich erwartungsgemäß schwer mit dem neumodischen Gebläse. Schon deshalb, weil seine Urgründe in den USA lagen. Man tat es ab. Genauer: Man bekämpfte es. Erst als Stalin tot war, erst nachdem die Sowjets 1957 der Welt den Sputnikschock versetzt hatten, erst nachdem der Ziehvater der ostdeutschen Kybernetik Georg Klaus

55

1961 in seinem Werk *Die Kybernetik in philosophischer Sicht* den wüsten Dreh gefunden hatte, Partei, Staat und Wirtschaft als lernende Systeme miteinander zu versöhnen, bröckelten die Vorbehalte, standen die *Cyber*-Sterne mit einem Mal günstig, gab es bald kein Halten mehr.[40] In der Physik, der Industrie, der Psychologie, im Design, in der Architektur, in den Sozialwissenschaften, in der Kunst – wer ab dem Moment mit den Schlagworten *wissenschaftlich-technischer Fortschritt* und *Kybernetik* hantierte, der durfte eintreten, der gehörte dazu, der war der lebendige Beweis dafür, dass der Kommunismus nicht mehr aufzuhalten war.

Meine Gedanken laufen noch einmal den Kindheitsweg bis zur Sternwarte. Was haben wir Mauerkinder in den Sechzigern von Kybernetik gewusst? Das Wort tänzelt in meinem Kopf wie ein Lampion. Etwas sollte leichter, heller, besser werden, irgendwie machbar und optimistisch klingen. War es das? Lochkarten, Schalteinheiten, Laboratorien, Maschinenräume. Wir malten unentwegt Hochstraßen in den Himmel, lenkten die Elbe um, damit Riesenstaudämme entstehen konnten, konstruierten neue Städte, die wenigstens aus zehn Etagen bestehen würden. Mein Kindheitsgedächtnis dürfte ein Hochhaus gewesen sein.

Bei Amazon ergattere ich das vielleicht letzte Exemplar des DDR-Physiklehrbuchs der 11. Klasse.[41] Es kommt binnen eines Tages. Siebente Auflage, 1969. Der Text verspricht eine Einführung in die Kybernetik. Auf Seite 74 schwebt als Longseller Juri Gagarin in seinem Raumschiff Wostok durchs All. Es ist der 12. April 1961. Ich bin noch nicht mal ein Jahr alt. In vier Monaten wird in Berlin die Mauer gebaut.

Neben Gagarins Kugelrakete der Satz: »Für die Konstruktion von Raketentriebwerken braucht man genaueste Kenntnisse über das Verhalten der Körper bei hohen Temperaturen und großen Drücken.«[42] Im Kapitel Mechanik: »Kinetische Energie ist vorhanden, wenn ein Körper durch Beschleunigungsarbeit in Bewegung versetzt wurde.«[43] Ich denke an Manfred von Ardenne, die Kybernetik und an meine Kindheit. An Apparate, Kapseln und an etwas sehr Enges, an ein Nadelöhr, durch das wir offensichtlich erst noch durchmussten, um als rasend Beschleunigte unsere Flugschneise zu finden.

Rückrufe. Anfang der 60er Jahre befand sich die DDR in einer aussichtslosen Krise. Die Flüchtlingszahlen gen Westen schnellten mal wieder in die Höhe. Es waren vor allem Ärzte, Ingenieure und Künstler, die dem Land den Rücken kehrten. Die Wirtschaftszahlen brachen rapide ein. Der im April 1960 verkündete Abschluss der Zwangskollektivierung der Landwirtschaft forderte seinen Tribut. Willkür, Druck und Engpässe dominierten den Alltag. Dann der 13.8.1961 mit dem Bau der Berliner Mauer, die nach der Staatsgründung 1949 und der Niederschlagung des Volksaufstandes am 17. Juni 1953 machtsymbolisch als dritte »innere Gründung der DDR« verstanden wurde.[44]

Man wollte wehrhaft sein und endlich ankommen, die Schutzzeit hinter sich lassen, die große Idee sollte abheben und endlich fliegen lernen. Für dieses Hoffnungsprojekt erwies sich die Kybernetik als lang gesuchte Entsprechung und vor allem als praktisch. Sie war nun mal da, klang chic, hatte was Internationales und kam recht peppig daher. All das versprach Distanz zu den heiklen Anfangsjahren im Osten, zum Terror der Stalin-Jahre, und konnte die Tatsache der politischen Abschnürung womöglich vergessen machen. Utopieüberschuss qua Forschung und Technik, ergo stabilere, fortschrittsgemute Zeiten.

1962 wurde an der Akademie der Wissenschaften die Sektion Kybernetik gegründet, an den Hochschulen entstanden Kybernetik-Institute, Kybernetik wurde über Nacht zum Schulstoff. 1963 wurde mit Ulbrichts Billigung das *Neue Ökonomische System* (NÖS) beschlossen, das auf Reform, Pragmatismus und wirtschaftliche Effizienz setzte. Auch hier erwies sich die Kybernetik als denkbar glücklicher Promoter. Mit ihr kamen noch die fernliegendsten Praxisprobleme halbwegs auf einen Nenner.

Die DDR kybernisierte sich auf diese Weise unter ganz eigenen Gesetzen in die Moderne. Dennoch waren sowohl das NÖS-Projekt als auch die ostdeutsche *Cyber*-Mania nur von kurzer Dauer. Zu viel Offenheit, zu viel strukturelle Dynamik. Im Oktober 1964 wurde in Moskau der Stalinismus-Überwinder Chruschtschow handstreichartig sämtlicher Ämter enthoben. Mit seinem Sturz endete die Phase versprochener Umbauten, auch in der DDR. Erich Apel, Chef der Staatlichen Plankommission und Energiezentrum der ostdeutschen Wirtschaftsreformen, erschoss sich Anfang Dezember 1965 in seinem Berliner Dienstzimmer im »Haus der Ministerien«. Sein System wirtschaftlicher Selbstbestimmung, das sich gegen alle Widerstände zu behaupten versucht hatte, war damit ohne Kopf.

Schlussendlich war es SED-Chefideologe Kurt Hager, der unmittelbar nach dem Prager Frühling der Kybernetik den Garaus machte. Die Königsdisziplin hatte sich als zu starke Konkurrenz zum marxistischen Leitprogramm erwiesen. Schluss, aus, Ende. Nach 1968 erneut Generalumbauten, erneut Sondierungsprogramme. Die Messen der Kybernetik schienen gelesen, auch wenn diese in den Geheimdossiers des Militärs oder auch bei konspirativen Staatsplanaufgaben immer mal wieder zu Rate gezogen wurde und sogar ein leise vor sich hinarbeitendes »Zentralinstitut für Kybernetik und Informationsverarbeitung« existierte. Die Rolle der Kybernetik als gesellschaftlicher Transmitter jedoch war Anfang der 70er Jahre erledigt.

»Die Erfahrung der Mondaufenthalte
zeigt jedoch, dass der Mensch recht
schnell seinen Gang sowie das gesamte
Bewegungsverhalten den Bedingungen
einer verminderten Gravitation anpassen
kann. Dabei scheint ein breitbeiniger
und sprungartiger Gang die günstigste
Form der Fortbewegung zu sein.«

Haase: Tauglichkeit, BArch, DVW 2-1/39885,
S. 116, unnummeriert.

Kein Zutritt für Unbefugte

Sicherheitszonen. Den Sommer 2018 über saß ich in Freiburg im Archiv. Von MIK keine Spur. In keiner Akte wurde der Komplex erwähnt. Auch von *unknown soldier* nichts. Keine Schätzchen-Mails. Funkstille. Das musste gar nichts bedeuten. Ist etwas nicht da, nur weil es nicht in Erscheinung tritt? Der Stoff des Sommers war dann eigentlich eine ausschweifende Geländeerkundung: Protokolle von Fakultätssitzungen, ehemals geheime Dissertationen, Forschungskonzeptionen, Durchführungsanordnungen, wissenschaftliche Kolloquien. Ich saß über den schütteren Papieren und dachte: Okay, es geht zwar nicht wirklich voran, aber bleib einfach mal sitzen. Etwas ist. Ich weiß nicht, was, aber es wird sich zeigen.

Der Neue Mensch. Der nicht mehr organbezogene Körper. War er ein Projekt, das man in die Zukunft schießt, damit es Zukunft spielen kann? Ein früher Cyborg? Der konkrete Start für das, was kurze Zeit später *Interkosmos-Programm* genannt wurde, ist in den Quellen für den 13.4.1967 belegt. Spezialisten aus neun Ländern der Sowjet-Hemisphäre kamen in Moskau zusammen, um am Ende einer kalten Aprilwoche einen Forschungskomplex von höchster Mission aus den Angeln zu heben: »die Erforschung und Nutzung des Weltraumes«.[45]

Das sah nach Grundsätzlichem aus. Zumindest war es etwas, wofür die DDR schon zwei Jahre zuvor ihr Placet gegeben hatte. Wohl auch deshalb, weil die Kosmosforschung in der ostdeutschen Forschungslandschaft des Nachkriegs eher ein Schattendasein geführt hatte. Historisch zu belastet, zu teuer, politisch nicht durchsetzbar. War zwanzig Jahre nach dem Ende des Nationalsozialismus und unter dem Schutzschild der Sowjets nun ein neuer Anlauf denkbar?

Von den Vorgängen in Moskau bekamen die Ostdeutschen auf der Straße erstmal nichts mit. Das Ganze war Top Secret. Immerhin gab es Geheimdienste. Die DDR-Tschekisten verplombten die betreffenden Sperrbereiche umgehend als operativ brisant und erklärten sie zu militärischen Sicherungskomplexen. Die Moskauer Vereinbarungen von 1967 fußten »im Wesentlichen auf der Grundlage streng geheimer und geheimer technischer Mittel und Dokumentationen«.[46] Stasi-Chef Erich Mielke gab dazu den Befehl 2/67. In ihm wurde en detail durchbuchstabiert, wie sich die Sicherung der als *Staatsgeheimnis* deklarierten Forschung nach innen zu verklappen hatte: flächendeckende Vergatterung, Spitzengeheimnisträger, geheime Sicherungs- und Forschungskonzeptionen, ein Stasinetzwerk in Schlüsselpositionen, Stammkartendateien, Operativpläne, ausführliche Auskunftsberichte, Kadernomenklatur, Feindaufklärung.[47] Eine Forschung, die je nach Relevanz mit verschiedenen Geheimnis-Kategorien bedacht wurde: Geheime Kommandosache, Geheime Verschlusssache, Vertrauliche Verschlusssache, Vertrauliche Dienstsache, Nur für den Dienstgebrauch.

Die Topprogramme der DDR-Forschung wurden als Clustersystem gesichert, bei dem außerhalb des Geheimdienstes maximal ein Dutzend, eher weniger Personen sogenannte »Gesamtkenntnisse« über das jeweilige Vorhaben erhielten. Die sorgsam ausgewählten Personen hatten Verpflichtungen zu unterschreiben: »Ich verpflichte mich, alle mir im Rahmen des Interkosmos-Programms zur Kenntnis gelangenden Tatsachen, Gegenstände oder Informationen, insbesondere zu anderen als von meiner Einrichtung eingereichten Vorschlägen zu wissenschaftlichen Experimenten strikt geheim zu halten gegenüber jedermann. Über disziplinarische oder strafrechtliche Folgen, die sich aus der Verletzung dieser Verpflichtung für mich ergeben können, bin ich belehrt worden.«[48] Im Hinblick auf mögliche Strafen wurden die Verpflichteten gleich mit aufgeklärt. Laut Strafgesetzbuch waren sie hoch: für Spionage nicht unter fünf Jahren Freiheitsstrafe, für Landesverräterische Nachrichtenübermittlung bis zu zwölf Jahren, für Unbefugte Forschungsoffenbarung bis zu fünf Jahren.[49]

Forschungsabteilungen wurden entsprechend zu *Sicherheitszonen* umgebaut und »nach außen hin abgedeckt«.[50] Den Binnenraum der Wissenschaftssuperlative betrat somit niemand, der nichts in ihm zu suchen hatte. Keine Unbefugten, keinerlei Informationen nach draußen, nichts Unkontrolliertes. Innerhalb der konspirativen Forschungszone wurde die »Herausbildung eines festen Geheimhaltungswillens« verlangt.[51] Als könne man Menschen, Gebäude, Gelände mit geladenen Stromkabeln umwickeln. Geht sowas per Befehl? Wie lebt man auf Dauer damit? Und welche Menschen, welche Gebäude, welche Gelände?

Gleichgewichte. Ein Stoff, der viele Türen hat, viele Flure und Nebengebäude, viel Unterboden, viel Hinterland. Kaum hat sich dieser Stoff in Szene gesetzt, wird er zum dynamischen System. Die Wörter zögern, wollen bummeln, einige wollen gar nicht erst mit. Wie lässt sich so erzählen? Ich blättere in den Akten: Ein Regierungsbeschluss des Jahres 1955 legt fest, dass die Ausbildung von DDR-Militärärzten ausschließlich in Greifswald zu geschehen habe. Das Vorhaben mäanderte. Es mangelte an Personal, Logistik, Struktur. Man kam nicht recht voran. 1963 die Entscheidung, den Ausbildungsgang »Militärarzt« an die Ernst-Moritz-Arndt-Universität Greifswald anzugliedern. 1970 wurde die Fakultät für Militärmedizin gegründet, ausgestattet mit dem Recht, akademische Grade zu verleihen.

Für März 1971 steht im Protokoll der Fakultätssitzung der Militärmedizinischen Sektion: »Der Dekan erläutert die Notwendigkeit, einen Lehrkörper für Militärmedizin zu schaffen.«[52] Anderthalb Jahre später heißt es: »Frage nach Vorgaben für neu zu schaffende Lehrstühle für militärische bzw. militärmedizinische Disziplinen an den Universitäten Rostock, Leipzig und Berlin. Enge Zusammenarbeit mit den Russen.«[53] In der Zwischenzeit war es auch auf anderer Ebene zu gravierenden Kulissenumbauten gekommen. Das Interkosmos-Programm hatte über interne Gespräche zwischen Macht und Wissen gehörig Fahrt aufgenommen. Aber wer entschied? Wer kam da zusammen? An welchen Tischen? Was überlegte man sich?

Auf dem Tisch in Freiburg liegt der Mai 1975. An der Universität in Greifswald, Militärmedizinische Sektion, werden

Promotionsurkunden verteilt. Der Festredner spricht über »die Erfahrungen der sowjetischen Militärmedizin«, über »chemische Kampfstoffe und biologische Massenvernichtungsmittel«, über »Forschungsergebnisse zum Gleichgewicht des Menschen«, über »Dioden-Technik und Kybernetik«, über »höhere Stufen der Gefechtsbereitschaft«, über die »Überwindung des organbezogenen Denkens in Richtung der Entwicklung von Umwelt-Mensch-Systemen, eine Voraussetzung zur Beherrschung des außerirdischen Raumes«.[54]

Da ist er wieder, der Neue Körper. Ich versuche mir vorzustellen, was da steht, rein faktisch: Überwindung des organbezogenen Denkens. Umwelt-Mensch-Systeme. Beherrschung des außerirdischen Raumes. Mitunter kommen mir Wörter so nah, dass mir regelrecht schwindlig wird. Sie werden zu stark, zu dicht, zu kompakt. Sicher, ich verstehe, wir sind hier beim Militär. Es geht ums Überwinden und Beherrschen. Trotzdem hat es den Anschein, als müssten sich die Wörter erst selbst noch begreifen.

Gesamterforschung. Der Himmel als Willensformat, auch als Sehnsuchtsraum für Verwandlung. Die kybernetische Wende samt ihrer Schlüsselmetaphern, die bei Lichte besehen so neu nicht waren: grenzenlose Machbarkeit, Technikglaube, »die alles entscheidende Technologie«, Effizienzmanie.[55] Das muss in der Zeit auch Enthusiasmus pur gewesen sein. Ich blättere zurück. Im Greifswald-Protokoll von 1971 die Formulierung: »Enge Zusammenarbeit mit den Russen«. Was war der Vorlauf dafür?

Der Körper »unter extremen Bedingungen« hatte innerhalb der sowjetischen Militärforschung Tradition.[56] In ihm
verknüpften sich die starken bioutopistischen Schulen des
alten Russland mit den nachrevolutionären Schulen und
den späteren aus der Stalin-Zeit. In den 30er Jahren wurde
in Leningrad ein biomedizinischer Forschungskomplex zur
»Gesamterforschung des Menschen« gegründet, der mit den
»gigantischen Industrieprojekten der Dnjeprstaudämme
und den Hüttenkombinaten von Magnitogorsk« verglichen
wurde.[57] Wichtiger Kopf der sowjetischen Extremforschung
war der Physiologe und Pawlow-Schüler Leon Orbeli (1882–
1958), dessen Arbeiten das Fundament für die sowjetische
Kosmos-Medizin legte. Orbeli sprach von der »Besitzergrei-
fung der Stratosphäre als Übergang zu vollkommen neuen
Lebensbedingungen«.[58] Während des Zweiten Weltkrieges
wurde er Chef der Luftwaffenmedizin und erforschte an Pan-
zerfahrern und Piloten die russischen Varianten von Amphe-
taminen und Pervitin.[59] Substanzen, die als Wachmacher zu
»idealen Begleitern für das Schlachtfeld« wurden, mit denen
man durchmarschieren konnte – wenn es sein musste, drei
Tage und drei Nächte lang.[60] Pervitin, die Kriegsdroge, die
noch dazu enthemmte. Das Problem allerdings: rasche Abhängigkeit, sodass der Historiker Hans Mommsen in diesem
Kontext von einer »Tendenz zum Agieren in künstlichen
Wahnwelten« schrieb.[61]

Die Stalin-Ära mit dem formulierten Anspruch »nach einem allgemein handhabbaren Verfahren« zur Züchtung des
Neuen Menschen.[62] Dazu der Diktator, der das Ziel verfolgte,
das »gesellschaftliche Leben wirklich im Ganzen bestimmen«

zu können.[63] Eine Idee, die sich gleich einem ideologischen Naturgesetz auch auf den Kosmos übertragen sollte. Nicht allein Beherrschung war das Ziel, es ging außerdem darum, dauerhaft und als Erste im All zu leben. Der Kommunismus als Weltrevolution, die ganz strategisch auch für den Himmel zu gelten hatte.

Tropfen und Stechapfel. Noch einmal die Kosmonauten-Studie von Hans Haase, durch die sich der Neue Körper bewegt, als sei er die Blaupause. Über den Zustand der Schwerelosigkeit hielt der Mediziner fest: »Es kommt zur Umverteilung des Blutes von unten nach oben. Folge: verstärkte Blutfüllung der Organe des Brustkorbes und des Kopfes. Zunahme des relativen Pulsvolumens im Kopfbereich um 39 bis 46 Prozent. Druckgefühl im Kopf, in den Augen und in der Brust, erschwerte Nasenatmung, Zustand von beginnender Grippe. Das Gesicht wirkt aufgedunsen, die Hautfalten sind verstrichen, die Gewebe oberhalb des Herzens sind ödematös verändert.«[64]

Ödematöses, Anämisches, Hämatologisches, Atrophisches. Wenn der Körper der Zukunft nicht regrediert, ist er am Schwinden und wird auf diese Weise zum fragilsten Kombattanten im stellaren Eroberungsprojekt. Er ist in dem Sinne seine wundeste, offenste Stelle. Oder auch: Der alte Körper hält es am neuen Himmel nicht aus, er kann nicht. Bei Lichte besehen stört er. Spätestens seit Pawlow und seinem Jünger Leon Orbeli, spätestens seit der sowjetischen Militärforschung während des Zweiten Weltkrieges war die Dimension der Körperimplosionen bekannt. Die Grenzen waren gesetzt. Sie hätten ernüchtern müssen. Das Gegenteil war der Fall. Die Sehnsucht nach dem Neuen Menschen blieb ungebrochen. Auf das Nein des Kosmos folgte eine rigorose »Konjunktur des Militärischen«.[65] Schwerpunkt: spezielle Großforschung.

Im Frühjahr 1960 wurde die erste sowjetische Kosmonautengruppe berufen, die aus einem Pool von 3000 Piloten ausgewählt wurden. Die zweite Runde absolvierten noch 400. Am Ende blieben 20 übrig. Darunter der erste Mann im All, Juri Gagarin. Fast alle gehörten sie der Kriegskinder-Generation an und waren Mitte 20, als sie zu Nationalhelden stilisiert wurden. Sie hatten zu winken, zu wimpeln, zu strahlen und zu sterben. Auffällig oft sehr jung, an Krebs, Herzinfarkt, Alkohol oder Unfällen. Aus heutiger Sicht würde man dabei wohl von klassischen Chemisierungsschäden sprechen.

Zu dieser Problematik hält der Flugmediziner Haase in seiner Studie fest, dass der Raumfahrer »in den ersten vier Flugwochen etwa 20 Prozent seiner Bein- und ungefähr zehn Prozent seiner Armkraft« verlieren würde. Die Schlussfolgerung: »Anabole Steroide könnten nach Meinung des Autors helfen, die Entwicklung der Muskelatrophie zu verhindern. Bei längeren Missionen müsste die Gabe dieser Mittel mit regelmäßigem physischem Training und einer speziellen Diät kombiniert werden.«[66]

Für Muskelflucht gab es demnach eine Lösung. Aber was war mit Knochen und Blut, was mit den Organen? Dem Phänomen Blut wird in der Haase-Studie – sehr zeitgemäß – ausdrückliche Aufmerksamkeit geschenkt. Bei kurzzeitigen als auch längeren Raumflügen, heißt es, komme es zu »charakteristischen Veränderungen hämatologischer Parameter«.[67] Dies gelte insbesondere für Langzeitflüge. Bei den Besatzungen, die sich zwischen 96 bis 175 Tage in der Raumstation *Saljut-6* aufgehalten haben, stand bei Haase, hätten sich bis zu 24 Prozent Hämoglobin verloren.[68] Das wiederum führe zu einem »Verlust von Knochensubstanz bis zu 25 Prozent und einer Schädigung des Knochenstoffwechsels«.[69]

Und dann sei da noch etwas: Die Forscher hätten auffällige Veränderungen der Erythrozyten, der roten Blutkörperchen, unter der Schwerelosigkeit beobachtet. Bei einigen Langzeitbesatzungen waren »nach der Rückkehr zur Erde Erythrozyten mit Stechapfel-, Glocken-, Ellipsen- und Tropfenform gefunden worden. Die Vermehrung dieser relativ alten Erythrozytenform war begleitet von einer Verminderung der jüngeren Formen.«[70] Zum »Ausschluss eines pathologischen Mechanismus« seien jedoch unbedingt weitere Forschungen vonnöten.[71]

»Angaben einzelner sowjetischer Kosmonauten wiesen schon in der Anfangszeit
der Raumflüge auf ein subjektiv verän-
dertes Hörvermögen unter dem Einfluss der
Schwerelosigkeit hin. Sie teilten mit,
dass sie alle Geräusche lauter und höher
empfangen. Eine Theorie dazu wäre, dass
durch das fehlende Gewicht der Gehör-
knöchelchen Impedanzveränderungen in der
Schallleitübertragung auftreten, die
sich besonders bei hohen Frequenzen aus-
wirken. Eine andere Theorie ist, dass es
durch die auftretende Blutumverteilung
im Organismus im Kopf zu Änderungen der
Lautstärkeempfindung kommt. Die dritte
Theorie besagt, dass durch die nicht
mögliche räumliche Orientierung aufgrund
des fehlenden Schwerelots beim Vestibu-
larapparat Störungen der nervalen Informationsverarbeitung entstehen.«

Zentrales Archiv des Deutschen Zentrums für
Luft- und Raumfahrt e.V., Göttingen, BAAR,
A847, unnummeriert.

Fehlendes
Schwerelot

Tiefergelegtes. Wieso haben wir während des Studiums im Jena so etwas wie MIK überhaupt im Kopf gehabt? Wo soll der Begriff hergekommen sein? Wer hat davon erzählt? Warum war er bei uns derart gang und gäbe?

Es war der 17.1.1961, als US-Präsident Dwight H. Eisenhower mit einer spektakulären Farewell-Adresse seine Amtszeit beendete: »In der Regierung müssen wir uns in unserem Denken vor dem Eindringen von unberechtigten Einflüssen des Militärisch-Industriellen Komplexes hüten, seien sie gewollt oder auch nicht. Die Gefahr eines unheilvollen Anwachsens unbefugter Macht existiert und wird fortdauern. Wir dürfen nicht zulassen, dass das Gewicht dieser Kombination unsere Freiheiten und demokratischen Prozesse gefährdet. Wir sollten nichts als gesichert ansehen.«[72]

Die Rede ist auf Youtube zu hören. Besonders der Ernst, mit dem sich der scheidende US-Präsident an sein Volk wandte. Eisenhower sah augenscheinlich hinreichende Gründe dafür, dass illegitime Machtsysteme außerhalb des Parlaments agierten und betrachtete das, was da in seinen Augen bereits seit Jahren vor sich ging, als fundamentalen Angriff auf Amerika. Beweise für einen Militärisch-Industriellen Komplex lieferte er nicht. Musste er wohl auch nicht. Sein Abschied sollte zuallererst Warnung und Appell sein, sowie der Versuch, jene ungreifbare Macht greifbarer zu machen. Der scheidende Präsident rüttelte mit seiner Adresse nicht an der maximalen Unverletzlichkeit, die den Vereinigten Staaten genuin in die DNA eingeschrieben war. Ihn alarmierte, auf welch staatsgefährdende Weise diese Unverletzlichkeit seit geraumer Zeit hergestellt wurde. Dabei ging es ihm um alte und sich immer wieder neu knüpfende Netzwerke, um oft bizarre und entgrenzte Karrieren, um absichtsvoll Dunkles. MIK also als ein hybrides Schattensystem, das sich insbesondere über die Verteidigung der amerikanischen Supermachtidee zu legitimieren versuchte.

Die Anfänge für dieses selbstberufene innere Bollwerk sieht der Historiker Holger H. Herwig bereits in der Kolonialzeit. Er taxiert das verdeckt agierende Geflecht in den USA als ein Machtarsenal, das sich im Ersten und Zweiten Weltkrieg massiv ausbaute, um sich während des Kalten Krieges unter neuen Bedingungen nur noch verzweigter aufzustellen.[73] In diesem militärischen Big Business spielte ab 1945 immer wieder auch deutsches NS-Forschungspersonal eine Rolle, das sich die Alliierten einkauften, wenn sie Hitlers Knowhow des Grauens abschöpfen wollten. Was die Atomwaffen-Forschung angeht, sind die Protagonisten bekannt, mit Blick auf die Erforschung neuer Biowaffen eher weniger.

Aus der großen Crew derer, die nach 1945 in die USA geholt wurden, fallen unter anderen zwei Biographien ins Gewicht: Der Mediziner Walter Paul Schreiber (1893–1970) war 1936 Chefarzt der Olympischen Spiele in Berlin und wurde 1943 Professor an der Militärärztlichen Akademie. Nach seiner Berufung in den Reichsforschungsrat gehörte er zum internen Forschungs-Zirkel unter Hitler, der verantwortlich für zahllose Menschenversuche in deutschen Konzentrationslagern war, darunter die Meskalin-Studien im KZ Dachau. Das Kapitel Drogen und Folter wurde fortan Schreibers Spezialgebiet.[74] 1945 internierten ihn die Sowjets in einem Strafgefangenenlager bei Moskau und ließen ihn, massiv unter Druck, später als Zeugen vor dem Nürnberger Kriegsverbrecherprozess aussagen. Aus der sowjetischen Kriegsgefangenschaft entlassen, sollte er eine Arztstelle bei der ostdeutschen Volkspolizei antreten.

Schreiber floh 1948 nach Westberlin, wo ihn die Amerikaner nach Oberursel ins Counter Intelligence Corps (CIC) holten. Dort benötigte man seine Erfahrungen im Verhörzentrum der US-Army, um durch spezielle Vernehmungstechniken beispielsweise unter Meskalin Überläufer und Gefangene »singen« zu lassen. 1951 siedelte er im Zusammenhang mit der *Operation Paperclip* nach Texas über, auf die berüchtigte Randolph Air Force Base. Sein dortiges Arbeitsfeld, zusammen mit Professor Hubertus Strughold, ebenfalls ein Dachau-Arzt: »Experimente zum Überlebenstraining von Soldaten in abgeschiedenen Regionen der Welt«.[75] Auf öffentlichen Druck musste Schreiber die USA 1951 verlassen und starb 1970 in Argentinien.

Der Mediziner Kurt Blome (1894–1969) machte als Rassist, Antisemit, frühes NSDAP-Mitglied und unter der Obhut von Heinrich Himmler während des Nationalsozialismus als Ärztepolitiker steil Karriere und wurde zum zentralen Mann für die biologische Kriegsführung in der Wehrmacht. Seine

Stationen: Sanitätsgruppenführer in der SA, stellvertretender Reichsärzteführer, Honorarprofessor an der medizinischen Fakultät in Berlin, Mitglied des Reichsforschungsrates, dort zuständig für »Rassenpflege« und später für »Krebsforschung«, laut Medizinhistoriker Ernst Klee das »Tarnwort für Bio-Waffen«. Trotz unwiderlegbarer Beweise für seine Menschenversuche mit Viren und Bakterien in etlichen Konzentrationslagern und trotz massiver Belastung durch Walter Paul Schreiber vor Gericht wurde er im Nürnberger Ärzteprozess freigesprochen. Nach seiner Rehabilitierung entließ man Blome 1947 aus der Haft. War das Taktik oder ein Deal, um jemanden wie ihn geräuschlos für die B-Waffen-Forschung der USA freizubekommen?

Zumindest wusste sich Blome gegenüber den Amerikanern entsprechend zu verkaufen. Seine Aussagen stießen offenkundig auf Resonanz, vermutlich auch deshalb, weil die USA zu dem Zeitpunkt mit einem biologischen Erstschlag durch die Sowjets rechneten, mit »Sabotageakten durch Botulinustoxin oder eine weltweite Epidemie mit Lungenpest«, mit »tödlichen Keimen oder Giften«. Blome wurde daher als Nachfolger von Walter Paul Schreiber im Verhörzentrum in Oberursel von der US-Army verpflichtet. Sein Projekt: *army 1952, project 1972*. Es ist bis heute nicht öffentlich, worum es sich dabei handelte.

Verbesserte Tiere. Spätestens mit Eisenhowers Programmsätzen von 1961 war MIK in der Welt. Ein Begriff, an dem automatisch ein gewisser Nimbus haftete und der je nach Politinteresse weggeredet, überhöht oder zugeheimnist wurde. MIK taugte zur Verschwörungstheorie, zur Idee für den tiefen Staat, zum Versteck für schwere Rüstungsgeschäfte. Es war Kalter Krieg. Ein Krieg, der auch dafür herhalten musste, rasant steigende Militärausgaben durchzusetzen, die Grenzen zwischen Militär und zivilem Sektor verschwimmen zu lassen, die Welt nach Supermächten einzuteilen.

Bereits 1958 war auf Eisenhowers Initiative hin und als Gegenstrategie zu MIK eine Frühform der DARPA – der Defence Advanced Research Projects Agency – als offizielle Denkfabrik des Pentagon gegründet worden. Um MIK einzuhegen also DARPA? Als ein Raum *möglicher Zukünfte*, der radikalen Ideen, des hohen Risikos und der ausdrücklichen Anwendungsnähe. Das gesteigerte DARPA-Interesse an Körper- und Neuro-Enhancement kam nicht zufällig zeitgleich mit dem Aufstieg genetischer und genomischer Forschung auf. Das Forschungstempo in den USA dahingehend war seit den 50er Jahren enorm. Das Programm: die Optimierung des Menscheninneren – der Zellen, Gene, Nerven bis hin zur nahenden Labornatur. Rechtlich ungeklärte Forschungsinteressen wurden mit den Schlagworten Begrenzungspessimismus und Freiheitsgefährdung pariert. Es gab sie, eine US-amerikanische kritische Forschungsmission, aber auch ein Übermaß an Pragmatismus. Der hatte historische Gründe, verschob allerdings das Diskursgeschäft zunehmend vom Menschen zum Begriff der *Person*. Bei dem Bio-Ethiker James Hughes, der das Label »Cyborg Citizenship« kreierte, waren dann Personen »alle Lebensformen mit Selbstbewusstsein«, also »herkömmliche« und transhumane Menschen, Hybride, Klone, intelligente Roboter, »verbesserte« Tiere. »Personen müssen keine Menschen sein«, wusste er, »und nicht alle Menschen sind Personen.«

Ob Eisenhowers Warnung in den USA der 60er Jahre etwas bewirkt hat, sei dahingestellt. Und was war mit MIK? Gab es das nun oder nicht? Der ultimative Beweis für seine Existenz in Amerika konnte letztlich nicht erbracht werden. Dafür sei die »primäre Quellenbasis zu begrenzt«, betont Holger H. Herwig. Auch seien die »Dokumente in den Tresoren der Rüstungsfirmen nach wie vor unzugänglich«.[76] Als Marotte, Klischee oder dubiose Kopfgeburt eines Präsidenten war das Ganze allerdings auch nicht vom Tisch zu wischen. Holger H. Herwig verweist darauf, dass sich das tiefergelegte MIK-Arsenal in der Folge krakenartig verformte, sodass in den USA heute von wenigstens fünf Militärkomplexen auszugehen sei, die insbesondere mit Öl, Kongress, Think Tanks und Kirche zu tun haben.[77]

Spezialpersonal. Ich stehe auf dem Parkplatz des Freiburg-Archivs und rauche. Es ist August 2018, September 2018, Anfang Oktober 2018. Noch immer ist Sommer und nirgends ein Winkel Schatten. Bin ich weitergekommen? Ist etwas klarer geworden? Der Stoff scheint sich wie ein Rhizom auszuwachsen. Dabei kommt es mir so vor, als wäre ich grad überall in der Zeit. Und immer wieder ist Nachkrieg. Als sei er das Format für einen Longseller. Als hätte man da die Tischordnung festgelegt, die Kampfbestecke sortiert.

Heute Morgen lag endlich eine Akte zum Institut für Luftfahrtmedizin in Königsbrück bei Dresden auf dem Archivtresen. Ein medizinischer Jahresbericht aus dem Jahr 1964/65. »Während des Berichtszeitraums wurden 761 Patienten stationär behandelt«, heißt es. »Der Anteil des Spezialpersonals betrug 360 Patienten. Unter den 761 Patienten befanden sich 120 Zivilpatienten und 179 Wehrpflichtige.« Dann der Zusatz: »Tätigkeit in der Unterdruckkammer, U-Kammer-Aufstiege, Barofunktion, EEG, Hypoxieaufstiege (5000 m), U-Kammer-Aufstiege für experimentelle Zwecke, Akklimatisierung von Sportlern und Spitzensportlern.«[78]

Ich habe Jacob vor Augen und unsere Berliner Begegnung. Wie er da stand. Wie er mir die Fotos hinhielt. Wie er es wissen wollte. Als würde er mich aus der Ferne fragen: Und, was ist? Gehörte ich auch zum Spezialpersonal? Was hat es auf sich mit den »experimentellen Zwecken«? Von Unterdruckkammern hatte er nichts gesagt, von Aufstiegen und Akklimatisierung auch nicht. Also wird es um was anderes gegangen sein. Aber sollte ich ihn nicht nochmal treffen? Oder lese ich hier erstmal weiter? Wie viel Nachträglichkeit verträgt so ein Leben? Wie viele Fäden, wie viele Schauplätze, wie viel Unsichtbares? Die DDR ist seit 30 Jahren Geschichte. Auf der Straße in Freiburg Schritte, Autos, der Endlossommer als flimmernde Silhouette. Auf dem Display meines iPhones eine Berliner Nummer. Die Beratungsstelle der Doping-Opfer-Hilfe. Hanna fragt: Hast du es schon gelesen? – Was? – Den Artikel im *Nordkurier*. – Ich bin im Archiv und kriege gar nichts mit. – Ein übles Ding. Lies erstmal. Du kommst auch drin vor.

Wieder ein Tag, der mir später nicht mehr ganz aus dem

Kopf gehen wird. Ich weiß noch, dass ich die Archivschleuse passierte, den eisigen Pneumasog spürte, dass es erneut klick machte und ich oben im Lesesaal den kleinen Mac öffnete. Was hatte ich mir vorgestellt? Hatte ich mir überhaupt etwas vorgestellt? Im Internet suchte ich nach dem *Nordkurier*, einer Neubrandenburger Regionalzeitung. So also. Dachte ich das? Stränge, Knäuel, Arsenale. Denkt man das wirklich? Lies erstmal, hatte Hanna gesagt.

Das Stück war nichts anderes als ein Generalangriff auf die Doping-Oper-Hilfe, auf unsere Arbeit und auf mich. Vorwürfe über vermeintliche Unsauberkeiten, vermeintlich überhöhte Zahlen. Die Opfer seien Trittbrettfahrer und Heulsusen, die der Lüge überführt werden müssten. Ich war überrascht und auch wieder nicht. In den vergangenen Jahren hatten wir im politischen Raum wirksam sein können, in Berlin eine Beratungsstelle eröffnet, Entschädigungen durchgesetzt, Forschung aufgegleist, Kooperationen begonnen. Es ging zu langsam, sicher, aber die Geschichte ließ sich auch nicht mehr wegschweigen. Nach und nach hatte sich eine Schadensbilanz zusammengetragen, die vor allem die Generation Mauer erzählte. 2018 schien unsere Arbeit an dem Punkt, sich endlich institutionalisieren zu können. Doch nun das: eine heftige Attacke auf ein politisches Projekt und auf eine Opfergruppe. Was war das? Womit hatten wir es zu tun? Was rollte da auf uns zu? Wer waren die Akteure? Was ihr Motiv?

Unknown soldier. Ich weiß nicht, wieso ich wieder auf ihn kam. Oder ab wann ich mich fragte, ob nicht beides zusammengehörte: der Versuch, das Körpertrauma Ost in die Öffentlichkeit zu holen, es sichtbarer zu machen, und der Ver-

such, genau das zu verhindern. Auf alle Fälle hatte es die Figur
im Nebel nicht sonderlich eilig gehabt. Der Satz mit dem Feintuning. Der war fünf Monate her. Aber wieso sollten *unknown
soldier* und ein Regionalblatt im Norden überhaupt etwas miteinander zu tun haben? Wo war die Verbindung? Mir fiel nur
das ein: dass hier offenbar etwas ausgetragen wurde, was noch
nicht durch, nicht verstanden, nicht kenntlich geworden war.
Die *Nordkurier*-Attacke traf die Opfer mit aller Wucht. Unser
Projekt kam ins Schlingern. Fehlendes Schwerelot. Was machen damit? Vielleicht erstmal im Archiv hocken bleiben.

Sklerotisches. 781 Kaderbetriebe und damit »Unternehmen, die fast ausschließlich Waffen, Munition und militärische Ausrüstung produzierten«, 270 Forschungs- und Ent-
wicklungseinrichtungen, drei Millionen Menschen.[79] Das ist
MIK Mitte der 50er Jahre bei den Sowjets. Der Zweite Weltkrieg war zu Ende, was jedoch nicht Frieden, sondern totale
Aufrüstung bedeutete. Ganze Bereiche des Militärs wurden
neu aus dem Boden gestampft, auch dank des deutschen For-
schungstransfers. »Allein von 1947 bis 1949 kostete Stalins
Atombombenprojekt mehr als 14, 5 Milliarden Rubel.«[80]
Erst im Jahr 1961 – es war das Jahr, als Eisenhower mit seiner insistierenden MIK-Rede die westliche Welt zu erreichen
versuchte – verfügten die Sowjets über genug Militärbasen,
Equipment, Forschung und Material, um einen Nuklearkrieg
zu führen. Im Nachhinein gehört beides zusammen, gehören
vor allem die Ängste auf beiden Seiten zusammen. Damals
aber wurde mit Offensivstrategien operiert, mit strikter Ge-

heimhaltung, mit Beschaffungsprogrammen, Entscheidungs-schlachtfeldern, Fernbomberflotten, operativer Luftaufklä-rung.

Vor dem Kreml Jahr für Jahr die endlosen Militärparaden: eine Armee im Stechschritt, die Soldaten die Beine helden-haft bis über die Köpfe gerissen, die Gesichter aufgelöst im Divisionsquadrat. Dahinter ratterten, schepperten, blitzten Tausende Tonnen Stahl. Waffenheere, die das Land zu stran-gulieren begannen. Stalin starb und hinterließ seine unver-rückbare Aufrüstungsdoktrin. Weder unter Chruschtschow noch unter Breshnew war diese verhandelbar. Sie führte das System sukzessive in die Staatssklerotik.

Star Wars Ost. Und MIK in der DDR? Experten be-tonen, dass sich ein MIK nur da herausbildet, wo es auch eine eigene Rüstungsindustrie gibt. Ein Vorhaben, das die DDR spätestens mit dem Mauerbau 1961 endgültig beenden musste. Wo keine eigene Rüstung, da auch kein MIK? Es gibt ein paar Gründe, die Frage nicht sofort ad acta zu legen. Dass das Bild in Sachen MIK und DDR noch immer diffus ist, hat verschiedene Ursachen. Eine ist die generelle »sowjetische Steuerung der DDR-Rüstung«.[81] Es gab nichts, was in diesem Bereich ohne das große Bruderland entschieden oder gar in Angriff genommen wurde. Der MIK der Sowjets verlängerte sich so mit den Jahren in die DDR hinein und suchte sich dort seine Schattenräume.

Ein zweiter Punkt, warum die Frage nach MIK in der DDR nicht so ohne weiteres zu beantworten ist, liegt in der Hyperverflechtung von zivilem, militärischem und geheimdienstlichem Bereich. Was gehörte wohin? Wer machte innerhalb des Auftragsgeflechts was? Für wen? Mit welcher Konzeption? Wozu? Wer unterschrieb die Leistungsverträge? Wer sicherte ab? Wer zahlte? Allein die Tatsache, dass das Kombinat Carl Zeiss Jena bereits in den siebziger Jahren 30 Prozent seiner Produktion über Rüstungsaufträge generierte, verweist auf das, was der Historiker Torsten Diedrich »Spezielle Produktion« nannte.[82] »Es steht außer Frage, dass die Aufrüstung und Militarisierung der DDR im Finanzsystem und im wirtschaftlichen Gefüge des Landes tiefe Spuren hinterlassen haben. Sie waren ein wichtiger Grund dafür, dass die Staatsverschuldung der DDR auf 123 Milliarden DDR-Mark anwuchs.«[83]

Der dritte Grund für die Unschärfe des ostdeutschen MIK-Phänomens ist das Übermaß an Geheimhaltung und Vertuschung. Die im Verborgenen aufgebaute Clusterforschung, die Spezialverbindungen von Wissenschaftseinrichtungen und Sonderinstituten mit dem Westen oder auch die separaten Verträge von DDR-Forschungseinrichtungen mit der Sowjetunion sind auch im Nachhinein ein riesiges Puzzle. Einerseits wurden Staatsplanaufgaben zentral abgesichert und kontrolliert, ging nichts ohne eine Ministerunterschrift. Andererseits ging erstaunlich viel, wenn sich große oder kleine Diktatoren ihren Spleen leisten wollten.

Das vierte Hindernis, einen ostdeutschen MIK zu ergründen, dürfte das demonstrative Märchendogma der DDR sein. Wie viel Forschung, wie viele Waffen, wie viel Armee auch immer im Land zum Einsatz kamen – all das, so die Staatserzählung, diente einzig und allein dem Schutz der Heimat, dem

Fortschritt und dem Frieden. Ein Mythos, der sich auch nach 1989 gegen jede Quelle behaupten, erhalten und sogar regenerieren konnte. Der Historiker Reinhard Buthmann hat dieser Legende durch seine Forschung zu widersprechen versucht und auf die Dominanz militärischer Projekte, insbesondere im letzten Jahrzehnt der DDR, hingewiesen. Bereits 1977 hatten die Sowjets der DDR »die Entwicklung eines Systems zur automatischen Orientierung von Raumflugkörpern im Kosmos vorgeschlagen«. Daraufhin rief Ostberlin ein »komplexes Rüstungsprogramm« ins Leben.[84] Mit der Zustimmung des DDR-Staatschefs Erich Honecker zum Anti-SDI-Programm der Sowjets, das gegen die Strategic Defensive Initiative (SDI) von US-Präsident Ronald Reagan aus dem Jahr 1983 aufgestellt wurde, »verließ die DDR endgültig den zivilen Status der Kosmosforschung«, konstatiert Reinhard Buthmann.[85]

Wäre die DDR 1989 anders implodiert oder wäre sie zu dem Zeitpunkt womöglich gar nicht implodiert, wenn sie sich nicht wie ihr sowjetischer Leitstern durch grassierenden Rüstungswahn selbst stranguliert hätte? Modernste Waffensysteme, Schlüsseltechnologien, Anti-SDI, überbordende Sicherungskomplexe. Der militärtechnische Teil der Interkosmos-Forschung scheint mittlerweile durch Quellen halbwegs gesichert, ausgelotet und erzählt. Aber wo ist der Neue Mensch im Ost-Krieg der Sterne geblieben?

»Neu im Vergleich zu vorangegangenen Bio-Satelliten war die Installation einer Zentrifuge an Bord ... In speziellen Biocontainern wurden 25 Ratten mitgeführt. Neben einer Reihe anderer Ergebnisse wurde mitgeteilt, dass die Versuchstiere im Vergleich zu einer irdischen Kontrollgruppe ein deutlich verringertes Wachstum aufwiesen.«

Bericht über die IX. Tagung und das wissenschaftliche Symposium der Ständigen Arbeitsgruppe der sozialistischen Staaten für kosmische Biologie und Medizin (Sektion Kosmische Physiologie), Königsbrück, 21.6.1976. Zentrales Archiv des Deutschen Zentrums für Luft- und Raumfahrt e.V., Göttingen, BAAR, A857, unnummeriert.

Koppel-
manöver

Entblößtes. Die erste Raumfahrtmission mit DDR-Beteiligung war der Satellit Interkosmos-1, der am 14.10.1969 in den Orbit startete. Bis zu dem Zeitpunkt hatten sich ostdeutsche Institute nur an technischen Bodenprogrammen beteiligen können. Auch die Zuarbeit für Interkosmos-1 war letztlich rein technischer Natur: ein UV-Photometer, ein Telemetriesender, ein Stromversorgungsblock.[86] Dennoch war dieser Anschubakt nicht allein reine Symbolik, denn mit diesem Datum wurde die Kosmosforschung endgültig im Planungskalkül der DDR verankert.[87] Von da an gab es für diesen Bereich »Staatsplanthemen«, »gesonderte Bilanzbereiche«, »Zentrale Forschungsvorhaben«, ergo viel Geld. Forschungsbefehle wurden ausgerufen, Institute, Kommissionen, Arbeitsgruppen, neue Fachgruppen gebildet. Es ging um Labore, neue Gebäude, Ressourcen und Karrieren. Darüber hinaus wurden rege Kooperationen entfacht. In einem Arbeitsbericht von 1973 heißt es: »Das Institut für Luftfahrtmedizin unterhält kooperative Beziehungen zu den Instituten für Luftfahrtmedizin in Moskau, Prag und Warschau. Der Direktor des Instituts bezeichnet die Unterhaltung bzw. den weiteren Ausbau dieser Zusammenarbeit für unerlässlich und lebensnotwendig.«[88]

Umstrukturierung, Ausbau, Professionalisierung an allen Fronten. Das war kein Start vom Nullpunkt aus, aber einer, der die geheime Staatsforschung für den Kosmos in eine neue Ära katapultierte, auch in Sachen Biopolitik. Dabei ist der Körper unter der Diktatur eine extreme Exposition. Eine Kampfstätte und ein Exerzierplatz. Er ist ein Raum der Macht und damit auch ihrer Visualisierung, Demonstration und Inszenierung. Er ist der Ort einer Verzweckung, einer äußeren Markierung sowie der inneren Zeichnung. Der Körper ist »entblößte Angst«[89]. Er ist die Schnittstelle des individuellen und des kollektiven Gedächtnisses. Und wird damit zum Projektionsraum, in dem Macht letztlich auch implodieren kann. Der Körper wird damit der Ausgangspunkt einer Selbstermächtigung, ein letztes Refugium von Intimität, eine Selbstverteidigung.

Gesetzt den Fall, es gab ihn gar nicht, den einen großen, langen Tisch, an dem der Diktaturkörper entschieden wurde. Gesetzt den Fall, es waren etliche, viele, kleinere. Da und dort stand was rum, da und dort saß jemand, da und dort hat man sich was überlegt, immer mal wieder genickt und allerhand Absprachen getroffen. Gesetzt den Fall also, es war alles noch etwas anders als bislang angenommen, dann muss auch ich den Archivtisch wechseln. Dann liegt, wonach ich suche, nicht allein in Freiburg, sondern vermutlich noch an anderen Orten. Nur wo?

November 2018. Archiv der Akademie der Wissenschaften in Berlin am Gendarmenmarkt. Die Strategiepläne für die biowissenschaftliche Forschung im Bereich der Kosmischen Physik aus dem Jahr 1973. Trotz Startphase klingen sie recht deutlich. »Die zukünftige biologische Forschung« sollte »die Voraussetzungen schaffen, um genetische Informationen gerichtet zu beeinflussen, die geistige und körperliche Leistungsfähigkeit zu fördern, psychische Prozesse einschließlich Lern- und Gedächtnisprozesse zu steuern, Alterungsprozesse sowie krankhafte Störungen zu beeinflussen«.[90] Das Land wechselte zu diesem Zeitpunkt vom Zustand der *Prognose* in den Zustand der *langfristigen Planung* über.[91] Das System war auf Dauer aus. Akademie der Wissenschaften und Industrieforschung hatten zusammenzurücken, um die größer werdenden Defizite auszugleichen. Man nannte diesen Vorgang Akademiereform. Die Schlagworte für den Umbau: innovatives Material, innovative Geräte, innovative Testverfahren, innovative Leistungsdaten. 1971 wurde der Großforschungsverbund MOGEVUS – Molekulare Grundlagen von Entwicklungs-, Vererbungs- und Steuerungsprozessen – geschaffen, bei dem es bei Lichte besehen vor allem um die Entwicklung neuer Pharmaka ging. Der zweite Diktator im Osten, Erich Honecker, mit seinem Nationaltick übernahm das Ruder. Die Akademie der Wissenschaften, die sich mit ihren 50 Instituten lange Zeit noch parteilose Chefs leisten konnte und viele Forscher als sogenannte »Grenzgänger« angestellt hatte, wurde nun aktiv umstrukturiert und 1972 zur Akademie der Wissenschaften der DDR umbenannt. Im Land verzahnte sich was. Man nannte es Forschungswille.

Ende 1973 erfolgte der Ministerratsbeschluss zur »Erweiterung des DDR-Beitrages am Interkosmos-Programm«.[92] Eine Verordnung mit Tragweite, da sie auch »militärische Aspekte« beinhaltete.[93] 1974 nahm die DDR erstmalig offiziell an den

Beratungen der Sektion »Kosmische Biologie und Medizin« in Bukarest teil.[94] Es ging um Schwerelosigkeit, um Illusionen und Fehler in der räumlichen Wahrnehmung, um Strahlenforschung, Gasmilieus, maximale Belastungen wie Beschleunigung, Schallpegel, Vibration und um die Psyche der Kosmonauten.[95] Die Ergebnisse seien »von Nutzen für die kosmische Biologie und Medizin, für die verschiedenen Disziplinen der Humanmedizin u. a. Klinische Medizin, Arbeits- und Sportmedizin sowie Luftfahrtmedizin und -psychologie«, heißt es im Bericht des teilnehmenden Flugmediziners Hans Haase aus Königsbrück.[96] 1975 erhielt die Ständige Arbeitsgruppe »Kosmische Biologie und Medizin« eine sorgsam ausgesuchte Leitung.[97] Ende 1976 erklärte das Wissenschaftsministerium: »Die Ausbildung eigener Kosmonauten wird die Verstärkung der Arbeitsrichtung der kosmischen Medizin und Biologie in der DDR erfordern.«[98]

Man müsste das können: Geschichte wie aus dem Zugabteil heraus betrachten. Als wäre sie selbst unentwegt in einer Landschaft unterwegs. In ihr viele Menschen – beim Umbauen, Ausbilden, Umerziehen, Umkrempeln. 1976, eine Woche vor Weihnachten, befanden sich Sigmund Jähn und Eberhard Köllner im Ausbildungszentrum »Jurij Gagarin« bei Moskau. Erst seit Tagen waren sie da. Was hatten sie seit ihrer Ankunft erlebt? Waren sie in der Moskauer Kälte schon in die 60-Grad-Thermokammer gesteckt worden? Konnten sie ihre Familien schon dazuholen? Auf jeden Fall wusste Sigmund Jähn noch nicht, dass er der erste Deutsche im All werden würde. Er wusste auch noch nicht, welche Programme, Prozeduren, Projektionen er zu durchlaufen hatte, um zum

Nationalkörper zu werden. Später einmal dürfte er der am gründlichsten ausgeforschte Körper der DDR gewesen sein.

Geschichte sehen wir gern als verblasste Landschaft, verklungen, abgesintert. Wie ein Schatten ohne Körper. Stillgestellt, weggehalten. Plötzlich aber, aus welchem Grund auch immer, ist sie wieder da. Als könnte sie durch ihren Schatten hindurch in die Gegenwart treten. Als bekäme sie eine zweite Existenz, um noch einmal anwesend zu sein. Wovon würde der Körper von Sigmund Jähn heute berichten?

Substitut und Wille. Die Fakultät für Militärmedizin an der Universität Greifswald, die ab Anfang der 70er Jahre den Forschungstakt für den Binnenraum der ostdeutschen Armee vorlegte. 1971 wurden bei den Medizinern 120 Promotionen verteidigt, 1975 waren es 312, 1980 bereits 827.[99] Arbeiten, die nicht selten unmittelbar Eingang in zentrale Forschungsvorhaben des Militärs fanden.[100] Es wurde aufgestockt. Die frühen Projekte kreiselten im Kern um den stellaren Hochleistungsflieger mit seinen privilegierten Implosionen unter der Schwerelosigkeit. Bei diesem Kern sollte es auch bleiben. Es brauchte Substitute für Blut, Muskeln, Knochen, für geschädigte Ohren, Augen, Herz, Milz, im Grunde für alles. Vielleicht sind Staatsgeheimnisse ja auch Wesen, denke ich gerade. Sie haben Fürsprecher, werden entschieden, sind irgendwann da, durchlaufen Keimphasen und kommen dann richtig in Fahrt.

Die vier militärischen Forschungseinrichtungen im Land: die Militärmedizinische Sektion Greifswald, das Institut für

Luftfahrtmedizin Königsbrück, das Marinemedizinische Zentrum Stralsund, das Zentrale Lazarett des Militärs und ihr Forschungswille.[101]

Die »leitenden Genossen der Partei – und Staatsführung« und ihr Forschungswille.[102]

Das Ministerium für Staatssicherheit sowie das Ministerium des Inneren und beider Forschungswille.[103]

Die Spezialisten der Akademie der Wissenschaften der DDR und ihr Forschungswille.

Die Sondereinrichtungen und Kombinate und deren nicht selten ganz eigener Forschungswille: das Diagnostik- und Beratungszentrum für medizinische Genetik[104], das Institut für Wirkstoffforschung Berlin, Ardennes Forschungsinstitut für Elektronen-Ionen- und Kernphysik, das Forschungsinstitut für Medizinische Diagnostik, der VEB Pharmazeutisches Kombinat GERMED in Dresden, um nur einige wenige zu nennen.

Die Koordinierung der militärmedizinisch-wissenschaftlichen Forschung mit dem Institut für Luftfahrtmedizin Königsbrück, der Akademie der Wissenschaften, den Bruderarmeen, dem Ministerium für Gesundheitswesen[105] und der daraus entstehende Forschungswille.

Die Konsultationsprogramme unter anderem mit der Militärmedizinischen Akademie der Kirow-Akademie in Leningrad[106] und deren sich verzahnender Forschungswille.

Die ab 1977 einsetzende Forschungsarbeit zwischen »Spezialisten der Charité« und »sowjetischen Spezialisten des IMBP im Rahmen des Interkosmosprogramms«[107] und ihr ausdrücklicher Forschungswille.

Das *Institut für Medizinisch-Biologische Probleme* (IMBP) war die Leitbehörde des Ministeriums für Gesundheitswesen der UdSSR, die innerhalb des BION-Projekts, einem Satellitenprogramm zur Erforschung von biologischen Prozessen im All, ab 1973 regelmäßig sogenannte »Biosputniks« an den Start brachte. »Es kann eingeschätzt werden, dass die Zusammenarbeit sachlich, im gegenseitigen Einvernehmen, effektiv und in einer freundlichen Atmosphäre verlief. Höhepunkte dieser Zusammenarbeit waren die beiden Biosatellitenexperimente Kosmos 1129 und 1514.«[108]

Damit an Forschungswille natürlich nicht genug. Aber ich muss erstmal Pause machen, mal raus und eine Runde drehen, das Ganze sacken lassen. Es ist schon November, die Tage riechen nach Vorfrühling. Sie sind mild und suppig. Auf der Straße taucht ein Kindheitsgefühl in mir auf: Wie ich in einem Zug nach Moskau sitze. Ich bin zehn, ich bin elf, ich bin dreizehn. Ich fahre in ein Pionierlager. Ich werde einen sowjetischen Sommer verbringen. An einem See, in einem Zelt, auf einem Boot. Manchmal schwimme ich auch. Es wird viele Appelle, viele Lagerfeuer, viele Wimpel geben. Ich weiß nicht, warum dieses Bild auf einmal so in mir da ist. Dieses Erinnerungsgefühl, endlose Zeit in Zügen zu verbringen und in eine Endlosigkeit hineinzufahren. Das Gefühl, dass das Fahren nicht mehr aufhören wird. Dass Landschaften, Orte, Städte gleichmütig an mir vorbeiziehen. Dass jedes Stück neuer Osthimmel einen einsamer macht. Als hätte sich das Leben aufgehoben, als würde ich ins All fallen. Weiter, tiefer. Das Gefühl, dass der innere Raum und der äußere auch derselbe sein könnten. Unendlichkeit, Verstörung. Das steht dann so da. Ich wüsste gern, wer das ist, der da grad in den

Osten fährt und dem die Verhältnisse zu weit, zu ungreifbar, zu überdimensioniert erscheinen.

Magnetismus. Das zu große Forschungsfeld, das sich auf einer Zeitkurve entlangschiebt, sich Räume schafft, um sie mehr und mehr zu verschalten, das Dynamik aufnimmt und bei dem die Quellen sagen, dass es auch hätte anders kommen können. Weil es anfangs noch Widerspruch gab. Weil sich der eine oder andere anfangs noch zu entziehen wusste.[109] Weil viele Ärzte, Wissenschaftler, Forscher aus diesem Feld in den Westen flohen. Weil vor allem Frauen anfangs noch Nein sagten. Als wüssten sie schon. Als ginge es darum, in Deckung zu gehen, sich in Sicherheit zu bringen. Wie entsteht Geschichte? Ich muss wieder an Jacob denken. Wenn ich jetzt zu ihm fahre, was könnte ich ihm sagen? In jedem Fall nicht genug. Nicht das, was ihm Klarheit verschaffen könnte. Also warten, noch zusammentragen, weitersuchen.

Ich fahre nach Lichterfelde ins Bundesarchiv in der Finckensteinallee. Da war ich öfter schon. Im Auto fällt mir auf, dass die Akteure in den Akten – die Institutschefs und Fakultätsleiter, Forschungsräte und Minister, Wissenschaftler und Ärzte, ja, sogar die beiden Männer, die fürs All vorgesehen waren – mehrheitlich zur Kriegskinder-Generation gehören. Der Flugmediziner Hans Haase ist Jahrgang 1937, Sigmund Jähn 1937, Eberhard Köllner 1939. Die ostdeutsche Militärforschung – eine Generationenerzählung? Der ostdeutsche Flug in den Kosmos als das alles überstrahlende Symbolbild? Was könnte das Symbol gewesen sein?

Die Kriegskinder des Ostens, die Jungaktivisten als die klassischen Aufbauer, die mit dem Hoffnungsprojekt DDR am engsten verbunden waren. Es sind Hitlers Kinder. Sie wurden durch ihn sozialisiert, geprägt durch Hurra, Sieg und Kollektivmanna. Die derart ausgestattet nach 1945 durch die Ruinen mussten. Die aufwuchsen mit toten, abwesenden oder orientierungslosen Eltern, mit unglaubwürdigen Lehrern und einer angstbesetzten Zukunft. Vaterlose, hungrige Heranwachsende, die sich im postfaschistischen Osten neu aufladen ließen von der Idee eines besseren Deutschlands. Die in ihren Blauhemden an die neuen Orte zogen, auf die Großbaustellen, in die Parteischulen und Gewerkschaftspaläste. Die viel von Gemeinschaft, Essen, Sicherheit, Karrieren träumten und straff eingenäht wurden ins Amnesieprogramm des ostdeutschen Neustarts. Denen wie keiner anderen Generation sowohl Hitler als auch Stalin in den Knochen steckte. Die drin waren in der Mühle, im Entweder-Oder-Programm, in jenem speziellen Magnetismus aus Gewalt und Verführung. Wer, wenn nicht sie, sollte fliegen wollen?

Tiere in Silber. 26.8.1978. Knapp acht Tage war Sigmund Jähn im All. Eine reichliche Woche, die zum Peak der ostdeutschen Weltraumforschung werden sollte, zum großen Leuchtfeuer, zum Propagandacoup. Ein Feuer, bei dem nichts dem Zufall überlassen wurde. Politbürobeschlüsse, die Sicherungskonzeption »Falke«, bei der 250 Personen geheimdienstlich überprüft wurden, Gesamtabläufe, Generalrapporte.[110] Für die Staatssicherheit, für die DDR-Regierung, für

103

die Militärforschung bedeutete die große Himmelstour einen Parforceritt sondergleichen. Die Anstrengungen gingen auf, die Mission glückte. Genauer, sie brachte mehr Polithonig ein, als man sich anfangs erhoffen durfte. Denn nach der Landung und zurück in der DDR folgten die Megainszenierungen, die Sondersendungen und Sonderausgaben, auch das natürlich alles generalstabsmäßig vorbereitet. Der Jubel auf den Straßen. Ein Land im Ausnahmezustand. Drei Wochen später der festliche Empfang mit 1200 Personen im Ostberliner *Palast der Republik*. Als Höhepunkt der Feier das Geschenk für den Kosmoshelden. Eine Bockbüchsflinte Modell 313, Kaliber 16/7 X 65 R, mit Jagdgravur. Der Text am Schaft: »Zur Erinnerung Erich Honecker, 21. 9. 1978«.[111]

»Erhabene Jagdgravur, Tiere in Silber« steht auf dem Blatt im Archiv.[112] Tiere auf Silberplättchen gestanzt. Vermutlich Hirsche mit Sagenhaftgeweih. Man fliegt in den Himmel und bekommt vom Diktator weihevoll ein Schießeisen in die Hand gedrückt. Ich weiß nicht, warum ich daran hängenbleibe. An der Jagd, am Waidwerk, an der Zusammenkunft der Männer, am archaischen Ritus der Macht. Szenen einer Innung? Aber sind es nicht oft noch die Details, die uns mitten in der Geschichte innehalten lassen, damit wir abbiegen?

Der Körper von Sigmund Jähn und die knapp acht Tage im Spätsommer 1978, auf die die Militärforschung der DDR über Jahre in vollem Umfang ausgerichtet wurde. In der Habilitationsschrift von Hans Haase lese ich, dass es in den ersten drei Tagen in der Sojus 31 nur Obstsäfte gab, dass der erste Deutsche im All keinen Geschmack hatte und ihn Illusionen des Raumes plagten.[113] Nach dem ausbleibenden Geschmack erläutert Haase das Forschungsprogramm in der Jähn-Kapsel. Die vorausgegangenen Sojus-Missionen hatten sich ab Mitte der 60er Jahre hauptsächlich mit den Dauerproblemen der Schwerelosigkeit und der Strahlungssicherheit befasst. Die Forschercrews waren nicht wirklich weitergekommen.

Zwar wusste man mittlerweile, dass der Körper unter der Schwerelosigkeit überleben konnte. »Die Gewöhnung an die Bedingungen der Schwerelosigkeit verlief rascher als die An-passung an die Bedingungen auf der Erde nach dem Flug«, hieß es in der Auswertung nach Sojus 9.[114] Aber der Körper im All blieb ein Drahtseilakt. Da oben war die Hölle. Und für die Hölle war der Erdenkörper nicht gemacht. Insofern lag die Schlussfolgerung für den Forschungskompass der nächsten Jahre auf der Hand: »Die Resultate des Fluges legen dringend nahe, den Wirkungen der Schwerelosigkeit, des veränderten Mikroklimas und der abnormen Tätigkeitsart erhöhte Auf-merksamkeit zu widmen.«[115]

Strahlenpharmaka. Nicht viel anders sah es in Sachen Strahlensicherheit aus. Dem Bericht der Budapester Jahres-konferenz der Interkosmos-Arbeitsgruppe »Biologie und Medizin« aus dem Jahr 1970 ist zu entnehmen: »Der überwie-gende Teil aller Vorträge war dem pharmakologischen Strah-lenschutz gewidmet.«[116] Die Sowjets drängten die DDR-Leute zu mehr Beteiligung, »da auf diese Weise ein durchgehendes Subtestprogramm von der molekularen bis zur organismi-schen Ebene für Strahlenpharmaka bei kosmischen Flügen entwickelt werden« könne.[117] Die Ostdeutschen zögerten.

Die bisherigen Experimente zu herkömmlichen Strahlungs-
schutzmitteln waren nicht sonderlich effektiv gewesen.[118] Wo
überhaupt ansetzen? Zugleich wurde auf der Konferenz ein
deutlicher Trend sichtbar, bei dem sich »die Hauptaufmerk-
samkeit am genannten Thema« auf »anabolische Steroide,
steroide Alkaloide und Glukortikoide« konzentrierte.[119] Dazu
heißt es in einer kurzen Mitteilung: »Zu beachten sind die
Angaben, die die Effektivität der anabolischen Steroide bei
lange anhaltender Bestrahlung beweisen. Die Einführung
von Methandrostenolon z.B. führte bei bestrahlten Tieren
zu einer statistisch erwiesenen Erhöhung der Anzahl der ery-
throblastischen Elemente im Rückenmark und in der Milz.
Gemäß den Angaben der polnischen Wissenschaftler bildet
sich der Eindruck heraus, dass die anabolischen Steroide bei
der Strahlenkrankheit in der Lage sind, katabolische Erschei-
nungen im bestrahlten Organismus zu verhüten und zu einer
gewissen Normalisierung der DNS- und RNS-Synthese führen. Diese Arbeiten sollten erweitert werden, um anhand verschiedener Strahlungsmodelle die Zweckmäßigkeit der Anwendung anabolischer Steroide unter den Bedingungen von
Raumflügen detaillierter zu begründen. Ebenfalls erforderlich
macht sich die Aufnahme von Forschungen zur Bestimmung
des Einflusses anabolischer Steroide auf die Widerstandsfä-
higkeit gegenüber anderen extremalen Faktoren des Raum-
fluges.«[120]

Steroide fürs All? Ein Komplex, der zu einem Kernvorha-
ben der Militärforschung wurde, schon auch deshalb, weil
männliche Sexualhormone das Problem der schwindenden
Muskeln beim Aufenthalt in der »kosmischen Fabrik« lösen

konnten. Wo Anabolika, da auch Body. Eine Art Doppelef-
fekt. Wie das gelaufen sein mag, frage ich mich. Mit welchen
Überlegungen die DDR-Forscher 1970 von Budapest aus zu-
rückgeflogen waren? Mit wem sie sich besprochen hatten?
Und was daraus folgte? Später einmal würde man Anabolika
als zeitgemäßen Stoff des Kalten Krieges bezeichnen. Setzte
man bei einer Frau der frühen 80er Jahre in München eine
Hormontherapie an, wurden ihr nicht selten Steroide ver-
schrieben.[121] Ging es um Versuche mit Anabolika in der DDR,
fanden diese bereits in den 60er Jahren nicht selten auch
in Zuchthäusern statt.[122] Selbst die Mächtigen im Land ver-
sprachen sich von Steroiden offenbar einiges an Stimulanz.
In einem Stasi-Treffbericht vom 10.11.1976 heißt es über das
von der Schering AG in Westberlin produzierte Mesterolon:
»Dieses Präparat wurde bereits an hohe staatliche Funktionäre und Leitungskader aus Partei und Regierung der DDR
verabreicht.«[123]

Land im Land. Der Mesterolon-Bericht vom 10.11.1976.
Sechs Tage später wurde der Liedermacher Wolf Biermann
aus der DDR ausgebürgert, am 19.11. der Schriftsteller Jürgen Fuchs aus dem Auto heraus verhaftet. Drei Daten, die
sich in einer Gefühlslandschaft zusammenschieben, zu einer
Gefühlslandschaft werden. Als laufe ich durch ein Land im
Land, als begegne ich noch einmal den inneren Kriegen. Aber
kann man in dieser Landschaft unterwegs sein und die schon
so oft gestellte Frage nicht stellen: Was ist mit Jürgen Fuchs in
der Stasi-Haft geschehen?

Der Einsatz radioaktiver Substanzen und die »Sektion Kriminalistik« der Humboldt-Universität, Berlin. »Auf 911 Seiten wird da unter dem Studien-Titel *Toxdat* jede nur erdenkliche Möglichkeit aufgeführt, wie man Menschen durch Gift ums Leben bringen kann. Die Studie nennt mehr als 200 toxische und strahlenden Substanzen und beschreibt detailliert, wie sie eingesetzt werden könnten«, schreibt *Spiegel*-Journalist Peter Wensierski in seinem Artikel »In Kopfhöhe ausgerichtet«.[124] Die Mikrodosen, die Radionuklide. Alles zusammengetragen und berichtet. Es gibt allerhand Indizien, aber nicht den einen ultimativen Beweis. Fakt ist, dass Jürgen Fuchs mit 48 Jahren tot war. Eine Tatsache ohne Klärung. Aber wieso nicht nochmal fragen? Wieso nicht fragen, ob bei diesem Tod die Gedankenreihe – Steroide, Strahlenforschung, Militärforschung, DDR-Zuchthaus – schon mal ernsthaft durchdekliniert worden ist?

Zwo-sechsundzwanzig. Der Jähn-Flug und die allein 25 DDR-Experimente an Bord: zu Rauchfahnen über Industriegebieten, zum Polarlicht, zur Glasschmelze, zum Traum, zum Riechen, Schlafen, Pinkeln, Essen, zur Herztätigkeit, zu Hörschwellen, zum subjektiven Zeitgefühl, zum Geschmack.[125] Auch zur Sprache. Sigmund Jähn hatte sich bei diesem Versuch in allen möglichen Situationen bei Funkkontakt zur Erde »mit dem experimentellen Index *zwo-sechsundzwanzig* zu melden«[126]. »Nach dem Platznehmen in der Kabine, in der Beschleunigungsphase des Aufstiegs, kurz nach dem Übergang in die Schwerelosigkeit, unmittelbar vor, während und nach dem Koppelmanöver, unmittelbar vor und nach dem täglichen Konditionstraining, unmittelbar vor der Landung, während des Abbremsvorgangs, nach erfolgter Landung«.[127] Darüber hinaus war »226« noch in verschiedenen Situationen auf Band zu sprechen.

Es ging um »die Erkennung psychophysischer Zustände«, genau genommen um die »Arbeitsfähigkeit« oder auch »psychologische Zuverlässigkeit« des Kosmonauten.[128] Der Abschlussbericht bilanzierte: »Die emotionale Anspannung des Kosmonauten war während des Fluges zu allen Zeitpunkten gegenüber der Vorflugphase erhöht, ohne dass sich Zeichen einer eingeschränkten Arbeitsfähigkeit fanden. Diese Anspannung klang nach der Landung relativ schnell ab.«[129]

Harmlos? Mag sein. Ein Projekt, das jedoch schwer danach aussah, als sei es noch im Werden, als stecke es noch in seinen Kinderschuhen.

»An Bord der Raumstation kann einmal wöchentlich geduscht werden. Zu diesem Zweck ist eine Duschkabine vorhanden. Zwischen ihrem Kopf- und Fußteil entfaltet der Kosmonaut eine durchsichtige Plastehülle, die ihn hermetisch von seiner Umwelt isoliert, um keine Wassertropfen davonschweben zu lassen. Um in dieser Kabine nicht gefährdet zu sein, atmet der Kosmonaut mit angelegter Nasenklemme, durch Mundstück und Schlauch, analog einer Spezialtaucherausrüstung.«

Zentrales Archiv des Deutschen Zentrums
für Luft- und Raumfahrt e.V., Göttingen, BAAR,
A872, unnummeriert.

Abrek
und Bion

Raumspaltung. Die Schätzchen-Mails waren fast vergessen, *unknown soldier* trat auch nicht auf den Plan. Allerdings kam der *Nordkurier* im Herbst 2018 mit einer ganzen Artikelserie über die Doping-Opfer-Hilfe, respektive über mich. Ein mediales Stakkato, in dem der Verein als »Geheim-Institution« aufgebaut wurde und ich offenbar dabei die Sektenführerin spielen sollte. Die Vorwürfe hatten immer denselben Refrain: unlauter! Der Tenor: gefakte Zahlen, unberechtigte Ansprüche, subjektive Opfergefühle, die Unternehmung ein einziger Selbstbedienungsladen, für die Betroffen wie für den Verein. Die Falschbehauptungen wurden juristisch geklärt, die Vorwürfe erwiesen sich als haltlos, aber um Tatsachen ging es halt nicht. Worum dann?

2013 veröffentlichte die Historikerin Christiane Baumann eine Studie zum *Nordkurier*, aus der hervorging, dass es dem Blatt gelungen war, seine belastete Vergangenheit weit über das Jahr 1989 hinaus auszublenden. Die Logik des Alten blieb auf diese Weise erhalten, trotz teilweise neuer Personalbesetzung. Noch 1989 hatte jeder Vierte in der Hauptredaktion als Zuträger der Staatssicherheit gedient. Von 14 Lokalchefs waren 1987 immerhin zehn für den Geheimdienst aktiv. In der Lokalredaktion Neubrandenburg spitzelten drei von vier

Redakteuren als IMs.[130] Die Sportredaktion, hieß es, sei »früher quasi eine Außenstelle der Staatssicherheit gewesen.«[131] Dort konnten bis zuletzt ehemalige Stasi-Journalisten unter wechselnden Pseudonymen für die Zeitung schreiben. Es war das Ungebrochene und auch Untergründige, das ins Auge fiel, wofür die Blattchefs aus dem Westen sich jedoch nicht zuständig fühlten.[132]

Die Angriffe auf einen Opferverein, die Stigmatisierung als Simulanten, Weicheier, Lügner, Hochstapler. Das Kapitel *Trauma und Kampagne* – es war mir neu. Über Jahre hatten wir uns Leidensberichte angehört. Mit Händen war zu greifen gewesen, dass die Zeit eines Traumas diverse Nachrunden lief. Dass es nichts Geradliniges gab. Dass es um Akutheit ging. Dass Widersprüche existierten, auch Eruptives, Zwiespalt und Irrationales. Aber das hier? Die offenen Fäden, Seitenstränge und Blendgranaten der Attacken. Die verfädelte Unwucht. Wie dabei den Überblick behalten? Wie sich durchfinden? Wie es so fassen, dass es erzählbar werden konnte? Zumal der *Nordkurier* im November 2018 noch engagierte Unterstützung erhielt. Ein Quartett vermeintlicher Aufklärer kam mit einem 60-seitigen Pamphlet um die Ecke. Das waren nicht Sachfragen, nicht substantielle Kritik, hier ging es nicht um Klärung, sondern um etwas anderes. Die Vorwürfe klangen wie aus der Zeitung abgeschrieben: die Fakezahlen, die Heulsusen, das Unwissenschaftliche. Und nun?

Bei meiner Suche stieß ich auf José Brunners Buch *Die Politik des Traumas*, das ein Schlüsseltext, eine Art Orientierungsfibel wurde.[133] Mit ihr verstand ich oder eher, mit ihr begann ich langsam etwas davon zu verstehen, womit wir es eigentlich zu tun hatten oder auch, was überhaupt los war. Brunner, Wissenschaftsphilosoph in Tel Aviv und als Professor an diversen Universitäten der Welt beschäftigt, war hauptsächlich mit seinen Forschungen über Traumawissen und dessen Verbindungen zu gesellschaftlichen Debatten bekannt geworden. Über Trauma schrieb er, dass es sich dabei »um eine unsichtbare, psychische Kausalität handelt, die nach Gesetzen zu verlaufen scheint, die nicht denen entsprechen, die uns aus der Physik oder der somatischen Medizin bekannt sind«[134]. Dass »relativ geringfügige Ereignisse in manchen Fällen zu gravierenden Symptomen« führen können – und umgekehrt.[135] Und dass sich der öffentliche Raum immer dann spalte, wenn das Thema Gewalt auf den Tisch komme.[136] Ganz neu war das nicht, aber es half mir. Je mehr ich las, umso klarer wurde mir, dass in dem inszenierten Eklat zwei Dinge kollidiert waren: das Gesetz eines Körpertraumas und die Physik einer Kampagne. Die alte Ohnmacht der Opfer und die alte Macht der Täter, die sich im Hier und Jetzt ein zweites Mal gegenüberstanden. Mir schien das einleuchtend. Nur wusste ich nicht, was damit anfangen.

Noch einmal einen Schritt zurück und eine kurze Lageskizze. Wo befanden wir uns? Eine Diktatur und ihr Sportsystem, viele Siege und ihr Dunkelfeld, genauer der Staatsplan 14.25, umgesetzt ab 1974 an etwa 12 000 bis 15 000 Aktiven. Im Kern ging es um staatlich gelenktes und staatlich bezahltes Doping, um zentrale Anwendungskonzeptionen, um Erforschung, Weiterentwicklung und Geheimhaltung. Ab 1993 begann die Zentrale Ermittlungsstelle für Regierungs- und Vereinigungskriminalität (ZERV) zu ermitteln.

Sie tat das gründlich. Im Jahr 2000 fand der große Berliner Doping-Prozess statt, mit einem einhelligen Urteil. Das Gericht sah es als erwiesen an, dass die nunmehr 19 Nebenklägerinnen durchweg »Geschädigte« in einem »totalitären Machtapparat« gewesen waren. In der Revision musste sich der Bundesgerichtshof ebenfalls mit der Thematik befassen. Auch hier war die Sache eindeutig. In seiner Begründung sprach die Generalbundesanwaltschaft von einem »zentralgesteuerten systematisierten Doping«, einem »staatlich gelenkten und organisierten System« und davon, dass die Opfer »von Staats wegen … für Staatszwecke instrumentalisiert« worden waren.[137]

Der objektive Tatbestand der Körperverletzung. Mit dem Jahr 2000 war alles durchgesiebt, juristisch geklärt und entschieden. Und im Jahr 2018? Sah es danach aus, als sollte eine bereits vor 20 Jahren geklärte Diktaturgeschichte noch einmal zurückgeschrieben werden. Ich wollte nicht wieder in diesen Kampf. Er schien mir alt und unnötig. Was geklärt werden musste, war geklärt. Die Prozesse, die Urteile, die Entschädigungen hatten stattgefunden. Ich entschied mich, bei der nächsten Wahl nicht wieder anzutreten. Die Debatte war unwürdig und quälend, vor allem für die Opfer. Ich stieg aus. Das war im Dezember 2018.

Aufarbeitung ist eine zähe Sache, sie geht nur partiell, stößt auf Widerstände, ist meist ernüchternd, bei Lichte besehen ist sie fast immer enttäuschend. Das ist so. Es scheint in der Natur ihrer Sache zu liegen. Aufarbeitung ist fragil. Es geht vor und zurück. Mitunter fängt man auch wieder bei minus Null an. 2000 war nicht 2018. Das kollektive Tätertrauma hatte sich über die Jahre reorganisiert. Der DDR-Sport musste hochgehalten, der heilige Siegergral des Systems verteidigt werden. Eine Art Identitätspolitik. Oder war es nicht doch noch etwas komplizierter?

Suchbilder. Das Frühjahr 2019, der Sommer 2019. Die Landtagswahlen in Sachsen, Brandenburg und Thüringen. Die AfD war kurz davor, ihren ersten Ministerpräsidenten ins Amt zu hieven und kaperte dafür die 89er-Revolution. Andreas Kalbitz, Brandenburgs AfD-Spitzenkandidat, trug weiße Hemden. Er sagte, wir treffen den Nerv. So oft ich konnte, saß ich in Freiburg im Archiv. Dort hörte sich das Strudeln des Ostens eher nach einem verzerrten Unterwassergeräusch an. Fern, glucksend. Am Abend erklärte die italienische Langzeitastronautin Samantha Cristoforetti im Fernsehen: »Aus dem Weltraum ist die Menschheit tagsüber kaum zu sehen. Man sieht Strukturen. Man sieht Wüsten, Gebirge, Krater. Wenn man lange schaut sogar die Antike. Da schrumpft etwas zusammen.« Ein mondäner, angenehm sortierter Blick.

Diesen Blick hatte ich nicht. Beim Versuch, die Protokolle und Quellen zur Militärforschung mit »invenio« abzugleichen, dem digitalen Bestellsystem des Bundesarchivs, stieß ich auf Löcher. Etliche der als geheim eingestuften Dissertationen waren nicht da oder ich fand sie nicht. Der lächelnde Mann am Tresen nickte und meinte, das sei gut möglich. Es gebe da noch das alte »Argus«-System. Man sei dabei, das alte ins neue zu übertragen. Aber das brauche halt. Er bat um Verständnis und griff zum Telefon. Fünf Sätze später sagte er, ich solle mal rüber ins Nebengebäude. Dort gebe es noch die alte Zettelkartei. Die müsse ich halt durchforsten.

Ich mag es, wenn Archive nicht einfach nur Lesesäle sind, sondern richtige Räume. Wenn ich mitkriege, wo die Geschichte ihre Toilette hat und ihren Kaffeeautomaten. Wenn ich mich auf den Weg machen und etwas ablaufen kann. Die Flure, die Treppenhäuser, die Türen, die Nebengebäude. Dann habe ich das Gefühl, Geschichte hat was mit Luft kriegen zu tun. Etwas ist dabei, sich zu öffnen. Die Dinge dürfen etwas klarer werden. Im Nebengebäude bekam ich drei Zettelkästen hingestellt. Alte DDR-Holzkästen, die Karteien vielfach noch mit der Hand geschrieben.

Was mir auffiel: Einige der Doktorarbeiten handelten vom Gift. »Klinik und Therapie ausgewählter Sabotagegifte«[138] oder »Gegenmittel gegen chemische Kampfstoffe«[139]. Mehrere Arbeiten handelten vom Blut. »Gerinnungsanalytische Untersuchungen nach Gabe von ultraschallbehandeltem Vollblut beim Kaninchen«[140] oder »Experimentelle Untersuchungen zur Charakterisierung und zur Wirkung von Blutpräparationen«[141]. Zahlreiche Arbeiten handelten von Strahlen. »Kombination zwischen ionisierender Strahlung und Vergiftung mit Nervenkampfstoffmodellsubstanzen (KSMS)«[142] oder »Tierexperimentelle Untersuchungen zum Einfluss ausgewählter Antirhythmika auf den Verlauf der akuten Strahlenkrankheit«[143]. Etliche Arbeiten handelten von Leistung. »Leistungsfähigkeit von Frauen und ihre Eignung für die militärische Verwendung«[144] oder »Veränderungen der Reaktivität des Immunsystems unter den Bedingungen des Leistungstrainings«[145]. Erstaunlich viele Arbeiten handelten vom Extrem. »Zur Persönlichkeit von Fremdkörperschluckern im Straf- und Untersuchungshaltvollzug aus klinisch-psychologischer Sicht«[146], »Zu Ursachen und Prophylaxe von Nahrungsver- weigerungen im Strafvollzug und im Untersuchungshaftvoll- zug«[147] oder »Analyse von 100 Selbstmordversuchen Strafge- fangener aus psychiatrischer Sicht«[148].

Gift, Blut, Strahlen, Leistung, Extrem. Lässt sich daraus etwas ableiten? Ein Muster, eine Logik? Pauste sich da was durch? Gab es eine Genese der Themen? Verknüpfungen? Und das mit den Tieren? Ich suchte die Zettelkästen durch. Auffällig war, dass Experimente in den siebziger Jahren vor al- lem an der »experimentell begifteten Ratte« stattfanden. Eine Forschungspraxis, die sich in den Achtzigern mehr und mehr zur »experimentell verstrahlten Ratte« oder zum »ultraschall- behandelten Vollblut beim Kaninchen« hin verschob. Besagte das was? Eine Art Paradigmenwechsel? Vielleicht ja, vielleicht nein. Vermutungen brachten nichts. Also weitersuchen, die Dissertationen lesen, versuchen dranzubleiben.

Kurze Wege. Die geglückte DDR-Mission in den Kos- mos verlieh Honeckers Nationalpathos gehörig Auftrieb und eröffnete noch einmal ganz andere Forschungsformate für den Himmel. Vielleicht ging da ja mehr? Im Oktober 1980 wurde die »Bildung eines Zentrums für Kosmosforschung« beschlossen.[149] Bereits am 1.4.1981 war das neue Institut ge- gründet, angebunden an die Akademie der Wissenschaften.[150] Auch an anderer Stelle wurde orchestriert umgedacht: am

12.8.1981 der Ministerratsbeschluss zur Bildung einer Militärmedizinischen Akademie in Bad Saarow, unweit von Berlin; am 11.11.1981 die Auflösung der Fakultät für Militärmedizin in Greifswald; am 1.12.1981 die Gründung der Militärmedizinischen Akademie in Bad Saarow als eine Hochschule der DDR, dem Minister für Nationale Verteidigung unterstellt.[151]

Die Weichenstellungen erfolgten rasant, die Wege wurden deutlich kürzer. Es ging um Ressourcenbündelung und Synergien. In Bad Saarow kamen ab da Militärmedizin, Militärforschung und Armeelazarett an einem Ort zusammen. Die Anbindung an die Akademie der Wissenschaften und ihre Institute in Berlin gestaltete sich ungleich direkter, und auch die Ministerien und die Politik in der Hauptstadt waren schneller erreichbar. Vielleicht war das ja der eigentliche Text: kurze Wege, klare Hierarchien, Effizienzen, eisern geforderte Praxisnähe, maximale Effekte. Zwei Wochen nach Akademiegründung und noch bevor die Hochschule ihre Arbeit überhaupt richtig aufnehmen konnte, »weilten leitende Genossen der Partei- und Staatsführung zur Klärung der Überführung von Forschungsergebnissen« in Bad Saarow.[152]

Die anderthalbstündige Fahrt von Berlin-Mitte aus, die schweren Limousinen, die holprigen Straßen, der malerische Scharmützelsee, das tief in die Kiefern vergrabene Militärgelände, die Wache. Vermutlich hat es eine kleine Führung übers Gelände gegeben, vermutlich wurde zusammen gegessen, in jedem Fall hockte man an einem Tisch zusammen. Was wurde gesprochen, was vereinbart, welche Forschungsergebnisse sollten wie, wann, warum, wohin überführt werden? Was war am 15.12.1981 in Bad Saarow derart wichtig, dass es von den Landesoberen noch vor Weihnachten an diesem Geheimort geklärt werden musste?

Forschungsbefehl. Direkte Absprachen, direkte Koordinierung, direktes Vokabular: Was im Land eher Seltenheit war, in Bad Saarow zählte es zum Standard. Schier Unmögliches wurde über Nacht möglich gemacht. Neueste Forschungsliteratur aus aller Welt? Binnen Tagen war sie da. Neueste Messgeräte des Westens? Per Valuta wurden sie geliefert. Am 20.10.1982 kam es zur Vereinbarung über eine engmaschige Koordinierung und interdisziplinäre Verflechtung zwischen der Militärmedizinischen Akademie, dem Luftfahrtmedizinischen Institut, der Akademie der Wissenschaften der DDR, den sogenannten »Bruderarmeen« und dem Ministerium für Gesundheitswesen.[153]

Die Tagesordnungen der Fakultätssitzungen und Plenarsitzungen in Bad Saarow waren vor allem in der Anfangszeit mit Gutachten, Abstimmungen, Leitungsvorlagen vollgepackt. Der Jähn-Flug hatte auch im Hinblick auf die kommende Forschungspraxis im Land zu einem eindeutigen Resümee geführt: »Die erzielten Ergebnisse sind auch von Bedeutung für die medizinische Praxis und Forschung, insbesondere auf den Gebieten der Arbeitsmedizin und Arbeitspsychologie, der Sport- und Leistungsmedizin sowie der Militärmedizin.«[154] In einem fort wurden nun Arbeitsgruppen erweitert, neue Forschungsvorhaben an Land gezogen, zusätzliche Strukturvorgaben eingebaut. Es ging Schlag auf Schlag.

29.4.1983: »Schaffung von Voraussetzungen zu einem abgestimmten rechnergestützten Informationssystem zwischen Militärmedizinischer Sektion, Militärmedizinischer Akademie und Institut für Luftfahrtmedizin.«[155]

5.5.1983: »Einweihung des Neubaus für das Institut für Kosmosforschung in Berlin-Adlershof, Rudower Chaussee 5.«[156]

14.10.1983: »Vertragsabschluss mit GERMED, Kooperation mit dem Forschungsinstitut für Medizinische Diagnostik, Zielbestimmung der Forschung 1986–1990, Blutersatzstoffe, Strahlenbiologie, Direktive der Militärmedizinischen Akademie, Verteidigung der Zentralen Forschungsvorhaben 18 und 19.«[157]

15.12.1983: »Die Zusammenarbeit mit dem Forschungszentrum für Molekularbiologie und Medizin der Akademie der Wissenschaften der DDR und dem Ministerium für Gesundheitswesen wurde auf einigen Gebieten intensiviert. Als neue Kooperationspartner wurden gewonnen: der VEB Pharmazeutisches Kombinat GERMED, der seinerseits großes Interesse hat, mit uns zusammenzuarbeiten, sowie das Forschungsinstitut für medizinische Diagnostik. In den nächsten Tagen finden die Bilanzberatungen mit der Akademie der Wissenschaften der DDR und dem Ministerium für Gesundheitswesen statt. Man kann hier von einer guten Ausgangssituation für diese Beratungen sprechen.«[158]

Bad Saarow wurde binnen kurzem zum Dreh- und Angelpunkt und zum Maschinenraum der Militärforschung. Der inner circle. Eine Art Himmels-Konsortium. Hier schien alles zusammenzulaufen. Dabei war der Forschungstakt der Militärakademie von Beginn an enorm. Anfang des Jahres 1984 erteilte Armeegeneral Heinz Hoffmann, Chef des ostdeutschen Militärs, dazu noch seinen *Forschungsbefehl*[159]. In den Protokollen wird er als eine zusätzliche Marschroute angegeben.

Einverheiltes. Ab 1973 flogen fast jährlich sowjetische Biosatelliten ins All.[160] In ihnen Fliegen und Pflanzen. Seit 1975 beteiligten sich auch die USA und Frankreich an den Bioflügen des Ostens. *Biosputnik 1514* im Jahr 1983 sollte ein nächster Schritt im großen Bioraum-Programm werden. Er startete am 14. 12. 1983. Genau einen Tag später wurde die Forschungskoordinierung zwischen Berlin, Greifswald, Bad Saarow und Königsbrück vereinbart. Ein Signal, ein insgeheimer Zuruf, die planmäßige Synchronisierung zwischen Himmel und Erde? Aber wie oben und unten zusammendenken, wie das beschreiben?

Der Physiologe Karl Hecht, Jahrgang 1924, erklärte am 29. 5. 1984 gegenüber dem Koordinierungsrat der Kosmosforschung der DDR in einer ersten Auswertung von Biosputnik 1514: »Experimente an Tieren und Pflanzen in Biosatelliten stellen einen festen Bestandteil der sowjetischen Weltraumforschung dar … und sind integrierter Bestandteil des Interkosmos-Programms. Biosatellitenexperimente haben zum Ziel, Fragen zu klären, die für die bemannte Raumfahrt von Bedeutung sind und aus humanitären Gründen am Menschen nicht untersucht werden können.«[161] Hecht leitete zu der Zeit die Abteilung Neuropathophysiologie der Nervenklinik der Charité und gehörte zum anwachsenden Pool ostdeutscher Kosmosforscher. Sein Vortrag gegenüber dem

Rat schildert en detail seine Zuarbeit für den Biosputnik 1514, in dem erstmals auch zwei *Affenkosmonauten* mitflogen: »Die Vorbereitungsphase der Affen für den Weltraumflug war von außerordentlichen Schwierigkeiten begleitet, denn es war das erste derartige Experiment der UdSSR ... Der Transport der Tiere per Flugzeug von Suchumi nach Moskau, die neue Umwelt, sowie eine Anzahl von chirurgischen Eingriffen zur Einheilung von Elektroden versetzten die Tiere in einen permanenten Stresszustand.«[162]

Es sei dieser Stress gewesen, erklärte Karl Hecht gegenüber den Anwesenden des Koordinierungsrats, der die Sowjets alarmierte. »Aus diesem Grund wandte sich im April 1983 der wissenschaftliche Rat für kosmische Medizin und Biologie der UdSSR mit der Bitte an uns, Substanz P als Mittel zur Erhöhung der Belastungsresistenz bei diesen Tieren einzusetzen.«[163] In den Protokollen wird Substanz P als Neuropeptid aus elf Aminosäuren beschrieben und gilt als Schlüsselsubstanz bei Schmerz, Angst, Entzündungen und Depressionen. Für Hecht sei das Ganze eine »risikovolle Aufgabe gewesen, da man überhaupt keine Erfahrung mit Substanz P an Primaten gehabt« habe.[164] »Dennoch trugen wir dem Anliegen der sowjetischen Spezialisten Rechnung und übernahmen diese Aufgabe außerplanmäßig.«[165]

Wie sah diese Außerplanmäßigkeit aus? Die bereits in den 20er Jahren gegründete und weithin als Forschungsstation bekannte Affenfarm in Suchumi und 18 Affen, die für einen Weltraumflug in die engere Auswahl kamen. Die beiden Rhesusaffen Abrek und Bion, die nach dem Verfahren übrigblieben und mit Maiskernen, Krokuszwiebeln, drei Guppys

126

und zehn Ratten die Reise ins All antraten. Die Suchumi-Vorbereitung und das Einverheilte: bei Abrek und Bion diverse Elektroden, etwa an der Halsschlagader. Dazu Abrek, der die Substanz P gespritzt bekam, und Bion, der das Zeug nicht erhielt. Der Flug der beiden von Suchumi nach Moskau. Der gedopte Abrek, bei dem »die elektrische Aktivität des Gehirns und der Muskulatur abgeleitet wurde, um den Schlaf-Wach-Zyklus zu untersuchen«, der mit der Schwerelosigkeit prompt zurechtkam und seine Programme mühelos absolvierte.[166] Bion, der erst am dritten Flugtag überhaupt bereit war, Nahrung aufzunehmen, bei dem die »Gesichtspartie wie bei vielen menschlichen Kosmonauten vom 1.–4. Tag angeschwollen« war und der sein Programm nicht absolvierte.[167] Hechts Schlussfolgerungen, die einen Widerspruch zwischen den »Befunden von Mensch und Affe« herauslasen und daraus neue Fragen für die kosmische Medizin ableiteten: »Wirken beim Affen andere Regulationsmechanismen als beim Menschen? Sind die subjektiven Erlebnisse der Kosmonauten real oder Illusionen?«[168]

Bordreife. In ethnologischen Büchern der letzten Jahre ist der Affe ein großes Thema geworden. Als würde er aus den letzten Wäldern treten, uns anstarren und fragen: Seid Ihr sicher, wie das mit den Rollen hier geht? Wer ist es denn, der die Erzählung führt? Der Affe in der Feldforschung ist so längst zu einer fluktuierenden Figur geworden. Eine Art Hoffnungsprojekt, über das seine Betrachter zu fühlenden Wesen werden dürfen. Für die Kosmosethnologie der 8oer Jahre lässt sich das allerdings nicht sagen. Die Perspektive von Bion fand da nicht statt. Sie war nicht vorgesehen. Eine Leerstelle. Was hätte er erzählt, wenn man ihn gelassen hätte? Was hätte er von der ganzen Unternehmung gehalten, bei der er zum *Flugtier* auserkoren wurde?[169]

Der Neuropeptid-Forschung an der Humboldt-Universität zu Berlin konnte man in den achtziger Jahren dabei zuschauen, wie sie sich sukzessive von ihren ursprünglichen Forschungspräambeln entfernte. Wusste man 1984 womöglich noch, dass es humanitäre Gründe gab, die maßgebend für die Forschung am Menschen sind, klang das reichlich drei Jahre später bei Karl Hecht schon anders: »Seitens der USA sind Bestrebungen im Gange, den wissenschaftlichen Vorsprung der UdSSR auf dem Gebiet der medikobiologischen Kosmosforschung zu nivellieren, bzw. umzukehren ... Die *Bordreife* für ein wissenschaftliches Gerät oder für Stoffe und Mittel ist daher das Kriterium und die Zielstellung einer jeden wissenschaftlichen Aufgabe, die im schnellstmöglichen Tempo zu erreichen ist.«[170] Und er fügte hinzu: »Erstmalig wurde konkret die Frage des Einsatzes von Substanz P für Raumflüge an Mensch und Tier zur Erhöhung der Adaptation an kosmische Bedingungen gestellt.«[171]

Die biopolitische Militärforschung der DDR und die 80er Jahre. Es waren Jahre der Gleichzeitigkeit. Es ging um Bündelung, Tempo, Fokussierung, Forschungsbrisanz, um eine »höhere Stufe der Gefechtsbereitschaft«.[172] Das war keine Synchronisierung zwischen Himmel und Erde, es geschah auch nicht auf Druck von außen, es ging um Vorgänge, die sich augenscheinlich im Inneren entschieden.

»Zu kühlen ist also die Sonnenseite,
zu erwärmen die Schattenseite der
Körperoberfläche. Der Kosmonaut trägt
daher Netzunterwäsche. In diese Netze
ist ein kapillarartiges, flüssigkeits-
durchströmtes Röhrchensystem einge-
arbeitet. Eine sinnvolle Steuerung des
Flüssigkeitsstromes ermöglicht den
erforderlichen Effekt.«

Zentrales Archiv des Deutschen Zentrums
für Luft- und Raumfahrt e.V., Göttingen, BAAR,
A872, unnummeriert.

Relikt-
strahlung

Fundstücke und Trigger. Ich muss dem nochmal nachgehen. Jena, der Herbst 1980 und der Film *Das Schlangenei*. Was war das damals? Wieso kann ich mich nach 40 Jahren noch immer an das Filmgefühl von damals erinnern? Was habe ich gesehen? Ich kaufe mir eine Bergman-Edition. Das war eh fällig. Die ersten Bilder: November 1923. Menschen in Zeitlupe, die es taumelnd nach unten zieht. Erschöpft, schwer, in der Sekunde wie vor dem Sturz. Eine schwappende Masse.

Dann die Geschichte, die überillustrierten Figuren, das schwärende Fiasko. Es interessiert mich nicht. Ich schaue und bleibe draußen. Warum ist das so? Und warum war es vor 40 Jahren ganz anders? Wegen dem Haufen Zeit, der vergangen ist? Das Filmgefühl ändert sich erst, als es hinter der Wand zu ticken anfängt, als die marternden Geräuschmaschinen dazukommen, die harten Doku-Szenen, die Sache mit dem Archiv. Ab da bin ich dran, ab da will ich sehen, alles, jedes Detail. Und wieso? Ist es das Unbehagen an der Fiktion? An Bergmans Erzählverfahren? Die Angst, dass er nicht genug rausgeholt hat aus dem, was man die Vision einer Zeit nennt? Ist es nicht ekelhaft genug?

Das Bedürfnis unserer Zeit nach Echtzeit, Triggern, dem

Extrem, nach Unmittelbarem und Spektakel. Dagegen die Form als Versteck, als Schutz, als Zeithaube. Greift der Stoff nach der Form oder die Form nach dem Stoff? Und wer glaubt, das entscheiden zu können? Wer sagt, wie es richtig ist? Kompliziert mal wieder. Aber vielleicht ist ja fürs Erste nichts anderes möglich, als diese Fragen so ernst wie möglich zu nehmen? »Wie komme ich hier wieder raus?«, ruft die Hauptfigur im »Schlangenei« und hastet durchs Archiv. Es ist das umfangreichste Krankenhausarchiv Europas, erklärt eine Stimme. Das mit dem Archiv im Film wusste ich nicht mehr. Ich hatte es völlig vergessen. Das Hermetische, Labyrinthische, die Schwammfäule, die Katakomben des Gedächtnisses – ich hatte keinerlei Erinnerung daran. Es riecht nach viel Mittelalter, ist eine Art Spiegelkabinett und der Ort für die Schlangenei-Idee.

Das mit dem inneren Film und der Zeit. 40 Jahre. Als gäbe es eine Art Doppelspur. Als könnte man sich zeitgleich durch zwei Gefühlsarchive bewegen. Als würden zwei Existenzen versuchen, sich zu begegnen, sich aufeinander zuzuschreiben. Als würde die eine die andere an die Hand nehmen und wohin bitte führen? Das Verzweigte unserer Zeit. Es ist Mitte Februar 2020. Ein Freund schickt mir eine Mail. Aus ihr geht hervor, dass jemand aus der Stasiunterlagenbehörde in meine Opferakte eingebrochen ist. Es wurden Dokumente abfotografiert. Sie kursieren. Es geht um Berichte, Quellen, Einsatzpläne des Geheimdienstes über mich aus den Jahren 1984 und 1985. Sie werden mit der Betreffzeile *Fundstück unter vielen* verschickt.

Ich fahre zum Behördenchef und verlange Klärung. Ein

freundlicher Mann sitzt mir am Tisch gegenüber und sagt: Das ist ein No go. Das geht gar nicht. Das hätte nie passieren dürfen. Das betrifft den Kernbereich unserer Arbeit. Gut, dass Sie gekommen sind. Wir kümmern uns darum. Es ist März, es ist Mai 2020 und im Land Pandemie. Ich schreibe Briefe an die Behörde. Ich versuche dranzubleiben. Behörden brauchen manchmal, mitunter wollen sie auch gar nicht.

Die Archive im Land sind geschlossen. Ich versuche zwischendurch das zu ordnen, was mittlerweile auf dem Schreibtisch liegt. Es ist einiges. Aber wo sind die Versuchsanordnungen, die Verträge, die Protokolle zum Neuen Menschen? Wo liegt das Eigentliche? Unknown soldier. Vielleicht braucht es ihn gar nicht, denke ich. Vielleicht ist es nicht die eine große Aktion, vielleicht geschieht es aus sich heraus, vielleicht ist es in unserer Zeit.

Durchpampern. Die Anfänge an der Militärmedizinischen Fakultät in Greifswald und die spätere Kosmos-Biomedizin. Im Juli 2020 fahre ich in die Stasiunterlagenbehörde in Schwerin. Ich will da Akten einsehen und hatte vor längerem schon einen Antrag gestellt. Am Ende liegt da, wonach ich suche? Ich vereinbare einen Termin. Die Adresse: Resthof Leezen. Die Orte auf dem Weg dahin heißen Görslow, Pinnow, Dobin und klingen nach Norden, Wind und viel Sanddorn. Die Behörde ist eine ehemalige DDR-Armeekaserne, liegt am Schweriner See und steht mitten auf dem Feld. Vor dem Gebäude eine matte Herde Kühe. Die Tiere dösen. Die Hitze setzt allen zu. Im Lesesaal ein Tisch und ein Stuhl.

Dem gegenüber ein Tisch und ein Stuhl mit einer Frau, die auf mich aufpassen wird. Sie sind die Einzige die Woche, begrüßt sie mich und wedelt versonnen mit dem Fächer. Oben am Himmel lässt ein Flugzeug den Himmel scheppern. Die Rollos klappern. Die Kühe draußen geben merkwürdige Laute von sich. Ich blicke aus dem Fenster und sehe das Schweriner Schloss auf der gegenüberliegenden Seite des Sees funkeln. Der Himmel ist fast preußischblau.

Kosmosforschung und Greifswald. Das Personal: immer dieselben Namen. Wer rein wollte, bekam von denjenigen, die schon dazugehörten, das nötige Entree – ein Gutachten zur Promotion. Man kannte sich, wurde beäugt, aus den Lehrgängen und dem Studium an der Fakultät heraus ausgesucht, gepampert, ideologisch gesiebt. Am Ende wurden die Neuen »gezielt angesprochen«.[173] In den sogenannten »Planvorgaben« nannte man es »Schaffung einer Kaderreserve«.[174] Das Ganze wirkte familiär, abgezirkelt. Ein spezieller Nukleus.

Double Binds. Im Militärraum sozialisiert, durch ihn geschützt und legitimiert, entwickelte sich mit den Jahren aus ihm heraus eine eigene Forschungskultur. Zu Greifswald und Kosmos und damit zu einer sich beschleunigenden Diffusion zwischen militärischer und ziviler Forschung in den 8oer Jahren stellvertretend zwei knappe Biogramme und ein Forschertypus wie im Brennglas: Hans Gürtler, Jahrgang 1933, in Greifswald geboren, studierte in seiner Heimatstadt Medizin und gehörte seit 1955 zu den Bewaffneten Organen der DDR. 1958 Pflichtassistenz im Zentralen Lazarett der

NVA in Bad Saarow. 1960 Promotion an der Sektion Medizin in Greifswald, danach zwei Jahre Truppenarzt und Facharztausbildung für Innere Medizin. 1965 Versetzung in die Politische Hauptverwaltung im Ministerium für Nationale Verteidigung. Ab 1966 als Leiter der dortigen Sportmedizin verantwortlich für die Armeesportclubs im Land und damit »für die angewandte Leistungssportforschung der NVA und die ständige Überleitung der Ergebnisse in die sportliche Praxis zuständig«.[175] Im März 1966 Informationsreise nach Moskau, um »die sowjetische Sportmedizin kennenzulernen«. Von 1967 bis 1971 Verbandsarzt Boxen. 1973 Habil-Arbeit in Greifswald, begutachtet durch Prof. Dr. Siegfried Israel, seit 1962 Chefarzt in Kreischa und der Mann, von dem es heißt, dass er die Friedensfahrtlegende Täve Schur bereits in den frühen 60er Jahren mit Substanzen aus Algerien hochdopte.[176] Ein weiterer Gutachter war Günter Ewert, Jahrgang 1934, Professor an der militärmedizinischen Fakultät Greifswald seit 1973 und der Mann, der die bislang einzige umfassende Veröffentlichung über die Fakultät verfasste. In dem Sinne ein Vertuschungstext, herausgegeben 2015.[177]

1974 die Berufung von Hans Gürtler ans Forschungsinstitut für Körperkultur und Sport (FKS) als stellvertretender Direktor der Sportmedizin. Ab August 1975 Zuarbeit für die DDR-Staatssicherheit, 1976 als IMS »Hans Georg Meier«.[178] Er gehörte zur »VS-Nomenklaturgruppe am FKS« und war, wie der Geheimdienst festhielt, die Person, die »den umfassendsten Überblick über alle Forschungsthemen am FKS« hatte. Ärztlicher Verantwortlicher der 1975 gegründeten Forschungsgruppe »Zusätzliche Leistungsreserven«, der Forschungszentrale für das DDR-Staatsdoping.[179] 1983 von seiner Funktion am FKS entbunden, 1985 Disziplinarverfahren, nicht aus politischen Gründen.[180] Danach von 1988 bis 1992 Ordentlicher Professor für Sportmedizin, ab 1994 Professor für Rehabilitation/Leistungsmedizin an der Universität Greifswald. Er starb 2018 in Lubmin.

Hansgeorg Hüller, 1929 geboren. Volksschule in Erfurt, 1949 Volkspolizei, immatrikuliert an der Medizinischen Fakultät Leipzig, dann Studium an der militärmedizinischen Fakultät in Greifswald. 1956 Übernahme in die NVA. 1958 Promotion in physiologischer Chemie. Ab 1960 als IM »Walter Schmidt« Zuarbeit für die Staatssicherheit. Forschungsauftrag vom Ministerium für Nationale Verteidigung zum Thema »Gegenmittel gegen chemische Kampfstoffe«.[181] Leiter des Pharmakologischen Instituts an der Universität Greifswald. Seit 1976 eingeweiht in die illegalen Steroid-Arzneimitteltests von VEB Jenapharm.[182] Ab 1977 »Mitarbeit als Pharmakologischer Gutachter bei Pilotstudien und klinischen Vorprüfungen am FKS«.[183] 1979 ein von Hüller durchgeführtes Fachkolloquium an der Universität Greifswald »Über Wirkungen und Empfehlungen zur weiteren Anwendung von STS (Steroidsubstanz)«.[184] Die Staatssicherheit sah in Hüller eine wichtige »leitungspolitische Schaltstelle hinsichtlich der gesamten Forschungs- und Anwendungstätigkeit« von Anabolika.[185] Direktor des Institutes für Klinische Pharmakologie der Humboldt-Universität zu Berlin, auch nach 1989 dort Lehrstuhlinhaber.[186] In einer Stellungnahme im Zusammenhang mit den Ermittlungen zum DDR-Zwangsdoping schreibt Hüller am 22.1.1993: »Im Rahmen meiner jahrzehntelangen Tätigkeit auf dem Gebiet der Arzneimittelforschung habe ich weder gegen Gesetze noch gegen ethische Auffassungen der DDR noch gegen international akzeptierte Prinzipien der Wissenschaft und Ethik in der Medizin verstoßen.«[187]

Was waren die inneren Motive für diese Art Karrieren? Oder eher: Welche könnten es gewesen sein? Ich habe nochmal den Vater vor Augen, Jahrgang 1934. Wie soll ich mir das Ganze sonst vorstellen? Wie den internalisierten Hitler und die vermeintlich neue Zeit im Osten, diese Leben zwischen zwei Diktaturen, zusammenkriegen? Die ostdeutsche Kosmosforschung ist die Geschichte unserer Väter. Das meine ich wörtlich so. Ich meine *unserer*, und ich meine *Väter*. Vielleicht ist ihre Geschichte die einer ihnen ins Hemd genähten Niederlage und der Versuch, sie um jeden Preis loszuwerden, sie auszumerzen. Vielleicht ist es eine Generation, die im Militär ihre Väter gesucht und nicht gefunden hat, nicht finden konnte. Die Vitalität der Kriegskinder, die Niederlage in sich abzuwehren und darin oft zu weit zu gehen. Die versuchte Erlösung von der Schuld ihrer Väter und das Destruktive darin – das gehört zusammen, denke ich. Der verlorene Krieg, der auf obsessive Weise neu gewonnen werden sollte. Also geht es um Scham und ihre Verleugnung. Vielleicht ist es das. Der Double Bind. Die Geschichte der Väter ist auch die Tatsache, dass sie damit eine Geschichte geschrieben haben. Sie ist da. Ihre Erzählung ist das, was sie getan haben. Egal, was sie dazu sagen und auch erstmal egal, was andere davon halten.

Degradierte Sterne. Die gründlich Ausgebildeten, Praxiserfahrenen, Karrierebewussten, in der Armee Geweihten, vielfach in den Geheimdienst Inkorporierten. Ihre operativen Offensivfelder und die Gleichzeitigkeit der 80er Jahre. Im Nachhinein haben sie sich gern als ehrliche Arbeiter und Männer vom Fach zu verstehen gegeben, als gedeckte Herrenriege, die einzig der Sache verpflichtet war, solide und vielberufen. Väter, die in ihren Stasiberichten häufig vom »nötigen Vorlauf im internationalen Rahmen«[188] gesprochen haben, von Weltspitze, von der Überlebensfrage, von »technisch-technologischen Durchbrüchen«[189], von äußerster Wachsamkeit. Man weiß gar nicht, wann sie geschlafen haben.

Mitte der 80er Jahre und das Mainstream-Bild der DDR: eine kommode Diktatur, sozial verträglich, mag sein etwas spießig, aber immerhin friedliebend. Mitte der 80er Jahre und die Anti-SDI-Obsession der DDR. Ihre Art Sonder-MIK. Der Krieg der Sterne, für den es im Osten eine Lösung, einen Ausweg brauchte, und zwar händeringend, in jedem Fall sehr schnell. Dazu kam, dass zeitgleich in Ostberlin das »Sowjetische Programm zur Erforschung des Weltalls bis zum Jahr 2000« aufploppte.[190]

Eine Langzeitstrategie, eine Art Forschungs-Ufo in bislang ungeahnte Galaxien: zur Venus, zum Mars[191], zu Fragen der Röntgenastronomie[192], zum Sonnenwind, zum Problem der Gamma-Ausbrüche, zum Observatorium *Granat*, zum Projekt *Radioastron* mit übergroßen Teleskopen, zur »Reliktstrahlung« und den sogenannten »degradierten Sternen«.[193] Irgendwann implodiert es eben. Im Plan als letztes: »Schaffung einer großen automatischen Station (eines Labors) auf dem Mond, die Verkehrsmittel hat.«[194]

Ich muss ein bisschen auf den Taumel achten und auf die Wörter. Wie sie es schaffen, den Körper zu verrücken. Wie sie schieben, drücken, werkeln, als hätten sie mehr Platz vonnöten. Jedenfalls einen anderen Platz. Reliktstrahlung, degradierte Sterne, Rekombinationen. Aus dem Begriff *Verborgene Masse* macht der Computer gleichsam unter der Hand *Verlorene Masse*. Als würde man den Buchstaben dabei zusehen, wie sie sich selbst verlassen. Als wollten sie aufhören zu atmen. *Röntgenastronomie*. Werden wir uns demnächst auch mit den Röntgenbildern der Wörter befassen?

Das Interkosmos-Programm bis zum Jahr 2000 war ein völlig neues Ideenformat, mit dem die Sowjets ihren Verbündeten offerierten, dass sie den erdnahen Raum nun verlassen und in die Phase der außeratmosphärischen Forschung eintauchen.[195] Weiter als ganz weit weg? Aber war das Projekt der »Überwindung des organbezogenen Denkens« damit nicht sogar noch wichtiger geworden? Einen neuesten Neuen Menschen, einen Körper unter extremen Bedingungen, einen maximal Strahlengeschützten, der bald bis hinter die Sonne fliegen würde, um dort für immer zu existieren? Was war zuerst dran – der Krieg der Sterne, der Krieg der Ferne, der Krieg der Neuesten Körper? Und wer gab die Linie vor? Einem Dossier »zur Erschließung des Kosmos« der Akademie der UdSSR von 1987 ist zu entnehmen, »dass die Erforschung des Weltraums außerhalb des Sonnensystems die Konstruktion eines elektronischen Menschen« erfordere.[196]

Die Fronten schienen sich Mitte der 8oer Jahre in verschiedene Richtungen hin zu verschieben. Eine Frage neuer Kräfte-verhältnisse. Bereits in den siebziger Jahren waren die Sowjets im Hinblick auf den Kosmos erste Kooperationen mit dem Westen eingegangen.[197] Vor allem bei den Biosputniks stiegen Frankreich, die USA und auch die Bundesrepublik intensiv ein. Karl Hecht verwies in einem Arbeitsbericht darauf, dass »die BRD-Spezialisten noch 1981 die Überlegenheit der medikobiologischen Kosmosforschung der DDR auf dem Symposium für Gravitationsphysiologie in Innsbruck öffentlich anerkannten«.[198] Aber das war vorbei. Mittlerweile hieß es: »Von sowjetischer Seite wurde uns vertraulich mitgeteilt, dass der zwischen der UdSSR und der BRD seit einigen Jahren bestehende Vertrag auf dem Gebiet der mediko-biologischen Kosmosforschung von hoher Effektivität gekennzeichnet ist. Die BRD stellt der Sowjetunion weitaus mehr Mittel zur Verfügung als die DDR.«[199]

Eine Tatsache, die innerhalb des ostdeutschen Kosmos-Konsortiums für einige Aufregung sorgte. Dass die Sowjets Mitte der 8oer Jahre ihre neue Forschungsachse ausdrücklich »auf Grundlage einer umfassenden internationalen Kooperation« auszurichten versuchten, war nichts anderes als den Verhältnissen geschuldet.[200] Eine Frontenverschiebung, die nicht als Petitesse zu verstehen war, sondern ausdrücklich als Teil der asymmetrischen Strategie der Sowjetunion. Zum Überleben brauchte man den Feind, sein Geld und vor allem seine bessere Technik. Auch der Himmel war komplizierter geworden. Die Frage bleibt, was das in den Militärlabors des Ostens auslöste.

»Es ist größere Aufmerksamkeit auf Boden-
forschungen zu richten, die die Grundlage
für die Entwicklung von Flugprogrammen
sind. Es muss besondere Aufmerksamkeit
der Einbeziehung der Ergebnisse in
die Praxis des Gesundheitswesens unserer Länder (Kliniken, Sport) gewidmet
werden. «

Auszug aus dem Plan der internationalen Zusammenarbeit 1981/1982, Sektion »Kosmische
Physiologie«. Zentrales Archiv des Deutschen
Zentrums für Luft- und Raumfahrt e.V., Göttingen, BAAR, A823, unnummeriert.

Adäquate Boden-
modelle

Eskaliertes. Neben Abrek und Bion im *Biosputnik 1514,* der im Dezember 1983 ins All startete, gab es noch Tevton.[201] Wie die beiden anderen Rhesusaffen wurde er in Suchumi auf seine Kosmonautenexistenz vorbereitet, kam aber dann als *Synchrontier* zeitgleich auf der Erde zum Einsatz.[202] »Mittels der Methode des instrumentellen bedingten Reflexes (Operator-tätigkeit), mit Nahrungsbekräftigung, erfolgte die Untersuchung der höheren Nerventätigkeit an den Affen Abrek, Bion (Flugtiere) und Tevton (Synchrontier) vor und während des Fluges, sowie 1 Tag, 1 Woche und 3 Wochen nach dem Flug.«[203] Als sogenannte »Nahrungsbekräftigung« hatte sich als Favorit Sanddornsaft durchgesetzt. Ansonsten hockte Tevton fixiert in seiner Kapsel und wartete die Zeit ab, bis seine Kollegen ihre Himmelsmission beenden durften.

In erster Linie jedoch war Bodenkosmonaut Tevton für die Forschung mit Substanz P vorgesehen. Das Neuropeptid sollte als »Mittel zur Erhöhung der individuellen Stressresistenz« eingesetzt werden.[204] In einem Bericht heißt es: »Die Wirkung von Substanz P mit intravenöser Applikation wurde an insgesamt 12 Affen untersucht. Diese befanden sich ausschließlich in einem starken Stresszustand, in dessen Folge die gesamte höhere Nerventätigkeit zusammengebro-

147

chen war.«[205] Das Ding mit den Wörtern. Zwölf Affen, die allesamt kollabiert waren? Nicht fünf, nicht acht, sondern alle? Was war das? Was bedeutete hier Stress? War das nicht eher eisige Panik? Zwölf Tiere in absoluter Todesangst? Denn das war es doch. Aus und Ende. Aber wie sah so ein Totalzusammenbruch bei Affen aus? Wut, Aggression, Angst, Zittern? Wann hören diese großen Tiere auf zu kämpfen? Und wieso hatten sie überhaupt Namen, wo der Plan doch war, sie völlig außer Rand und Band zu bringen? Wozu die Personalisierung für einen anstehenden Gefühlsterror? Um sie so menschenähnlich wie möglich zu machen? Um die Nahtstelle zwischen Mensch und Tier schon mal übersprungen zu haben?

»Die Untersuchungen ergaben, dass SP 1–11 die bei allen Tieren vollständig herabgesetzte Arbeitsfähigkeit ... wieder herstellt. Dabei zeigte sich eine Erhöhung der Leistungsfähigkeit und der Leistungsdauer, Steigerung der Konzentrationsfähigkeit, Verbesserung der Lernfähigkeit und der motorischen Koordination.«[206] Die Primatenforschung für Biosputnik 1514 – sie war ab nun das Paradigma für die kommende Himmels-Biomedizin. Internationale Kooperation, maximale Ergebnisse, eindeutige Forschungsschübe – so die Vorlage für eine rundum geglückte Operation. Bereits im Vorfeld hatten sich die Ostdeutschen »weltstandbestimmende Beiträge« im Hinblick auf »akute bzw. chronische Extremsituationen (eskalierter Emotionalstress) bzw. deren Kompensations- oder Adaptionsmechanismen« auf die Fahne geschrieben.[207] Bei der Auswertung des Fluges dann einzig Euphorisches, auch von Seiten der Sowjets: »Insgesamt wird durch die sowjetischen Kollegen eingeschätzt, dass ihre Experimente die Zweckmäßigkeit des Einsatzes von Substanz P im Primaten-Biosputnik-Experiment mehrfach bestätigt haben und der Vorlauf der DDR auf dem Substanz-P-Gebiet für sie äußerst nützlich ist.«[208]

Taumeln. Kapseltier Tevton wird zum Bild: ein Bodenaffe unter brutalem Stress, mit gelöschtem Willen, der seine Mittel bekommt und daraufhin sein Programm abspult. Laboraffe Tevton wird zum Symbol: der Nichtflieger, das *terrestrische Kontrolllebewesen*, das ausgeforscht wird, um einer Ideologie Vorschub zu leisten.[209] Tevton das Ersatzprogramm, die Ableitung, der Stellvertreter, in dem die geplanten *Versuchsschemata* ihren Ort finden sollten.[210]

Bodenaffe Tevton wird auch die Spur zu den »Modell-Experimenten auf der Erde«.[211] Es geht um Themen wie »die Fähigkeit des Organismus, äußerste Beschleunigungen auszuhalten«, »um den Einfluss pharmakologischer Mittel auf die Vestibularfunktion«, um »Symptome des Taumelns« und immer wieder um »Schwerelosigkeit«.[212] Es geht um den »Einfluss pharmakologischer Stoffe auf den funktionellen Zustand des Organismus unter den Bedingungen eines veränderten Gasmilieus«, um »genetisch fixierte Veränderungen«, »um die Züchtung resistenter Lebewesen«.[213] Zahllose Forschungsteams von Interkosmos hockten verteilt über den gesamten Osten, um den Menschen an seinen äußersten Kanten noch einmal neu zu kartieren. Gesucht wurde seine Akutversion: der am meisten beschleunigte Körper, der kälteste, hitzebelastetste, anspruchsloseste, stärkste, erschöpfteste, raumloseste, der einsamste, der am meisten gestresste, der havarierteste.

In den Forschungsberichten steht: »Besonderes Interesse gebührt der durch Spezialisten der VR Polen angewandten langdauernden Kälteprobe (24-stündige Exposition bei 12 Grad). Leider werden solche Versuche in der experimentellen Praxis äußerst selten genutzt, obwohl sie bedeutend informativer sind als kurzzeitige, akute Versuche, weil sie die Reservemöglichkeiten des Organismus vollständig aufzuklären erlauben, wenn er diesen oder jenen Einwirkungen unterzogen wird.«[214] Oder: »In Tierversuchen werden Havariesituationen imitiert, die das Ziel haben, den Einfluss geringer Sauerstoffkonzentrationen und hoher Kohlendioxidkonzentrationen bei Versagen des Regenerationssystems in der hermetischen Kabine zu erforschen.«[215]

Äußerste Beschleunigungen, Kälteproben, Reservemöglichkeiten, Havariesituationen. Die Protokolle und Berichte der biomedizinischen Interkosmos-Forschung sind eine eigene Erzählung darüber, wie sich Forschungstableaus, Themen und Experimentierbestecke nach einem klaren Suchbild ausrichteten: der maximalen »Arbeitsfähigkeit und psychischen Verlässlichkeit des Kosmonauten«.[216] Dafür wurde unentwegt *Bordreife* eingefordert. Dafür wurden Bodenexperimente an die »Bedingungen des kosmischen Fluges« angepasst.[217] Dafür hieß es: »Eine wichtige Bedingung zur Aufnahme der zur Diskussion gestellten Themen diagnostischer und therapeutischer Richtung ist ihre Einführung in die Praxis der kosmischen Medizin.«[218]

Gesonderter Bilanzbereich. Am 19.12.1983 saß der Chef des Medizinischen Dienstes der NVA mit dem Direktor des Zentralinstituts für Molekularbiologie und Medizin zusammen. Eine Resümeesitzung über die Forschung der Jahre 1982 und 1983. Danach stand das Planwerk für die beiden kommenden Jahre auf dem Programm. Es beinhaltete »sieben Schwerpunktaufgaben«. Eine davon: »Das Institut für Luftfahrtmedizin in Königsbrück wird in die Forschung (Substanz P) einbezogen.«[219] Dem Folgeprotokoll ist zu entnehmen: »Die Akademie der Wissenschaften dringt darauf, die Forschungsaufgaben zwischen dem Forschungszentrum der Molekularbiologie und Medizin sowie der Militärmedizinischen Akademie nicht nur bilateral zu planen, sondern dies im Plan ›Gesonderter Bilanzbereich‹ beim Vizepräsidenten der Akademie der Wissenschaften aufzunehmen.«[220]

Sonderbereiche, Spezialkontingente, gezielte Umschichtungen, Geheimabsprachen. Die Männer an den Tischen, die vermutlich davon ausgingen, sich ihre ganz eigenen Kategorien zu erschaffen. Die gemeinsam fliegen wollten, abheben in den Himmel, um ihr Lebensprojekt einzulösen. Dabei hatte die biomedizinische Forschung für den Kosmos bis Anfang der 80er Jahre durch eine Vielzahl bemannter Flüge und auch durch die Biosputniks reiche Erfahrungen gesammelt. Die Forscher wussten mittlerweile mehr über den Körper im All, insbesondere über seine Bruchstellen, über die schon während des Fluges auftretenden Ausfälle und Anomalien. Auch waren die Flüge in den Kosmos mit der Zeit sicherer und länger geworden. Man konnte weiterdenken. Und plötzlich kam in die Texte der neuen Bioprogramme ein spürbar anderer Ton. Von Individualisierung war nun die Rede. Von individueller Dosierung, individueller Nahrung, individuellem Zeitmanagement, individuellen Forschungsserien. Um das gewährleisten zu können, wurden in den Planungsvorlagen ausdrücklich mehr »adäquate Bodenmodelle« eingefordert.[221]

»Die Auswahl der Kosmonauten, ihre Vorbereitung, die zu empfehlenden Prophylaxemaßnahmen zur Beseitigung des Einflusses der kosmischen Flugfaktoren müssen die individuellen Besonderheiten des Menschen berücksichtigen. Das heißt nicht, dass die bis jetzt existierenden Schemata ungeeignet sind. Im Gegenteil, sie müssen präzisiert und ergänzt werden. Möglichkeiten dafür bieten die Überarbeitungen entsprechender Verfahren und Methoden unter Bodenbedingungen.«[222]

Sachstand. Es ist Dezember 2020. Es geht noch immer um das Datenleck in der Stasiunterlagenbehörde. Seit März hatte ich von der Behörde regelmäßig *Sachstandsmitteilungen* erhalten. Wir versichern, »dass wir den von Ihnen geschilderten Sachverhalt sehr ernst nehmen und die Hintergründe aufklären werden«, hieß es.[223] Wir haben »großes Verständnis für Ihre Irritation«, hieß es.[224] Wir »führen die Ermittlungen hierzu gründlich und umfassend auf der Ebene der zuständigen Abteilungsleitungen durch«, hieß es.[225] »Unsere Ermittlungen werden auch über die nächsten Wochen nicht zum Erliegen kommen«, hieß es.[226]

Es sollte kein Zweifel an der Ernsthaftigkeit engagierter

Aufklärung aufkommen. Kam auch nicht. Gar nicht. Die Behörde wollte es wissen und legte in ihren Ermittlungen immer wieder nach. Es dauerte höchstens. Dann das Dezember-Ergebnis: Der Aktenklau hatte nicht »im Zuge einer regulären Antragsbearbeitung bei der Behörde« stattgefunden, hieß es. Es existierte kein schriftlicher Antrag, keinerlei schriftliches Dokument, hieß es. Man hatte die Akte aber von außen bestellt und sie dann intern eingesehen, hieß es. Sie war am 13.12.2019 in Gera bestellt und vier Tage später mit Kurier nach Berlin gebracht worden, hieß es. Sie hat »eindeutig auf einem Behördentisch« gelegen, um dann im Original abfotografiert zu werden, hieß es.[227] Es gibt Straftäter in den eigenen Reihen, hieß es.

Alles ganz konkret. Erstaunlich eindeutig. Und nun? Was folgte daraus? Ich versuchte mir die Situation vorzustellen: Eine Behörde, die die Aktenschicksale von Menschen einer Diktatur verwaltet. Eine besondere Institution, einmalig in diesem Land. In ihr heute Menschen, die das wiederholten, was in den Akten, die sie Tag für Tag hoben, bereits stattgefunden hatte: verdeckte Aktionen, Doppelstrategien, kollusive Zusammenspiele. Denn das war es doch. Von außen Akten bestellen, um sie im Inneren zu missbrauchen, dann Spuren verwischen, dann sich an nichts mehr erinnern können. Es waren also Menschen in dieser besonderen Einrichtung unterwegs, die sich weiterhin oder wieder neu der Methoden einer Diktatur bedienten. Natürlich aufwendiger, camouflierter, ausgebuffter, als es früher nötig war. Aber es fand statt. Was für ein Aufwand, dachte ich. Und wozu das alles? Wie schoben sich Vergangenheit und Gegenwart an diesem Punkt ineinander? Wo waren die Links? Was gehörte zusammen und was unbedingt getrennt? Und wem wollte man in diesem Land solche Vorgänge erklären? Vor allem wie?

Am 18.12.2020 stellte die Stasiunterlagenbehörde bei der Staatsanwaltschaft Berlin Strafanzeige gegen Unbekannt. Sie schrieb: »Es bestehen aus unserer Sicht konkrete Ansatzpunkte für die Ermittlung eines Täters. Die Ermittlungen der Staatsanwaltschaft sind für den Bundesbeauftragten für die Unterlagen der Staatssicherheit (BStU) von zentraler Bedeutung. Der dem Verfahren zugrunde liegende Sachverhalt betrifft den Kernbereich der Arbeit des BStU. Der Sachverhalt ist geeignet, das Vertrauen der vom Stasi-Unrecht Betroffenen in die Arbeit der Behörde und den Ruf unserer Behörde nachhaltig zu schädigen.«[228]

Universalschmiere. Peptidforschung am Luftfahrtmedizinischen Institut in Königsbrück. Dort, wo auch Jacob gewesen war. Peptidforschung im All. Peptidforschung an der Humboldt-Universität zu Berlin. Wo und an wem noch? War die Eskalationsforschung mit Tevton nur der Anfang gewesen? Und wie ging es weiter? An wem wurde noch geforscht? Erste Experimente zu Peptiden fanden bereits Ende der 60er Jahre statt, und zwar im DDR-Leistungssport. Die Substanzen kamen anfangs vor allem im Turnen, Eiskunstlaufen und Schießsport zum Einsatz.[229] Bei der Konstituierung der Forschungsgruppe »Zusätzliche Leistungsreserven« am 16.1.1975 am geheimen Forschungsinstitut für Körperkultur und Sport (FKS) in Leipzig wurden im Grunde drei große Forschungsvorhaben in Sachen Pharmazie definiert: Bioenergetik, Entwicklung von Kraftfähigkeit und Verbesserung der Lernprozesse.[230] Für den dritten Teilbereich war Winfried Schäker zuständig. Ein Leipziger Stasibericht hält im Hinblick auf seine Zuständigkeit fest: »Das Neuropeptid Oxytocin (B17) wurde im Zeitraum 1976–1980 in Laborexperimenten als auch im Training und Wettkampf untersucht. (zusammenfassende Ergebnisse sind in der Habil-Arbeit Dr. Schäker enthalten).«[231]

Winfried Schäker (1937–2021) hatte seine Forschungsarbeit »Verbesserung des zentralnervalen und neuromuskulären Funktionsniveaus sowie sportartspezifischer Leistungen durch Oxytozin« am 18.6.1980 am gewohnten Ort, in Bad Saarow, verteidigt.[232] Seine Gutachter waren unter anderem Hans Gürtler und Hansgeorg Hüller gewesen. »Nach ersten Untersuchungen an Katzen und Ratten sowie Selbstversuchen und Erprobungen an Sportlern waren folgende Probleme zu lösen«, so die Eingangssätze seiner Arbeit. Und er folgerte: »Aus der Praxis der Leistungsentwicklung ergab sich die Notwendigkeit, Arzneimittelkombinationen zu erproben. Dazu zählt die Überprüfung des kombinierten Einsatzes von Oxytozin und synthetischen Androgenen sowie von Betarezeptorenblockern.«[233]

Die Schäker-Arbeit dokumentiert unter anderem Forschungen an 17 Geräteturnern, 14 Leichtathleten, 16 Schießsportlern, 3 Wasserspringern und 25 Ringern.[234] Er selbst hält dazu fest: »Die Überprüfung der Hormonwirkung im intraindividuellen Vergleich und bei intraindividueller Analyse kleiner Probandengruppen war notwendig und wissenschaftlich korrekt.«[235] Die Peptidforschung durchlief, so muss man Winfried Schäker wohl verstehen, eine Frühphase vermeintlicher *Intraindividualisierung*. »Adäquate Bodenmodelle« schienen umstandslos gefunden und wurden augenscheinlich skrupellos forciert.

Ende November 1981 fand ein wissenschaftliches Kolloquium zum Thema Neuropeptide in Dresdner Hotel »Newa« statt. Das Pharmazeutische Kombinat GERMED, das als Kooperationspartner der biomedizinischen Interkosmos-Forschung ab 1980 als »Leitbetrieb für Präparate, die Gedächtnisprozesse beeinflussen« bestimmt worden war, hatte zur neuesten Expertise geladen.[236] Die Dresdner Veranstaltung war als »VVS-Veranstaltung«, als Vertrauliche Verschlusssache deklariert und war demzufolge hochgeheim. Nur persönlich Eingeladene hatten Zutritt.[237]

1982 war der Schritt schließlich vollzogen und muss als direkte Reaktion auf eine politische Forderung von oben verstanden werden. Dort hatte man verlangt, »so frühzeitig wie möglich mit der Forschungsarbeit zu beginnen« und drückte aufs Tempo.[238] Eine Strategie, die legitimierte und es den Beteiligten ermöglichte, forschungstechnische und ethische Skrupel über Bord zu werfen. Von Berlin aus hieß es, das Neue verkopple »unmittelbar die politischen Zielstellungen der wissenschaftlich-technischen Kapazitäten der Akademie der Wissenschaften mit denen des Hochleistungssports«.[239] Ein seltenes Zitat. So direkt kam der Konnex zwischen Interkosmos und Leistungssport ansonsten nicht zur Sprache. Ansonsten hielt man die Dinge getrennt, ansonsten wurden Forschungsunterlagen codiert, vernichtet oder es erfolgten von vornherein nur mündliche Absprachen.[240] Auch die geheimen Forschungsarbeiten am Leipziger FKS standen unter spezieller Absicherung und mussten notorisch vernichtet werden: »In gemeinsamen Beratungen mit den verantwortlichen staatlichen Leitern wurde festgelegt, die Anzahl der vergegenständlichten Forschungsergebnisse drastisch zu reduzieren (inzwischen am FKS 300 Vernichtungen von Verschlusssachen aus dem Forschungsthema 14.25.«[241]

Reichlich ein Jahr später, am 23.11.1983, informierte Winfried Schäker zur Substanz P, dass das Neuropeptid vom Berliner Institut für Wirkstoffforschung »zur Erprobung Dynamo angeboten« wurde.[242] Zuvor hatte es geheißen: »Von Bad Saarow aus soll für die Armeesportclubs die separate Versorgung angegangen werden (ebenfalls über die eigene Apotheke).«[243] Schließlich war klar: »Am Projekt arbeitet Prof. Hecht mit. Dieser will oder hat bereits die Substanz P der Kosmonautenabteilung der Sowjetunion übergeben. Information stammt von Hüller unter größtem Siegel der Verschwiegenheit.«[244] Der Schulterschluss hatte stattgefunden. Multilokale Forschungskerne griffen jetzt direkt ineinander, die Grenzen wurden durchlässiger oder, so nötig, übergangen. Eine Art Systemkonkordanz. Neuropeptide, die Alleskönner, die Universalschmiere – gegen Angst, gegen Schmerz, gegen Ermüdung, gegen Desynchronisierung im All, zur Bewältigung von Extrembelastungen, zur besseren Konzentration, fürs schnellere Lernen. Die DDR-Peptidforschung, an welchem Ort auch immer, wurde für die Macher zur Erfolgsgeschichte schlechthin, ein Longseller, dem mit den Jahren allerhand Staatsmittel und jede Menge Weiterungen ermöglicht wurden. Wie das auf den Punkt zuschreiben, wie es noch klarer machen?

Im Institut für Klinische Pharmakologie der Humboldt-Universität zu Berlin und damit bei Hansgeorg Hüller, so hält es ein Stasibericht fest, »erfolgte die experimentelle Prüfung der neuentwickelten Pharmaka und die abgedeckte Weitergabe zur Arzneimittelprüfung. Dadurch wird vermieden, dass Hinweise auf eine vorgesehene Anwendung im Leistungssport bekannt werden.«[245] Ein Folgebericht vermerkt: Die Anwendung von Neuropeptiden im Leistungssport wird »weiterhin in Koordinierung mit dem Institut für Luftfahrtmedizin geprüft. Es sollen dabei bereits vorliegende Erkenntnisse in Bezug auf Flugzeugpiloten genutzt werden, um Ermüdungserscheinungen vorzubeugen und die Konzentrationsfähigkeit zu erhöhen.«[246]

Braucht es das, diese Detailhuberei, all das Kleinschrittige? Ja, das braucht es. Es ist unumgehbar. Es geht nur konkret. Man sieht sonst nichts. Die Forscher, der Forschungswille, die Forschungsorte, die geheimen Netzwerke, ihr ausdrückliches Regelwerk. Forschung unter der Diktatur als ein kompliziertes Wechselspiel zwischen Ideologie und Wissenschaft. Die Ideologie legitimiert, die Wissenschaft nimmt entgegen, um ihre eigene Geschichte daraus zu machen. Es ist eine aus Druck, Karrieregier, Konkurrenz unter Forschern und auch Forschungseinrichtungen, aus Leistungsfetischismus, Angst, Zwang, Abhängigkeit und nicht selten sehr persönlichen Forscherprofilen. In Sachen Peptide liegt der Ursprung augenscheinlich bei einer Person, bei Winfried Schäker. Die Forschung wird im frühen DDR-Leistungssport etabliert, verzahnt sich mit der zivilen Akademieforschung, um in der Interkosmos-Forschung auf neuer Stufe ausgehoben zu werden. Meist lief es umgekehrt, meist forschte sich das Militär in die Bereiche der Gesellschaft hinein. Aber ein Prestigeprojekt wie Interkosmos lief nicht nach Schema F. In ihm gab es nicht das eine Muster, nicht den linearen Weg. Es war ein Mikadosystem. So es von Nutzen war, fand das Militär-Konsortium mittels kommunizierender Röhren und Geheimdienst die nötigen Zugänge. Das Land war klein, die Forschungscrews den Entscheidern bekannt. Klar war einzig, dass diejenige Forschung herangeholt und protegiert wurde, die man für den Kosmos brauchen konnte.

Weltspitze. Zusammen mit Abrek und Bion flogen im Biosputnik 1514 auch Ratten mit. Ein Bericht hält zu den Experimenten fest: »Untersuchungen der embryonalen Entwicklung und der postnatalen Ontogenese wurden an Ratten vorgenommen. 10 Rattenweibchen, auf der Erde befruchtet und die sich während des Fluges im 13.–18. Tag ihrer Trächtigkeit befanden, wurden auf ihre Reproduktionsfähigkeit untersucht. Diese Trächtigkeitsperiode ist für die Entwicklung der Embryonen sehr wichtig.«[247] Bei der Auswertung kam heraus, dass die *Flugmütter* einen signifikanten Anstieg wichtiger Spurenelemente wie Eisen und Magnesium zu verzeichnen hatten. Die Forscher schlussfolgerten, dass das »als Ausdruck einer Adaptation an die Schwerelosigkeit zum Schutz der Föten« gelesen werden könne.[248] Bei den Synchronmüttern auf der Erde wiederum hatte sich ein Verlust an Spurenelementen gezeigt. Auch bei den Babys der Flugmütter wurde 15 Tage nach der Geburt ein »beträchtlicher Abfall wichtiger Mineralien« festgestellt.[249]

Die Rattenforschung im Biosputnik 1514 wurde ähnlich wie die Schockforschung an Abrek, Bion und Tevton zum Modell. Eine Erfolgsgarantie, die anhaltend Varianzen, Serien und komplett neue Untersuchungsansätze generierte. Wie bei den Affenexperimenten war von ostdeutscher Seite aus vor allem die Abteilung Neuropathophysiologie der Humboldt-Universität dafür zuständig. Aufgrund der erfolgreichen Mission von Biosputnik 1514 lag es nahe, dass es rasch zu Folgeprojekten kommen würde. So kam es auch. Nur vier Monate nach der Landung von Abrek und Bion füllte Karl Hecht als Chef der Neuropathophysiologie handschriftlich ein *Aufgabenblatt für Forschung* aus.[250] Die Auftraggeber waren ausschließlich offizielle Stellen: der Ministerrat der DDR, die Akademie der Wissenschaften der DDR, das Ministerium für Hoch- und Fachschulwesen, das Ministerium für Gesundheitswesen sowie das Ministerium für Volksbildung. Mehr Staatsforschung ging nicht. Die neue Aufgabe für die Forscher lautete: »Physiologische, biochemische und pharmakologische Prozesse in der Embryonalentwicklung und im adulten Alter unter terrestrischen und kosmischen Bedingungen«.[251] In die Rubrik *Wissenschaftliches Niveau* trug Karl Hecht in schwungvoller Schrift ein einziges Wort ein: »Weltspitze«.[252]

Im Juli 1985 flog Biosputnik 1667 ins All. In unmittelbarer Vorbereitung zu diesem Flug fanden unter dem Forschungsschwerpunkt »Hypokinese« diverse Bodenexperimente statt, unter anderem an Ratten. »Im Rahmen eines Forschungsprogramms, welches das Leben unter extremen Bedingungen zum Inhalt hat, wurden Untersuchungen zur Ansprechbarkeit des Mineralstoffwechsels auf verschiedene kurzzeitig einwirkende starke Stressoren durchgeführt«, hieß es.[253] Der Versuchsaufbau: »Männliche Wistar-Ratten wurden durch zweistündiges Schwimmen bzw. durch zweistündige Fesselung stark belastet. Unmittelbar danach wurden Hirn, Leber, Nieren, Streck- und Beugemuskulatur des Hinterlaufes, Oberschenkelknochen und Haare entnommen und darin die Konzentration von 10 Elementen … bestimmt.«[254]

Gefesselte, dann getötete Tiere, dann ihre für die Ausschlachtung freigegebenen Körper. Es geht um die Tiere, es geht aber auch um den Akt als solchen. Eine Art Übertötung. Die Aktenkopien, die auf meinem Schreibtisch liegen, sind von japanischen Wachteln, Mäusen, Schweinen, Hunden, Kaninchen, Guppys, Ratten und Affen übervölkert. Im Protokoll der Fakultätssitzung der Militärmedizinischen Akademie in Bad Saarow vom 24. 2. 1988 findet sich der knappe Verweis: »Erhebliche Kostensteigerung bei Versuchstieren«.[255]

Ich glaube, ich muss mal wieder Pause machen.

»Von sowjetischer Seite aus wurde das Versuchsprogramm für die Untersuchung der embryonalen Entwicklung von Ratten vorgestellt. Es wird besondere Aufmerksamkeit auf die Beziehung Mutter/Frucht gerichtet. Experimente in Bezug auf die Wirkung von Stößen und Vibrationen in verschiedenen Stadien der Trächtigkeit zeigten keine prinzipiellen Veränderungen.«

Aktennotiz zur Beratung bei Prof. Gasenko, Moskau am 29.2.1982 zu Fragen der Interkosmos-Experimenten auf dem Gebiet der Biowissenschaften, Zentrales Archiv des Deutschen Zentrums für Luft- und Raumfahrt e.V., Göttingen, BAAR, A852, unnummeriert.

Wir sind die Ersten

Quellendschungel. Ich habe keinen Überblick mehr, wann die Archive wegen Corona geöffnet waren und wann nicht. Auf alle Fälle wurde die Aktenbestellung mühsam. Im Bundesarchiv in der Berliner Finckensteinallee gab es Wartezeiten für den Lesesaal von über einem Jahr. Mein kleines Archivnetz hatte sich mit der Zeit noch um das Staatsarchiv in Schwerin erweitert. Dort lagen die Unterlagen der Zentralen Ermittlungsstelle für Regierungs- und Vereinigungskriminalität (ZERV). Ich pendelte also zwischen Freiburg, Berlin und Schwerin, je nachdem, wo ich einen Leseplatz ergattern konnte. Und auf einmal hatte ich Glück. Im Akademie-Archiv am Gendarmenmarkt kam eines Tages die Frau vom Tresen mit einem dicken Hefter zu mir und sagte: Keine Ahnung, aber vielleicht ist das was für Sie.

Ich schlug den Hefter auf. In ihm minutiös aufgelistet der Bestand, den ich so lange gesucht hatte: Akademie der Wissenschaften, Berlin-Adlershof, Institut für Kosmosforschung, Bereich Interkosmos-Forschung. Das war es. Ich wusste es sofort. Ich übernahm die Signaturen in den Computer, verließ den Lesesaal und rief noch auf der Straße die Handynummer an, die auf der ersten Seite des Hefters gestanden hatte. Es war der öffentliche Kontakt des Instituts. Eine junge, sehr direkte, weibliche Stimme meldete sich: Ja, nein, ich weiß nicht, natürlich, ich erkundige mich, ich rufe Sie zurück. Zwei Wochen später saß ich in der Bibliothek in Adlershof, heute »Deutsches Zentrum für Luft- und Raumfahrt«. Auf zwei Wagen in grauen Kisten etliche Meter Akten. Wo kommen Sie denn auf einmal her?, fragte eine schmale, helle Frau. Wegen Biomedizin war hier noch niemand da, seit 30 Jahren nicht.

Die Tage in Adlershof. Die Protokolle, Verträge, Arbeitsberichte, Stellungnahmen, Forschungspläne, Konsultationen, Abstimmungen, Unterlagen, Einschätzungen, Ausarbeitungen, Jahreskonzeptionen. Was für eine Fülle an Material. Als würde ich mich durchs Unterholz schlagen, durch die Zeiten hangeln. Wie das sortieren, wie zusammenführen? Ich saß allein in der Kellerbibliothek und schaute durchs Fenster. Auf Blickhöhe draußen unentwegt Füße: schnelle, schlendernde, trippelnde, gemächliche, sich verhaspelnde. Manche hielten an, blieben stehen, fingen an zu überlegen. Das war durchs Leder hindurch gut zu sehen. Es zog sich nach oben, in die Breite, beulte aus, als hätten die Füße eine Stirn. Die Schritte der Geschichte. Von meinem Keller aus sah das, was wir Geschichte nennen, eher nach Niemandsland aus. Unbetrachtet, vergessen, weggerutscht. Und vielleicht war es ja auch so. Vielleicht hörte sich Geschichte öfter gar nicht zu. Vielleicht war sie mitunter einfach nicht empfänglich, wie nicht anwesend. Vielleicht schaffte sie es nicht. Die Keller der Geschichte, die alten Stimmen, die Protagonisten des großen, gemeinsamen Lebensprojekts, der kollektive Sinn einer staatlich abgesegneten Komplizenschaft, die irgendwann konkrete Gestalt angenommen hatte. War es das? Ging es darum? Ging es um einzelne persönliche Motive oder um eine gemeinsame Ursache, um einen Kern? Um mehrere Kerne?

Nationale Verantwortung. Am 8.2.1985 schrieb der Chef des ostdeutschen Militärs Heinz Hoffmann an den Ministerpräsidenten des Landes einen Brief. »Werter Genosse Stoph«, hieß es. »Unter den gegenwärtigen Entwicklungstendenzen der Interkosmosarbeit … bitte ich Dich zu veranlassen, dass die Akademie der Wissenschaften oder das Ministerium für Gesundheitswesen für die Weiterführung der Arbeit der ›Ständigen Arbeitsgruppe für kosmische Biologie und Medizin‹ beauftragt werden. Die Mitarbeit von Angehörigen der NVA wird selbstverständlich weiter gewährleistet. Mit sozialistischem Gruß, Hoffmann, Armeegeneral.«[256]

Das Militär wollte die Steuerung für die Interkosmos-Biomedizin abgeben, wo doch das Forschungs-Konsortium ohnedies längst als Geflecht agierte? Was waren die Gründe? Ging es um Leute, denen man nicht traute? Um noch engere Forschungssynapsen? Um eine ganz neue Orientierung? Der Hoffmann-Brief klang nach Absprache, irgendwie nach über Eck. »Es ging nicht um irgendwelche Neubesetzungen«, steht in einem Bericht, »sondern um die komplette Übernahme aller nationalen und internationalen organisatorischen, Planungs- und Finanzierungsaufgaben einschließlich der Überleitung der durch die Nationale Volksarmee zur kosmischen Medizin eingegangenen Vertragsbeziehungen zu Industriebetrieben an die Akademie der Wissenschaften der DDR«.[257]

Drei Monate später war das Ganze durchgewunken.[258] Mit Wirkung vom 1.1.1986 übernahm die Akademie der Wissenschaften der DDR »die nationale Verantwortung für das Gebiet der kosmischen Biologie- und Medizin im Rahmen des Programms Interkosmos«.[259]

Bedeutete neue nationale Verantwortung auch neue Direktiven? Die Akten dieser Zeit erzählen viel von »Forschungsdurchbrüchen« und »Schlüsseltechnologien«. Einer »Einschätzung im Rahmen des Interkosmos-Programms« ist zu entnehmen, in welche Richtung die Biomedizin von da an gehen sollte: »Die weitere Erforschung und Nutzung des Weltraumes, die Schaffung ständiger Weltraumstationen, die zukünftigen interplanetaren Flüge rücken das Problem der Schaffung eines völlig neuen Systems der medizinischen Versorgung in den Vordergrund.«[260] Im Plan für die kommenden Jahre stand unter anderem das medizinische Kosmoslaboratorium »Medilab«, das »Untersuchungen zu allen vorrangigen Richtungen der Weltraummedizin« zu ermöglichen hatte.[261]

Der erweiterte Himmel war das eine, der harte Szenenumbau hin zur Akademie der Wissenschaften der DDR das andere. Dabei könnten auch innerdeutsche Angelegenheiten eine Rolle gespielt haben. Nach langen, knirschenden Verhandlungen war am 6.5.1986 das »Abkommen über kulturelle Zusammenarbeit« zwischen der DDR und der BRD zustande gekommen, darin inbegriffen auch die Wissenschaften.[262] Wirklich vorstellbar war das ja nicht, dass sich zukünftige Partner aus dem Westen mit dem Ost-Militär an einen Tisch setzen würden, um mit ihm Verträge zu machen. Für die angelaufene Status-quo-Politik brauchte man von daher passende, gediegene, traditionssichere Tische und Bühnen. Das DDR-Regime verstand sich als friedliebend, setzte auf inszenierten Imagewechsel und brauchte hartes Geld. Viel hartes Geld. Dafür wurde das »Prinzip der Eigenerwirtschaftung von Valuta für den Import von Investitionsgütern« erfunden.[263] Es ging um puren Machterhalt. In jedem Fall besaßen die Akademie der Wissenschaften und damit der zivile Sektor für die Neudimensionierung oder auch *kommerzielle Verwertung* der DDR-Forschung schlicht das zeitgemäßere Portfolio. Ein hochsensibles Feld, auf dem es oft genug auch um Optionsverträge und Lizenzen ging.[264]

Im Hintergrund spielte aber auch der sogenannte »Immaterielle und Materielle Export« eine nicht unwesentliche Rolle. Bereits in den siebziger Jahren war die Berliner Import-Export-GmbH (BIEG) gegründet worden. Ihr Geschäftsmodell: die sogenannten »Güter des besonderen Bedarfs«. Schuhe, Elektronik, Haushaltsgeräte, aber auch »wissenschaftliche Leistungen«. In der Studie *Testen im Osten* ist dazu zu lesen: »Im Rahmen des ›Immateriellen Exports‹ schloss die BIEG auch die Finanzverträge über klinische Auftragsstudien ab. In den 1980er-Jahren handelte sie außerdem im Auftrag des Ministeriums für Gesundheitswesen mit Blutprodukten (›materieller Export‹). In den Jahren 1985 bis 1989 erzielte die BIEG einen Gewinn von 872 Millionen Valutamark.«[265]

Neue Märkte, neue Player, neue Forschungsallianzen, der Neue Mensch als deutsch-deutsches Win-win-Modell? Viel hartes Geld mit dem Blut der eigenen Bevölkerung? Gibt es Belege dafür?

Fließverhalten. Die Sache mit dem Blut, das spätestens Anfang der achtziger Jahre zur Großforschung wurde. Blut brauchte man fürs All, in der Krebsforschung, in den Krankenhäusern, im Militär, auch für den Hochleistungssport. Ich muss an Astrid denken. Wie sie in der Beratungsstelle der Sportopfer saß und sich beim Reden hilflos über die linke Armvene strich, als könne ihr das einen alten Schmerz wegnehmen. Immer wieder Blut raus, Blut rein, sagte sie tonlos. Diese elende Panscherei. Das ist gut für dich, hieß es, wenn ich nachfragte, das machen alle so. Die Sache mit dem Blut und wie die Wörter aus den Akten in meine Erinnerungen wechseln. Die jungen Frauen in weißen Kitteln, die mit ihren Köfferchen in der Laufhalle standen, um nach jedem Sprint Blut abzuzapfen. Das Quietschen der Schritte auf dem roten Tartan, das Sortieren der Röhrchen. Die Krankenzimmer in den Trainingslagern, die Petrischalen, das metallene Klimpern der Geräte, die Stimme des Arztes, das graue Igelit der Pritsche und der seltsame Moment zwischen Innen und Außen, wenn das Blut in die Kanüle tröpfelte.

Die Militärmedizinische Akademie in Bad Saarow, die Mitte der 80er Jahre einen »Wirtschaftsvertrag mit der Akademie der Wissenschaften der DDR« unterzeichnete, bei dem es um die »Durchführung militärtechnischer Forschungs- und Entwicklungsvorhaben« ging, wie etwa »Blutersatzmittel auf Fluorcarbonbasis«.[266] Die Militärmedizinische Akademie, die insbesondere im Zusammenhang mit dem *Zentralen Forschungsvorhaben 14* kontinuierlich Geheimdissertationen zum Forschungsgegenstand Blut schreiben ließ.[267] Die Militärmedizinische Akademie, die Wissenschaftsforen zum Thema

Blut durchführte, so das »5. Saarower Symposium Blutreinigung in der Militärmedizin« der Arbeitsgruppe Detoxikation im September 1989.[268] Blut gehörte in Bad Saarow zum absoluten Markenkern.

1982 wurde am Dresdner Forschungsinstitut von Manfred von Ardenne die Substanz »Oxygenabund« vorgestellt, die ein höheres Sauerstoffpotential im Blut ermöglichte.[269] Der Mann vom Weißen Hirsch empfahl seine »Ardenne-Pille« insbesondere älteren Menschen und ausdrücklich Hochleistungssportlern. Blutprofis aus dem Forschungs- und Rehabilitationsort in Kreischa fuhren auch rasch mal die 20 Kilometer zur grauen Eminenz auf dem Weißen Hirsch, um von ihm Rat einzuholen. In einem Geheimbericht zur UV-Blutbestrahlung heißt es Anfang der 80er Jahre, dass diese Methode in der Sowjetunion sehr populär sei, weil auch Staatschef Breshnew »damit behandelt wurde«, daraufhin habe man sich Literatur besorgt und »Ardenne aufgesucht«.[270] Darüber hinaus führten die Interkosmos-Organe regelmäßig Gespräche mit Manfred von Ardenne, um ihn in ihre Vorhaben einzubinden. Anfang der 80er Jahre wurde mit ihm vor allem um die Entwicklung eines Massenspektrometers zur Atemgasanalyse geplant.[271]

Am 25.6.1986 fand im Sporthotel von »Dynamo Berlin« eine Forschungsberatung zur »Verbesserung der Sauerstoffversorgung« statt.[272] Der Kreis der Eingeladenen war nach den Kriterien des Geheimnisschutzes ausgesucht und also klein. Es gab nur sechs Referenten: von der »Blutspendezentrale Schwerin, dem Institut für Medizinische Physik und Biophysik Berlin, der Blutspendezentrale Berlin, dem Institut für Molekularbiologie der Akademie der Wissenschaften Berlin, der Militärmedizinischen Akademie Bad Saarow und der Klinik für Leistungsmedizin in Berlin-Buch«.[273] 1989 hieß es in einem Stasibericht, dass sich eine Gruppe von Forschern mit Substanzen beschäftige, »die im menschlichen Organismus auf natürliche Art und Weise vorkommen und isoliert werden. Solche Mittel wie Eretropetin (sic!), ein Hormon, das die Blutbildung anregt usw. stehen zur Alternative.«[274] Kurzum: EPO war mittlerweile auch im DDR-Leitungssport gelandet.

Durch die westdeutschen Pharma-Konzerne Boehringer-Mannheim und Cilag wurden ab 1988 in wenigstens 16 DDR-Krankenhäusern klinische Arzneimittelstudien zu EPO durchgeführt, darunter auch in Schwerin und Rostock. Die Fragestellungen für die Studien lauteten: »Klinische Prüfungen eines weiteren gentechnologisch hergestellten Erythropoetins« sowie »Wirksamkeit und Sicherheit des rekombinanten humanen Erythropoetins«[275]. Der Siegeszug des begehrten EPO-Hormons, ursprünglich für Nierenkranke entwickelt, wurde nicht zuletzt durch neue Gentechnologien ermöglicht, die seit 1984 – seit rEPO – zur Anwendung kamen. Ihr Vorzug: Sie waren um ein Vielfaches sicherer als synthetische Substanzen. EPO, GH, IGF-1 und Insulin – die zeitgenössischen Stoffe für die modernen Körper wurden bald zur Gänze mittels der neuen Methoden hergestellt. Und die DDR? Sie musste gar nicht erst entwickeln. Der Westen samt neuester Forschung kam zu ihr. Sie brauchte nur hinschauen und nachentwickeln.

Der Text der Anderen. Ich wusste das nicht. Dass Kampagnen nach Drehbüchern ablaufen. Dass sie Gebote und Regeln haben. Dass es dabei um eine »Technik der Verwirrung« geht. Dass man heute schon wissen kann, was morgen über einen in der Zeitung steht. Ich hatte keine Ahnung davon. Im Buch *Die Kunst des Miteinander-Redens* von Bernhard Pörksen und Friedemann Schulz von Thun lese ich, dass es im Grunde ganz simpel läuft.[276] Das erste Kampagnenskript, heißt es bei den beiden, sei von der amerikanischen Tabakindustrie der 50er Jahre geschrieben worden. Damals wollten die Zigaretten-Mogule nichts anderes, als das Wissen über die Schädlichkeit von Nikotin von der Öffentlichkeit fernhalten und fanden ein paar sinnfällige Punkte, wie das zu bewerkstelligen sei. Daraus entwickelte sich eine Art Dauerkampagne, in die enorm viel investiert wurde und die sich über Jahrzehnte hinziehen sollte. Kein schöner Gedanke.

In ihrer zeitgenössischen Version klingt die Strategie so: 1. Man attackiere als Erstes diejenigen, die für die zu erledigende Seite stehen – die etablierten Stimmen, Experten und Institutionen. 2. Man baue ein Gegenmilieu auf mit Dossiers, Pressekonferenzen, offenen Briefen und einem eigenen Netzwerk, um Wissenschaftlichkeit zu simulieren und damit ein Klima der Desinformation zu schaffen. 3. Man flute mit seiner inszenierten Kontroverse die klassischen Medien und appelliere an Fairness und Ausgewogenheit der Berichterstattung. Ein paar uninformierte Journalisten oder auch diejenigen, die Medien im Sinne von Eigeninteresse betreiben, wird man schon finden. 4. Man setze auf das Dickicht der sozialen Medien und sowieso alles, was die Zweifel erhärten könnten. 5. Man nutze die allgemeine Verwirrung, um den Diskurs zu drehen und im Tohuwabohu der Szene seine Interessen durchzusetzen.[277]

Verblüffung ist ein vages Wort. Je nachdem, an welcher Stelle es im Text stattfinden soll, hat es was Öffnendes, Rutschiges, Offenbarendes, Schwaches oder auch Verstörendes. Am 19.5.2021 erschien in »Rubikon«, einem von der *Süddeutschen Zeitung* als »Querfront-Magazin« bezeichneten Politblog, der Artikel »Die Doping-Legende. Aus ideologischen Gründen wurde der DDR-Sport in der Bundesrepublik Deutschland systematisch in Misskredit gebracht«. Ein Stück, das man vom Ton und Inhalt her eigentlich schon kannte: die vermeintlich »fragwürdigen Zahlen«, die »Trittbrettfahrer«, die »Aufarbeitungsindustrie«, die »Opferlobby«.[278] Alles schon dagewesen, dachte ich, nur der Autor nicht. Sein Name: Gerd Machalett (Jahrgang 1937). Über seine Biographie war unter dem Stück zu lesen: »Facharzt für Transfusionsmedizin, Direktor des Institutes für klinische Chemie, Hämatologie und Transfusionsmedizin an der Militärmedizinischen Akademie (MMA) in Bad Saarow, beratender Facharzt für Transfusionsmedizin beim Chef des medizinischen Dienstes der NVA, Direktor des Bezirksblutspendeinstitutes Schwerin.«[279]

Meine Augen liefen über den Text. Was für eine Koinzidenz. Als hätten sich Vergangenheit und Gegenwart interessiert voreinander aufgestellt, um in dem Moment einfach ineinander zu fallen. War das die Erklärung für die Kampagne? War der Sport die Wünschelrute für den Raum dahinter, der abgedeckt und unerzählt bleiben sollte? Wurde hier jemand vorgeschoben oder legte er selbst die Spur? War der Artikel eine Art Triumph, weil man über 30 Jahre unter dem Radar der Aufarbeitung weggetaucht war und einem nun niemand mehr was anhaben konnte? Wer ist *unknown soldier*? Der Text der Anderen? In jedem Fall war Gerd Machalett einer der sechs Männer, die am 25.6.1986 im Sporthotel von »Dynamo Berlin« zu den Eingeladenen des geheimen Blut-Treffens gehörten. Er stand als erster Redner auf der Tagesordnung, um die »Einführung in die Thematik« zu geben, und hatte zehn Minuten Zeit dafür.[280] Worüber er konkret sprach, ist in den Quellen nicht überliefert. Auf alle Fälle war mir Arztoberst Machalett in den letzten drei Archivjahren im Umfeld von Bad Saarow immer wieder begegnet.

Nach eigenen Angaben wurde er Anfang der 60er Jahre als erster Militärarzt zum NVA-Pioniertaucher ausgebildet und war später zuständig für die »medizinische Betreuung von Kampftauchern«.[281] Darüber hinaus verweist er auf »Kenntnisse in Militärtoxikologie« und wurde »25 Jahre für Diagnostik und Therapie möglicher Kampfstoffverletzungen trainiert«.[282] Gerd Machalett, von 1973 bis 1982 an der Militärmedizinischen Akademie in Bad Saarow, dort »geheimnisschutzverpflichtet«, als »Mitglied des Wissenschaftlichen Rates« bestens informiert über die laufenden Forschungsvorhaben, »Leiter des Klinisch-Hämatologischen Labors am Armee-Lazarett und Mitglied der Forschungsgruppe Blutuntersuchung«.[283] Ein Kampftaucher, ein ausgewiesener Profi für Gift und Blut, im Grunde ein Allrounder in Sachen Chemie, der sich mit seiner geschlossenen Apologetik und seinen Spezialkenntnissen auch heute immer wieder gern öffentlich zu Wort meldet.[284] So, wenn es um die »Blutabnahmen in

DDR-Gefängnissen zur Devisenbeschaffung« geht oder auch im Falle der Vergiftungen von Sergej Skripal und Alexander Nawalny.[285] Darüber hinaus bestehen augenscheinlich rege Verbindungen in die Altnetze des ostdeutschen Spitzensports.[286]

Aber wie war das vor 30, 40 Jahren? Die auffälligen Parallelen in den Berufsbiographien von Hans Gürtler, Hansgeorg Hüller und Gerd Machalett. Die Kriegskinder, die vom Militär umfassend ausgebildet, geformt und je nach Spezialauftrag irgendwann in den zivilen Bereich beordert wurden. Fühlte man sich da auserwählt oder eher abgeschoben? Blieb man in seinem Inneren als Oberst a. D. dennoch ein Militär? Was machte so eine Geheimforschungskarriere auf Dauer mit einem? Keine Veröffentlichungen, keine öffentlichen Vorträge, keine nach außen hin sichtbare Aufstiegsleiter, keine Patente, keine Erfolgsboni, maximal ein paar Armeeorden?[287]

Gerd Machalett taucht in den Akten vor allem im Zusammenhang »mit vorgeschlagenen Maßnahmen zur Erhöhung der Wirksamkeit der uM« auf.[288] Der Begriff *unterstützende Mittel* diente als Legende für die Dopingsubstanzen im DDR-Sport. Die Militärmedizinische Akademie hatte ihren Blutfachmann offenbar ab 1982 wegen eines größeren Forschungsvorhabens nach Schwerin expediert, an die dortige Bezirks-Blutspendezentrale. In einem Stasibericht vom Januar 1986 heißt es: »Es ist vorgesehen, über die Akademie der Wissenschaften zu erreichen, dass Dr. Machalett seine Forschung gezielt für den Leistungssport ausgerichtet fortsetzen kann und für notwendige Versuche vorerst auf NVA-Angehörige zurückgreift … Ziel der Forschung ist nach Möglichkeit, von einem Blutaustausch Abstand zu nehmen durch Nutzung bzw. Aktivierung bereits vorhandener Substanzen.«[289]

Akademie der Wissenschaften, Militärmedizinische Akademie, Ministerium für Gesundheitswesen und Leistungssport.[290] Bei so viel versammelter Expertise konnte es schnell gehen. Erste Beratungen, dann Konkretisierungen. Nur Tage später hieß es, Gerd Machalett »soll in spezifische Forschungsaufgaben im Bereich uM einbezogen werden.«[291] Man bat um Prüfung, ob er »gegenwärtig noch VS-verpflichtet« sei.[292] Die Wege des Militäroberst Machalett durch das Archiv-Material führen dann über das Jahr 1989 hinaus. Sein Name steht auch im Zusammenhang mit einem weiteren zentralen Blut-Forschungsvorhaben.[293] Tatsache ist, dass er als Gift- und Dopingspezialist zum inner circle der ostdeutschen Militärforschung gehörte. Umso frappierender sein mediales Standing im Jetzt.

Fremdkörper. Ist mein Bericht an der Stelle zu Ende? Sind Vergangenheit und Gegenwart damit kongruent, um wie zwei glückliche Klone Hand in Hand auf einem endlosen Zeitfaden ins Nirgendwo zu spazieren? Ohne Zäsur, ohne Bruch, im stiebenden Weiß der Geschichte? Nicht ganz. Noch nicht. Offen ist nach wie vor, was ab 1986 innerhalb des Interkosmos-Programms konkret geforscht wurde und was *nationale Verantwortung* der Akademie der Wissenschaften bedeutete. Es ist, als ob die Wörter auf einmal losziehen wollten. Als verlangten sie mehr Zug, als wollten sie auf die Tube drücken, die Regie übernehmen. Sie haben Lust darauf, viel zu meinen. Ich will das nicht. Ich will Belege, Fußnoten. Ich will, dass der

Text Halt und stabilen Boden hat. Ich denke an Jacob, Astrid, an Johanna, Karla und all die anderen.

Sommer 2021. Ich fahre erneut nach Freiburg. Jeden Tag zwei Geheimdissertationen, nehme ich mir vor. Vielleicht habe ich ja was übersehen. Welche Promotionen und Studien lagen auf dem Fakultätstisch in Bad Saarow und wurden bewilligt? Was waren die Gründe dafür? Dabei fällt mir das Thema *DDR-Militärforschung und Zuchthaus* auf, das intern zu einem intensiv bearbeiteten Forschungsfeld der 80er Jahre wurde. Auch das dürfte verschiedene Ursachen gehabt haben. Nach außen, insbesondere wegen des prosperierenden Freikaufgeschäfts in den Westen, ging es um das Bild eines gesetzeskonformen Regelvollzugs vermeintlich »Krimineller«, nach innen hatte die Haftmaschinerie reibungslos zu laufen. Jeder kranke oder aus dem Alltag rutschende Häftling galt als Störung, die zu beseitigen war.[294]

In der Geheimdissertation »Probleme bei der Wiedereingliederung einer Gruppe psychisch auffälliger Rückfalltäter, die wegen Straftaten gegen die staatliche Ordnung nach Par. 249 StGb zu einer Freiheitsstrafe verurteilt wurden«[295] lese ich: »Bei der Festlegung und der Bedeutung der Strafe ist davon auszugehen, dass die Strafe in unserem Rechtsverständnis bestimmt ist durch ihren Klassencharakter und somit ihre Überlegenheit gegenüber der Strafe in der Ausbeutergesellschaft zum Ausdruck kommt … Die Strafe trägt also einen revolutionären, progressiven Charakter.«[296]

Ich lese: »Analyse von 100 Selbstmordversuchen Strafgefangener aus psychiatrischer Sicht«.[297] Ich lese: »Zur Persönlichkeit von Fremdkörperschluckern im Straf- und Untersuchungshaltvollzug«.[298] Ich lese: »Der Alkoholiker im Strafvollzug der DDR«.[299] Ich lese: »Zu Ursachen und Prophylaxe von Nahrungsverweigerungen im Strafvollzug«.[300] Ich lese: »Erfassung und Auswertung normabweichender Verhaltensweisen Strafgefangener in einer Strafvollzugseinrichtung«.[301] Ich lese: »Zur Sexualität bei männlichen Strafgefangenen«.[302]

Die Forschungsorte: das Haftkrankenhaus Leipzig, die Strafvollzugseinrichtung Neustrelitz, die Strafvollzugseinrichtung Waldheim, die Strafvollzugseinrichtung Berlin. Das so benannte *Patientengut* – fast durchweg 100 Inhaftierte. Alles Arbeiten, die durchweg in Bad Saarow verteidigt wurden.[303] Die Landschaften der Akten. Der Aufenthalt im Material. Wie war das? Die Tische, die Räume, die Themen, die strategischen Absprachen, die Verteidigungen. Das, was in die Akten kam und das, was nicht reinkam. Aber könnte der DDR-Knast nicht auch ein »adäquates Bodenmodell« für die Kosmosforschung gewesen sein? Haben »extremale Forschung« im All und Extremforschung im Kapselraum eines Zuchthauses nicht deutliche Analogien? Ging es nicht in beiden Fällen um die Frage, wann der Körper kippt? Um die Bestimmung des Extrems im Extrem?

Ich bestelle Fotomaterial im Archiv. Vielleicht sehe ich ja was. Auf den Bildern: an die 50 Militärs mit viel Ordensbrokat als neuberufener Wissenschaftlicher Rat. Ein voller Saal bei der Festansprache von Armeechef Heinz Hoffmann. Immatrikulationen, Preisverleihungen, Studienjahrgänge. Viel Trevira und noch mehr Gummibäume. Ein Oberst und der Präsident der Akademie der Wissenschaften, die am wuchti-

181

gen Eichentisch die Ergebnisse der Blutersatzmittelforschung austauschen.[304] Man traf sich kontinuierlich, saß rege beieinander, hörte sich gespannt zu. Was nahm man ab voneinander? Die konkreten Ergebnisse, die neuesten Strategien, den Forschungswillen für das kommende Himmelsszenario?

Wachstumsfugen. Mag sein, es ist genug dazu gesagt: die blauen Tabletten, die tiefen Stimmen, der große Glanz, die mühseligen Nachgeschichten. *Das Thema DDR-Militärforschung und Sport.* Aber wie hatte es angefangen? Ab wann trafen sich Militär und Sport miteinander? Wer baute die Verbindungen auf? Ein frühes Dokument im Vorfeld der Olympischen Spiele 1964 in Tokio: Hans Schuster (1928–2009), Direktor der Forschungsstelle der Deutschen Hochschule für Körperkultur (DHfK) in Leipzig und später langjähriger Leiter des FKS, berichtete als Zuträger der Staatssicherheit, dass die angewandten Substanzen im Spitzensport in dieser Zeit, »nur für die Ausdauer-Disziplinen (Langstreckenlauf, Radsport – Straße, Rudern) eine positive Wirkung« hätten.[305] Für die Schnellkraftdisziplinen gelte das nicht. Dort kämen nur Sachen zur Anwendung, die »auf Strichninbasis beruhen und daher keine Sofortleistungen hervorbringen«.

Der Berichterstatter hielt das für einen unhaltbaren Zustand und verlangte den Geheimdienstlern eine »generelle Klärung« ab, wenn »man den Anschluss nicht völlig verlieren« wolle. Darüber hinaus machte er ein paar konkrete Vorschläge. Der für ihn wichtigste war, »ein inoffizielles System mit wenigen zuverlässigen Wissenschaftlern« aufzubauen, »die außerhalb des Sports arbeiten«.[306] Um seine Idee zu promoten, traf er sich im Sommer 1964 mit Stasichef Erich Mielke in Leipzig und konnte mit seinen Ambitionen prompt landen.[307] Man verstand sich, hatte dieselben Interessen. »In dieser Aussprache erklärte der Genosse Minister, dass er in der Erprobung von bestimmten Präparaten Unterstützung geben wird, d.h. sie im eigenen Apparat vollziehen wird.«[308] In jedem Fall war seit dem Treffen eine geheime Verbindung geknüpft, die 25 Jahre Bestand haben sollte. Hans Schuster wurde für Mielke die sichere Leipziger Bank, eine Art Außenstelle von Bad Saarow. Schuster konzipierte, informierte, machte – justiert durch den Geheimdienst – steil Karriere, lieferte neueste Körperforschung und wusste auf geschulte Weise abzudecken.[309]

Die Folgestationen zur Chemie im Sport lassen sich abkürzen. Sie kamen step by step: eine frühe dezentrale Phase, einzelne geheime Großversuche bei Radsportlern oder beim Stasiclub Dynamo, eher unübersichtlichere Doperjahre, zahllose Umstrukturierungen und schließlich der konspirative Staatsplan 14.25 ab dem Jahr 1974.[310] Man könnte die Logik der Körperforschung im Spitzensport nun weiterverfolgen oder die Frage stellen, was das staatliche Sportkörper-Projekt letztlich für die Interkosmos-Forschung bedeutete. Wurde mit der 1974 beschlossenen Staatsforschung im DDR-Sport kaschiert ein »adäquates Bodenmodell« geschaffen, eine Art Tevton-Modell?

In jedem Fall war der »Staatsplan 14.25« kein Masterplan aus dem Nichts. »Forschungsvorhaben im Leistungssport und die medizinische Betreuung von Leistungssportlern müssen eng miteinander verbunden sein«, hieß es bereits 1970 in einem

Stasibericht.[311] Wegen ihrer »instrumentellen und apparativen Ausstattung« hielt man vor allem die Militäreinrichtungen des Landes besonders geeignet dafür, so die Hauptberatungsstelle der Sportvereinigung Dynamo, das Institut für Luftfahrtmedizin in Königsbrück, die Hauptberatungsstelle der Armeesportvereinigungen Vorwärts in Frankfurt/Oder oder auch das Zentralinstitut des Sportmedizinischen Dienstes in Kreischa.[312] 1978 hielt ein Geheimdossier unter dem Kennwort »Neuentwicklung von Präparaten« fest, dass die Forschungsvorhaben »vorrangig durch Kooperationspartner aus Einrichtungen des Ministeriums für Wissenschaft und Technik, der Akademie der Wissenschaften, des Ministeriums für Chemie und des Ministeriums für Hoch- und Fachschulwesen« realisiert würden.[313] Die Rede war von »langjährigen Kooperationen«.[314] Der Sport sei ausdrücklich für die Realität zuständig. Genauer: »Die Ergebnisse werden am FKS in die Praxis übersetzt.«[315] Nach innen war demzufolge klar, dass Kosmos und Sport ab Mitte der achtziger Jahre recht selbstverständlich zusammengedacht wurden. So schrieb der Direktor des »Technisch-Physikalischen Gerätebaus Dresden« im Zusammenhang mit der »Problematik Telemetrie« an die Akademie der Wissenschaften: »Unser Wunsch ist eine Beratung mit Fachleuten des von Ihnen vertretenen Institutes, um eine effektive Aufteilung der Entwicklungskapazität zum Nutzen für die Kosmos- und Leistungssportforschung zu erreichen.«[316]

Militär, Akademie der Wissenschaften sowie die Forschungskerne im DDR-Sport als eine Intensivallianz. Die Maximalleistung von Maximalkörpern im Sport war in jedem

Fall nützliches Wissen für den Himmel. 1983 wurde die »Anzahl der als besonders schutzbedürftig klassifizierten Forschungsthemen am FKS von 2 auf 3« erhöht.[317] Dabei hatten alle drei Themen unmittelbar mit den laufenden Forschungsprojekten von Interkosmos zu tun: 1. die Entwicklung neuer Pharmaka für die erhöhte Leistungsfähigkeit, 2. Training unter Hypoxiebedingungen, 3. neueste Bildmessverfahren.[318] Das Jahr 1983 zog laut Akten gravierende chemische Durchbrüche im Sportlabor DDR nach sich: das Wachstumshormon Somatropin, Clomifen, HCG und LHRH, nicht auf der Medikamentenliste stehende Steroide, diverse Formen von Blutdoping, Testotropin und Epitestosteron.[319] Einem Stasibericht ist zu entnehmen: »1983/84 sind alle erforderlichen Vorarbeiten durchzuführen, um im Olympiazyklus 1984/88 weitere Steroide und Steroid-Analoga, Vorstufen und Metabolite des Testosterons, Neuropeptide und hormonale Kontrazeptiva als UM im Leistungssport einsetzen zu können.«[320]

Von »den wenigstens 35 Dopingsubstanzen«[321], die die Zentrale Ermittlungsstelle für Regierungs- und Vereinigungskriminalität (ZERV) bei ihren Ermittlungen ab September 1991 auf die Liste setzte, kam fast die Hälfte aus dem Westen. Manch forcierte Forschungsallianz offenbarte sich im Zug *deutsch-deutscher Kooperationen* denn auch unverhohlen. So stellte Prof. Dr. Michael Oettel, 1939 in Jena geboren, Tierarzt von Beruf und zu dem Zeitpunkt Forschungsdirektor des VEB GERMED in Dresden, auf dem internationalen Symposium »Über biochemische Aspekte der Steroidforschung« 1984 in Weimar einem Forschungskollegen aus der Bundesrepublik die Frage: »Welche Möglichkeiten bestehen, um den Virilisie-

185

rungserscheinungen bei Sportlerinnen unter Anabolikagabe mittels Antiestrogenen entgegenzuwirken?«[322] Die Frage war nicht zu halten. Oettel musste sie stante pede zurücknehmen und »in allgemeiner Form aus klinischer Sicht« formulieren.[323]

Dass dieser Forschungsdiskurs Mitte der 80er Jahre etwas Selbstverständliches angenommen hatte, hatte schlicht damit zu tun, dass er in internen, sorgsam abgesicherten Milieus mittlerweile selbstverständlich geworden war. Die Standards waren ausgetauscht, die Geschäfte liefen. Auch das FKS unterhielt längst rege Kontakte in den Westen. Allein für das Forschungsthema »Hypoxie« listete es 16 Kontaktfirmen auf.[324]

Neuheitswerte. Die Sache mit dem Alkohol. Er sickerte in den Achtzigern durch die Akten, als handele es sich um Wasser. Laut Stasibericht ist über die Leichtathletik in der Zeit zu lesen: »Speziell unter den Trainern hat sich der Alkoholkonsum weiter erhöht, und sie werden ihrer Verantwortung gegenüber Aktiven nicht mehr, mit einigen Ausnahmen, gerecht.«[325] Einem Trainer gelang es aufgrund seiner offenbaren Schieflagen nicht mehr, sich der Stasi zu entledigen: »Er war bei der Entpflichtung derart volltrunken, dass er nicht unterschreiben konnte«, heißt es.[326]

Die Sache mit den Mädchen. Laut Beschuldigten-Vernehmung von Manfred Höppner, dem medizinischen Chefinitiator des Staatsplans 14.25, wurden Kinder, insbesondere Turnerinnen, nach dem sogenannten »Kaiser-Schema« oder auch Osteochondroseprogramm chemisiert. Höppner führte eine Liste, auf der 218 Minderjährige nach besagtem Schema mit Steroiden behandelt wurden.[327] Die Vergabe von Oral Turinabol, dem klassischen DDR-Anabolikum, wurde über die Diagnosen Morbus Scheuermann oder Knochennekrosen umerzählt und auf diese Weise gerechtfertigt. Die Folgen für die Mädchen: geschlossene Wachstumsfugen, massiv gestörtes Körperlängenwachstum, chronische Schmerzen, ein Trauma forever. Auch junge Schwimmerinnen waren in ihrer Kindheit den Forschern völlig schutzlos ausgeliefert. Strategische Beratungen fanden hier gar am Privattisch statt. Im Kontext der Großforschung »Zusätzliche Leistungsreserven« berichtete ein Stasimann, dass man sich in der Wohnung des DDR-Schwimmverbandsarztes treffe, um »die weitere Einsatzrichtung unterstützender Mittel« zu besprechen.[328] »Die Beratung soll zum Inhalt den Aufbau und die Nachweisbarkeit von Depot-Spritzen von unterstützenden Mitteln bei Mädchen haben.«[329]

Die Sache mit den Normen. Die Erprobungen, die Tests, die Programme. Wie war das im Osten eigentlich juristisch geregelt? Beim Stöbern durch die Rechtsschriften wird rasch klar, dass die Bestimmungen eindeutig waren. Was die Verantwortung in der experimentellen Medizin angeht, heißt es deutlich: »Zu den Pflichten des Versuchsleiters gehört in jedem Fall, dass die ... Einwilligung der Probanden oder Patienten einzuholen ist. Sie soll nach Möglichkeit schriftlich gegeben werden ... Die ausgewählten Personen sind über den Versuch eingehend aufzuklären. Einige Personengruppen dürfen für bestimmte Untersuchungen nicht herangezogen werden, ... wenn sie sich auch prinzipiell für solche Untersuchungen zur Verfügung stellen wollen. Es sind dies: Insassen von Erziehungs- und Haftanstalten, Soldaten, Geisteskranke, Frauen im gebärfähigen Alter, Schwangere und Kinder.«[330]

Die Sache mit der Doppelnutzung. »Bei dem zu schützenden Staatsgeheimnis geht es darum, dass zentral geleitet und kontrolliert unterstützende Mittel wissenschaftlich erforscht, erprobt und eingesetzt werden.«[331] Ab 1977 begann das FKS damit, »Leistungsverträge mit den Verbänden« zu vereinbaren.[332] Von da an wurden für Aktive nicht nur »operative Anwendungskonzeptionen«, sondern auch »Forschungskonzeptionen« aufgestellt.[333] In dem Zusammenhang heißt es: »Entsprechend den Forschungskonzeptionen, die schriftlich vorliegen, wird von den einzelnen Forschungsgruppen die Arbeit durchgeführt.«[334] Die Athleten hielten sich ab dem Zeitpunkt somit zeitgleich in einem Körpermaschinenraum sowie in einem Laboratorium auf. Eine Art Zweifachnutzung, die den Neuen Körper für den Staatsglanz chemisierte und ihn im selben Atemzug ausforschte. Bereits 1978 wurde das Forschungsprogramm noch einmal spezifiziert. Neben dem Masterplan »Zusätzliche Leistungsreserven« wollte man sich nun »auf ausgewählte Schwerpunktverbände« und auf »Forschungsergebnisse mit Neuheitswert« konzentrieren, die dem Land »einen Vorlauf im internationalen Rahmen verschaffen«.[335]

In Freiburg liegen die geheimen Forschungsarbeiten zum Sport, die in Bad Saarow entschieden und auch dort verteidigt wurden. »Wirkungsvergleich verschiedener anaboler Steroide«. Die »Gesamtprobandenzahl« der Aktiven lag hier bei 221.[336] »Die Beeinflussung der Arzneistoffwechsels durch körperliche Belastungen mit und ohne die gleichzeitige Gabe von

Steroidpharmaka an der Ratte und beim Menschen«. Die Forschung fand hier an »21 leistungsorientierten Volkssportlern« statt.[337] In der einführenden Conclusio der Arbeit ist zu lesen: »Aus den dargestellten Ergebnissen lassen sich Ansatzpunkte für die klinische Prüfung neuer Arzneimittel sowie für weiterführende Untersuchungen ableiten.«[338] Winfried Schäkers Promotion zum Neuropeptid Oxytocin dokumentiert seine Forschung an insgesamt 78 Aktiven.[339]

Zahlen, Zahlen und Zahlen: »85 Straßenradsportler, 112 Langstreckenläufer, 18 Boxsportler«.[340] »Komplexuntersuchungen an Leistungssportlern (Gesamtprobandenzahl 221)«.[341] »12 Probanden, drei Experimentalgruppen, die z.T. ehemalige Leistungssportler sind«.[342] Ohne genauere Zahlenangabe heißt es: »Neue Forschung mit ACTH-Molekülen, ähnlich B17, Problematik BETA-Rezeptoren Blocker«.[343] Oder: »Es wurde der Hinweis gegeben, dass an der Universitätsfrauenklinik Rostock Untersuchungen zum Einfluss der Ovulationshemmer (Pille) auf die Leistungsfähigkeit von trainierenden Leistungssportlerinnen laufen.«[344] Über das Präparat »Anabolikum 12« ist den Forschungspapieren zu entnehmen: »Wir sind die Ersten, die das am Menschen prüfen, und das bedeutet zwei Jahre Vorsprung für uns.«[345] Über die Prüfung illegaler Forschungssubstanzen steht in einem FKS-Zwischenbericht: »Wie genannt wurde bereits im Mai ein Prüfplan neuer Präparate aufgestellt. In Absprache mit dem Institut für Arzneimittelwesen und dem Sekretär des Zentralen Gutachterausschusses wird im September 1976 der Einsatz neuer Präparate an Sportlern getestet (STS 646, STS 648, STS 482).«[346]

Die Sache mit den Legenden. Umbenennungen, Codierungen, Neubezeichnungen, Attrappen. Ab Mai 1987 erhielten *unterstützende Mittel* laut Dopingchefmediziner Manfred Höppner die neue Bezeichnung »Betreuungsmaßnahmen«.[347] Ich stocke. Betreuungsmaßnahmen? Das sagte schon was. Die Wörter und ihre Dimension. Mancher Sinn braucht. Die Wörter mitunter aber auch. Da war nichts mehr mit Vorpreschen. Als ob die Sprache nicht mehr dabei sein wollte, nur noch abwinken wollte, es satthatte. »Neben der Codierung der Probanden«, heißt es fast zeitgleich, »wird erweitert auf Trainer, Ärzte, Funktionäre und die Sportleitung.«[348] In Arbeitsplänen, Leistungsverträgen, Forschungskonzeptionen und Forschungsberichten müssen Namen und Dienststellen nun ebenfalls durch Codes ersetzt werden.[349] »Zu codieren sind auch die im Einsatz und in der Überprüfung befindlichen uM. Alle am FKS vorhandenen uM-Anwendungskonzeptionen sind zu vernichten, neue nicht anzunehmen.«[350] Das Ganze sollte eindeutig gemacht werden.

Die Sache mit der Codierung. Eine Habil-Arbeit in Freiburg ist bei jedem Archivbesuch nach hinten geschoben worden. Nun ist sie dran. Es ist die »klinisch-epidemiologische Studie« von Hartmut Riedel, Jahrgang 1943, dem Arzt, der ab dem 28.9.1977 in Jena für mich zunächst als Weitspringerin, dann als Sprinterin zuständig war.[351] So steht es in meiner Krankenakte.[352] In Freiburg lese ich, dass er seine Experimente im Zeitraum zwischen 1976 und 1983 durchführte und die Arbeit schließlich am 7.4.1987 in Bad Saarow verteidigt hat.[353] Einer der Gutachter: Hans Gürtler.

Ich blättere durch die Riedel-Seiten. »Anthropometrische Parameter«, »Pharmakotherapie«. Der Einsatz anaboler Stero-

190

ide ist »legitimiert und human«, steht auf Seite 10.[354] Mein Blick bleibt an dem Wort *Hautfaltendicke* hängen, als kreiselte meine Erinnerung wie bei einer Schallplatte auf immer derselben Rille. Die graue Igelitpritsche im Jenaer Krankenzimmer, das kalte, silberne Messgerät, der prüfende Blick des Arztes. Ich also auch, denke ich. »191 männliche und 174 weibliche Sportler der leichtathletischen Sprungdisziplinen«.[355] Alle durchcodiert. Kein Name, keine Geschichte, lediglich eine Zahl.

Ich blättere um. Von klassischer Fettmessung lese ich als einer Methode, das Steroidniveau im Körper zu bestimmen. Ich muss wieder an Jacob denken. Wie soll er sich als Code je auf die Spur kommen? Wie all die anderen? Was ihnen sagen? Dass man sich im Archiv selbst begegnet und trotzdem keinen Schritt weiter ist? Dass so nichts klar werden kann? Dass man kein Individuum mehr wird, sondern drinbleibt, bis zuletzt, im anonymen Probandengut? Dass Codierung nur in eine Richtung geht und Geschichte nie zurück? Dass der Forscher Hartmut Riedel all die Jahre kein einziges Wort darüber verloren hat, dass er an uns forscht? Dass er ab 1982 Leiter der Forschungsabteilung in Kreischa war und sogar noch Chefarzt der Leichtathleten wurde?[356] Dass er damit eine Schlüsselfigur des Pharmaprogramms im DDR-Sport gewesen ist? Was soll ich Jacob sagen? Dass Hartmut Riedel ein Arzt war, den ich mögen wollte, weil er ruhig war, still, weltläufig?

»Das Experiment Vernetzung hat die
Untersuchung des Einflusses der Schwerelosigkeit auf die Geometrie, den Bil-
dungsmechanismus und die Stabilität
der Strukturen bei der Vernetzung von
Mikroorganismen mit organischen Polymeren zum Ziel. Es ist bekannt, dass
Mikroorganismen mit löslichen polymeren
Stoffen in Wechselwirkung treten und bestimmte Strukturen, sogenannte Flocken,
bilden können.«

BArch, (Berlin), DY30/69505, S. 89,
unnummeriert.

Revolution
der Affen

Profillinien. Es gab nicht den einen großen Befehl, den die Forschercrews abnickten und willenlos auszuführen hatten. So war es nicht. Aber wie? Ich blicke in die Akten, und ein Konglomerat von Fragen blickt aus den Akten zurück. Was an Forschung ist legitime Forschung? Was an Forschung in einer Diktatur kann überhaupt legitime Forschung sein? Geht es um Möglichkeiten von Heilung oder geht es um Ideologie? Was bedeutet zentrale Forschungssteuerung? Was ist System und was Einzelfall? Wer übernimmt die Kontrolle? Wer sorgt für Transparenz? Wo sind die Kipppunkte, wo die Grenzen? Was ist mit Manipulation, Geheimdienst, gezielter Vertuschung? Was ist übliche Praxis, und ab wann verlässt Forschung ihr ethisches Koordinatensystem und wird zum Verbrechen?[357]

Ist die Geschichte von Interkosmos am Ende nichts anderes als die Geschichte von Begegnungen und Interaktionen? Es gab Befehle, Aufträge, Institutionen, Geld, viel politischen Willen. Und es gab von Seiten der Forscher jede Menge Ideen, Potenz, Karrierewünsche und Gier. Aber ist das nicht immer so? Wird zum entscheidenden Kriterium letztlich die Tatsache, dass die Forscher fast alle Kriegskinder waren, dass ihre innere Zeichnung Siegen hieß und die Ideologie, der Druck,

197

die Begegnungen und Interaktionen ihnen das Siegen ermöglichten? Und die *Forschungsobjekte*? Was ist mit Jacob, Astrid und den anderen? Es gibt keine einfachen Antworten. Es geht nur konkret.

Das Material zu Interkosmos besteht aus Dossiers, Konzeptionen, Verträgen, Forschungsprotokollen, Abrechnungen, Plänen, Korrekturen von Plänen. Das Material ist ein Material aus Wörtern, die den Auftrag hatten, das Risiko, den Übergriff, die Entgrenzung aus dem Text draußen zu halten. Die Sprache sollte kaschieren, zudecken, unsichtbar machen, etwas anderes vorgeben, verharmlosen, die Realität rausfiltern, die Gesamtbeschreibung dem Utopiekonzept anpassen. Sprache als Maske, als Camouflagetext, der die eingebaute Lüge zur Realität erklärte. Das macht es auch nicht leichter, in dem Material heute auf die Realität von vor 30, 40 Jahren zu stoßen.

Es ist Oktober 2021. Ich stehe am Drucker in Adlershof, in der Bibliothek des »Deutschen Zentrums für Luft- und Raumfahrt«, und sehe dem Gerät dabei zu, wie es Geschichte in die Gegenwart hinüberbelichtet, sie verdoppelt, Seite um Seite. Manchmal stockt die Geschichte, manchmal verhakt sie sich, manchmal fällt sie einfach aus. Dann muss die helle Frau kommen. Ich schwitze. Manche Kopierer sind wie Backöfen, denke ich. Je mehr ich kopiere, umso wärmer wird es um sie. Als ginge es darum, in einem fort Papierbrote auszuwerfen.

Ich sortiere die Blätter, die noch ganz warm sind. Ich will eine Ordnung, nach Jahren, nach Themen, nach Forschungssynapsen, was nicht so ohne ist. Das Material ist viel, es ist disparat, es ist nur vorläufig sortiert. Die Quellen, die Sprache, das Denken, die Lücken. In einem der letzten Protokolle des Wissenschaftlichen Rates in Bad Saarow lese ich: »Zu vernichten sind: Berichte der Ergebnisse, Themenanträge bzw. nicht bearbeitete Themen, Unterlagen der Festakte, Schriftverkehr der Militärmedizinischen Akademie und Fakultät der Militärmedizin, Freigabeerklärungen für Dissertationen, Unterlagen zu Doktorandenlehrgängen, Arbeitsordnung, Jahresberichte, Profillinien.«[358]

Was immerhin nicht ganz gelungen sein dürfte. Vollständig war die Vernichtung nicht. Aber was ist vorhanden und was definitiv weg? Was ist Geschichte? Welches Bild erzählen wir uns von ihr? Ich höre den Drucker monoton vor sich hinbollern. Ist das, was in Adlershof liegt, vom Blick der Geschichte schlicht vergessen worden? Wäre Vergessen in dem Fall nicht ein Versteck und damit der Glücksfall? Aber wie vollständig ist dieses Glück? Die Papiere rotieren. In meinem Kopf höre ich den Dramatiker Heiner Müller in seinem gedimmten Duktus den Satz über die Risskanten der Geschichte aufsagen: »Interessant ist, was schmerzt und was verschwindet.« Aber was fehlt denn, wenn etwas weg ist? Ein Stück Leben, ein Stück Wissen, die Beziehung zu einer Zeit? Wie das erzählen, was zur Leerstelle geworden ist? Wie das Nichtvorhandene anwesend machen? Ich schaue auf die Päckchen der Geschichte, die sich links vom Drucker stapeln. Wer, frage ich mich, ist eigentlich Jacob in dem Ganzen? Der Mann im Nebenzimmer von Sigmund Jähn, dem Nationalepos? Der Code in den Versuchsreihen von Königsbrück? Ein Symbol? Der Namenlose, der seine Erfahrung zu verorten sucht? Ist er der ungewollte Chronist eines Systems, das entschieden hatte, es solle ihn nicht geben? Ist seine Weigerung, im Heute zu verschwinden, am Ende das, was ihm einen Ort in der Geschichte sichert? Wäre das nicht, was ich ihm sagen könnte? Nützt es ihm?

Tier und Mensch. Ist es genug? Beim Kopieren fällt mein Blick auf die Jahreszahl 1986. Es ist das erste Jahr Biomedizin im Interkosmosprojekt unter der Ägide der Akademie der Wissenschaften. Der gemeinsame Forschungswille lautete: *Besiedlung des Weltalls, Beherrschung des außerirdischen Raums.* Mit der weiter unbeantworteten Frage, welcher Extremkörper das würde leisten können. Ein »nicht mehr organbezogener Körper«? Ein »Umwelt-Maschine-System«? Oder die »Konstruktion eines elektronischen Menschen«?[359] Die Konzepte variierten, die Fluchtlinie Himmel blieb dieselbe. Und die Synchronversuche auf der Erde? Ich lese: »In Realisierung der während der gemeinsamen Arbeitsberatung im Oktober/November 1986 getroffenen Vereinbarung wurde festgelegt, Untersuchungen zum Verhalten von Substanz P, Endorphinen, Katelocholaminen und ausgewählter Enzyme an sensorisch deprivierten Patienten durchzuführen. Mit diesem Experiment wird erstmals gemeinsam die Rolle von Substanz P in einem Modellexperiment am Menschen bearbeitet.«[360]

Modellexperiment am Menschen. Sensorisch deprivierte Patienten. Was hatte es damit auf sich? Einem Versuchsprotokoll vom Oktober 1984 entnehme ich, dass »erneut 25 Affen von Suchumi nach Moskau überführt« worden waren, »um weitere Experimente vorzubereiten«.[361] Sie waren als »Vorarbeit für einen Einsatz von Substanz P als Stressschutz bei

Kosmonauten« gedacht.[362] Die dafür notwendige Substanz P wurde vom Ostberliner Institut für Wirkstoffforschung (IWF) gestellt und nahm ab 1986, was die Menge anging, auf vehemente Art zu.[363] Das IWF galt innerhalb von Interkosmos als »innerstaatlicher Kooperationspartner« und stand im Kontext zweier »nationaler Staatsplanaufgaben«. Es ging um Themen, die die Humboldt-Universität bearbeitete und die in der Abteilung Neuropathophysiologie beforscht wurden. Die Titel: »Physiologische, biochemische und pharmakologische Prozesse in der Embryonalentwicklung und im adulten Alter unter terrestrischen und kosmischen Bedingungen« sowie »Regulator-Peptide und Schlafprofil unter den Bedingungen des kosmischen Langzeitfluges«.[364]

Was die Forschungsaufträge anging, lieferten Karl Hecht und sein Team aus Sicht der Sowjets offenbar das Maximum. Denn das sowjetische Gesundheitsministerium, genauer das Institut für Medikobiologische Probleme (IMBP), offerierte den Charité-Forschern bereits Ende 1986 zwei neue lukrative Vorschläge: gemeinsam einen »klinischen Komplex« und einen »zellbiologischen Komplex« aufzubauen.[365] Ein Megavorhaben. Im Bericht ist zu lesen: »Die Spezialisten des Instituts für medikobiologische Probleme (IMBP) würden es begrüßen, wenn auch noch andere Laboratorien, die zu anderen Universitäten oder Hochschulen der DDR gehören, in die Kooperation Charité – IMBP einbezogen werden könnten (z. B. Biologische Sektion Greifswald und Halle), jedoch unter der Koordination der Charité, wie dies bereits mit der Technischen Hochschule Ilmenau beispielhaft erfolgte.«[366]

Intensivere Kooperationen zwischen Moskau und Berlin, der Aufbau eines klinischen sowie zellbiologischen Komplexes, noch verzweigtere Auftragsforschung innerhalb der DDR, sich verzahnende Versuchsaufbauten. So das Programm. Im Protokoll die Zusätze: »Die Partner vereinbarten ein Schema der Blutentnahme zur Bestimmung der Dynamik des Gehaltes einiger Neuropeptide (analog zum Experiment »Sensorische Deprivation).«[367] Oder: »Die sowjetischen Spezialisten wandten sich mit der Bitte an die DDR-Wissenschaftler, die Möglichkeit der Fertigung … eines digitalen Speichers zur Informationssammlung in biorhythmischen Forschungen am Mensch und Versuchstier zu überprüfen.«[368]

Forschung am Menschen und Forschung am Tier verschränkten sich ab 1986 zusehends. In den Quellen ist von »logischer Fortsetzung und Entwicklung« die Rede.[369] Ausschließlicher Maßstab für die Interaktion war die geforderte »Einführung in die Praxis der kosmischen Medizin«.[370] In den sogenannten »Planvorschlägen« für den Zeitraum zwischen 1986 und 1990 wurde die Charité nun mit sechs Forschungsvorhaben eingetaktet.[371] Der *Problemkatalog* für die vorgesehenen Experimente klang zeitgemäß unverfänglich: »kosmische Chronobiologie, Chronomedizin und Chronophysiologie«.[372]

Ungeschiedenes. Und die Forschung an »sensorisch Deprivierten«? Diese fand hauptsächlich unter der Fragestellung »Probleme der kosmischen Biorhythmologie« statt.[373] Aus den Berichten geht hervor, dass zunächst an »5 Patienten mit primären Dyssomnien«, dann an »300 Probanden«, schließlich an »120 Personen (psychisch Kranke und Gesunde)«

202

entweder Substanz P appliziert wurde oder diverse Tests gemacht wurden.[374] »Im Jahr 1987 wurde mit Untersuchungen von Probanden mit Abweichungen im Gesundheitszustand auf einer Zentrifuge begonnen«, ist über eine angelaufene Gravitationsforschung zu entnehmen.[375] In einem nächsten Punkt heißt es: »An 28 gesunden Probanden wurden Wechselbeziehungen von kognitiven Prozessen, psychischen Beanspruchungen (Stress) und Substanz P-Effekt untersucht … Für allgemeingültige Aussagen sind weitere Untersuchungen erforderlich.«[376]

Bei den Forschungen mit Substanz P am Menschen in der Neuropathophysiologie der Charité erweiterten sich die Versuchsgruppen mit den anwachsenden Forschungsvorhaben. Es ging um Themen wie Minutenrhythmen, individuelle Stressresistenz, Schlafprofile, Desynchronosen. Aktivitätsbestimmungen, Hypergravitation, Bewegungskrankheit. Verzeichnet sind Forschungen unter anderem an »74 Fernstudenten«, »20 schlafgestörten Patienten«, »180 Probanden«, »70 Schwangeren«, »»200 Krankenschwestern im Alter von 17–19 Jahren«, »80 Patienten (40 Alkoholiker, 40 Psychotiker)«.[377] Manchmal, so hieß es, wurden einfache Stresstests gemacht, vielfach stand die Forschung im Zusammenhang mit Substanz-P, Schwangere wurden darüber hinaus mit Faustan (Diazepam) behandelt, »was das Vermögen hemmte, psychisch entspannen zu können«.[378]

Und die ethische Bewertung dieser Forschung? Einerseits ist das Ganze eindeutig, andererseits ist es nicht leicht zu greifen, was insbesondere mit dem moralischen Relativismus des DDR-Regimes zu tun hat. In Sachen medizinischer

Forschungsethik war alle Medizin eine Medizin für den Sozialismus, den Fortschritt, den Frieden, das Wohl des Volkes. Und damit eine Art Kollektiv-Ethik, Prinzipien-Ethik, Sieges-Ethik, Willkür-Ethik, die das Recht des Einzelnen auf die eigene Unversehrtheit obsolet machte.

Eine Art Instanzglocke, unter der sich das Individuum und sein moralisches Recht märchengleich im Kollektiv auflöste. Es diffundierte förmlich durch die Wände. Dazu kam die systematische Grenzaufhebung qua Geheimhaltung, Geheimdienst, Nichttransparenz, Nichtinformation. Ein Umgang, der auch die Geschichten der Opfer und Täter nivellierte. Die Opfer wurden in der Gesellschaftserzählung für nicht existent erklärt. Sie waren dazu auserkoren, in der Apotheose aufzugehen. Die Täter waren über die Ideologie legitimiert und somit entlastet, von daher gab es keine. Im Ergebnis löste das Regime sowohl Unrecht als auch Verbrechen aus der Moral heraus. Eine Art Diffusionstechnik. Als würde Milch in Wasser träufeln, bis die Welt nur noch trübe erschien, im Zustand eines Blicks, bei dem niemand für nichts mehr verantwortlich ist, auch im Nachhinein nicht. Es waren die Idee und das Vokabular einer Gesellschaft, die sich über diese Praxis in eine Art neuer Natur hineinlebte.

Körpervisionen. Ende November 1983 nahm der Wissenschaftliche Rat in Bad Saarow eine Habil-Arbeit an, die den Titel trug: »Untersuchungen zur Leistungsfähigkeit von Frauen im Alter von 18 und 40 Jahren unter militärischen Bedingungen«.[379] Drei Wochen später startete *Biosputnik 1514* ins

All. In ihm die beiden Affenkosmonauten Abrek und Bion, aber auch allerhand trächtige Ratten. Sowohl die Affen als auch die Ratten wurden zu Forschungsgaranten für das Projekt Interkosmos und durchlebten zahllose Versionen, Versuchsweiterungen, Planspiele. Aber hatten Frauen im Militär und Flugmütter am Himmel überhaupt etwas miteinander zu tun?

Es fällt auf, dass der *Forschungskomplex Frau* sowohl vom Militär als auch von Interkosmos in den achtziger Jahren demonstrativ auf die Tagesordnung gesetzt und zu einem *Zentralen Forschungsvorhaben* gemacht wurde. Was steckte dahinter? Das »Sowjetische Programm zur Erforschung des Weltalls bis zum Jahr 2000«, das Mitte der 80er Jahre auf den internen Akademie-Tischen in Ostberlin gelandet war, machte augenblicklich klar, dass ein Körper, der sich anschickte, in Kürze den erdnahen Raum zu verlassen, in einer komplett neuen Dimension gedacht werden musste.[380] Es ging um die »Entwicklung auf künftigen kosmischen Flugapparaten« und damit um Flugzeiten, die »bedeutend länger als zwei Jahre« geplant waren.[381] Was für ein Neuer Mensch sollte das auch sein, der in 20, 30 Jahren das Außeratmosphärische eroberte? Männliche Flugmenschen waren das eine, aber wer garantierte das Leben da oben, in dieser unaufhörlichen Himmelsunwirtlichkeit? Wie als Gattung überleben? Wie das Weltall unterwerfen, wenn ein Kosmonautenleben zu Ende war, noch bevor der Zielort überhaupt in Sicht kam? Wie musste Leben eingerichtet sein, damit es dauerhaft schwerelos, das hieß unter *Hypergravitation*, bestehen konnte?

Der modifizierte Titel der geheimen Habil-Arbeit lautete

am Ende: »Die Leistungsfähigkeit der Frau und ihre Eignung für die militärische Verwendung«, sie wurde am 9.9.1988 in Bad Saarow verteidigt. In der Einleitung steht: »In Auswertung der Geschichte des militärischen Einsatzes kam man zu dem Schluss, dass der Einsatz von Frauen in der Armee ein Charakteristikum des modernen Krieges ist … Sie können den Mann im Beruf ersetzen, folglich auch weitgehend in den Streitkräften … Es ist eine logische Konsequenz aus dem bereits erreichten Entwicklungsstand der Gleichberechtigung auf allen anderen Gebieten des gesellschaftlichen Lebens in der DDR.«[382]

Ein offizielles Frauenkörper-Leitbild der DDR? Gab es das? Mir fallen zuerst die Arbeiterfrauen ein, die als überdimensionierte Bronzefiguren vor Schulen, auf Grünflächen und Plätzen rumstanden. Merkwürdig kompakte Körper, die im Grunde völlig irreal waren. Eine Art A-Form, ein Körpermythos. Stämmig, schreitend, entschieden, verpanzert. Als Wunschbild der fortschrittlichen Ost-Frau: voll berufstätig, mit idealiter zwei Kindern, gesellschaftlich aktiv, den Haushalt stemmend und all das natürlich behände und klaglos miteinander vereinend.

Und der Frauenkörper im Militär als »Charakteristikum des modernen Krieges«? Er war insbesondere eine Konstruktion der männlichen Kriegskinder und changierte zwischen zwei Körpervisionen von Diktaturen. Der während der Eröffnungszeremonie 1936 in Berlin aufgeführte Olympia-Film von Leni Riefenstahl ließ einen muskulösen, strahlenden Männerkörper aus mehreren dienenden Frauenkörpern entstehen. Die drei Frauen verbrennen gleichsam in den Flammen, bevor der initiierte Recke seine Augen öffnet und mit der Fackel in der Hand zum Siegen ins Helle, in die neu gebaute Ruhmes-Arena läuft. Diesem Programm der lebenspendenden, gebärenden Frau in Nationalsozialismus stand die arbeitende sowjetische Mutter gegenüber, bei der die Frau vor allem als *Erbauer des Sozialismus* gebraucht wurde. Über einen vielschichtigen, hochambivalenten Prozess wurde sie am Ende nicht nur geopfert, sondern vor allem auch virilisiert.

Der moderne Körperkrieg, von dem in der Habil-Arbeit eingangs die Rede ist, könnte insofern die Verschmelzung dieser beiden Körperprogramme mit Blick auf die Neue Himmelsfrau bedeuten. Die sowjetische Variante des Zugriffs auf den weiblichen Körper – im Kern ein verzwecktes Leistungsmodell – überlappte sich dabei mit der nationalsozialistischen, einem devoten Gebärmodell. Aus ihnen formte sich die ostdeutsche Idee eines androgenisierten weiblichen Körperpanzers, der maximal optimiert, maximal leistungsbereit und unter Extrembedingungen im All vor allem auch gebärfähig die Menschheit in die Verheißung führen würde. Soweit die Konstruktion, aber was hieß das konkret?

System Mutter-Frucht. Tatsache ist, dass mit der Rückkehr von Biosputnik 1514 auf die Erde die Forschung zum »System Mutter-Frucht« innerhalb der Kosmosmedizin zum Schwerpunkt gemacht wurde.[383] Von Interesse war vor allem das spezifische Verhältnis von Reproduktion und »chronischem Stress«, was auch hier Schwerelosigkeit meinte. In einem Bericht ist zu lesen: »Es ist bekannt, dass chronischer

Stress die Reproduktionsfähigkeit erheblich stören kann.«[384] In der Folge erhielten weibliche trächtige Ratten in varianten Versuchsabläufen Substanz P. Das Forschungsfazit mittlerweile: »Als ein wesentliches Ergebnis derartiger Untersuchungen ist die Erkenntnis herauszustellen, dass Hypergravitation und Substanz P zu verschiedenen Zeitpunkten der Gravidität unterschiedliche Wirkungen zeigen. Nämlich, dass unter Hypergravitation der Schutz des mütterlichen Organismus zu Ungunsten des kindlichen Organismus dominiert und dass sich bei Vergleichsuntersuchungen herausstellte, dass der trächtige weibliche Organismus gegenüber Hypergravitation eine weitaus höhere Resistenz zeigt als der männliche.«[385]

Dass der Überlebenswille der Mutter stärker war als die Bereitschaft, die eigene Nachkommenschaft zu sichern, musste im Hinblick auf das außeratmosphärische Himmelsprojekt ein ziemlicher Schlag ins Forschungskontor gewesen sein. Eine nicht unerhebliche, für das Gesamtprojekt fundamentale Erkenntnis. Denn es bedeutete, dass die Opferbereitschaft des Weiblichen durchaus ihre Grenzen hatte. Offenbar eine Selbstverteidigung des Lebens. Vielleicht das Wunder? Doch wie nun hinterm Mars die eigene Fortpflanzung sichern? Und was war mit dem zweiten Teil der Erkenntnis, der klarstellte, dass Schwangere im All um Längen resistenter als gewöhnliche Flugmänner waren? Wie weiter? Am einfachsten wohl mit dem, worauf man sich eingeschworen hatte: forschen, forschen, forschen. Einem Folgeprotokoll ist zu entnehmen: »Die vom IMBP (Moskau) übernommenen Biomaterialien (Plasma, Nebennieren, Hypothalami, Foeten, Plazenten) wurden auf stressinduzierte Veränderungen (Hypergravitation) und deren Beeinflussung durch Substanz P untersucht.«[386] Eine zentrale Forschungsfrage blieb nach wie vor: »Welchen Einfluss haben Stress und Substanz P auf die bei Foeten und Plazenten untersuchten Parameter?«[387]

Plazenta- und Fötenforschung war aber auch Thema am langen Forschungstisch in Bad Saarow. Ab 1986 schoben sich dort zwei *zentrale Forschungsvorhaben* in den Vordergrund, die mit den Nummern 13 und 14 bezeichnet waren. Für den 5.9.1986 steht im Protokoll: »Rektorenkonferenz gibt Schwerpunkt vor, den Zusammenhang von Wissenschaft und Produktion künftig enger herzustellen. Leistungsbewertungen kritisch vornehmen, immer Weltmaßstab anlegen.«[388] Nächster Punkt im Protokoll war an diesem Tag die Eröffnung des Habil-Verfahrens von Hartmut Riedel, meinem ehemaligen Arzt. Danach konferierte man am großen Tisch über die Dissertation: »Der Strafgefangene in der Rolle des Patienten – Untersuchungen zum Therapeut-Patient-Verhältnis in medizinischen Einrichtungen des Strafvollzugs der DDR«.[389] Zum Schluss wurde der »Arbeitsbeginn in den zFV 13 und 14« – den zentralen Forschungsvorhaben 13 und 14 – besprochen.[390] Dazu heißt es: »Erarbeitung und Diskussion über die Forschungskonzeption ›Patient mit beeinträchtigter Infektabwehr‹. Seit Juni 1986 klinische Studie ›Selektive Dekontamination bei immunkompromittierten Patienten‹. Gewährleistung der ständigen Mitarbeit in der Arbeitsgruppe ›Klinische Gnotobiologie der Wilhelm-Pieck-Universität Rostock‹. In nächster Zeit Entscheidung über die Mitarbeit an der Sonderforschung bzw. an Staatsplanthemen zur klinischen Gnotobiologie.«[391] Die Gnotobiologie als keimfreie Aufzucht von

Tieren für die Immunologie wurde in dieser Zeit zu einem globalen Forschungsphänomen.

Das Ganze klang schwer nach Fachchinesisch, was es im System Interkosmos jedoch ganz und gar nicht war. Die beiden Forschungsthemen fokussierten sich eigens auf den Neuen Langzeitkörper im All, bei dem im Hinblick auf die Themen *Immunologie* und *Reproduktion* weiter schwere Desiderate bestanden. Die Nummer 13 bedeutet: »Leistungsorientierte Verwendungen von Frauen«. Die Protokolle werden hier knapper. Im Protokoll ist dazu allein der Begriff *Plazentaforschung* vermerkt.[392] In einem der Folgeprotokolle von Bad Saarow aus dem Jahr 1987 ist als Konsequenz schließlich zu lesen: »Unter Berücksichtigung gemachter Erfahrungen hinsichtlich risikobehafteter Forschung sollte eine breitere Einbeziehung potentieller Nutzer (Partner) erfolgen. Diese könnte sowohl Interkosmos als auch Anwender ionisierender Strahlung in der DDR betreffen. Die Thematik sollte in den Rat der Medizinischen Wissenschaften eingebracht werden, um eine eventuelle Überführung in eine Staatsplanaufgabe langfristig vorzubereiten.«[393]

Risikobehaftete Forschung. Einbeziehung potentieller Nutzer. Die militärische Forschung verlagerte ihre Graubereiche, Untiefen, Entgrenzungen zunehmend ins Zivile, was in den Aufzeichnungen von Bad Saarow im Gegensatz zu Adlershof nur rudimentär herauszulesen ist. Die Aktenlage wirkt ausgedünnt, die Linien werden brüchiger. Das könnte mit der konzertierten Bestandsvernichtung spätestens ab 1991 zu tun gehabt haben. Möglich wäre auch, dass bei den vermeintlich *potentiellen* Partnern noch immer ungesichtete Akten lagern.

Die Sachlage an der Stelle ist unklar, der Rechercheboden vage. Meine kleine Archivexegese zu Biomedizin, Militär und Interkosmos wird sich aber ausdrücklich an dem orientieren, was belegbar ist. Die Recherchen sind nur ein Anfang, nicht mehr und nicht weniger. Eine Blickschneise in einen nach wie vor verdunkelten Raum, ein Fragenbündel zu einem überbordenden, noch unsortierten Stoff, der weitere Aufklärung verlangt.

Wuhan. Im Oktober 1989 fand in Taschkent das 8. Symposium der Internationalen Akademie für Kosmonautik statt, auf dem die Ergebnisse von »bemannten Raumflügen, Biosatelliten, imitierten kosmischen Flügen auf der Erde … und die Programme künftiger Raumflüge vorgestellt« wurden.[394] Es ging weitestgehend um die üblichen Themen, um Hormone, Mikrobiologie und Genetik, Vestibularfunktionen, Knochensepten, um Tiermodelle und Lebenserhaltungssysteme.[395] Der Teilnehmende Karl Hecht berichtete dazu am Rande, dass »eine Gruppe junger Wissenschaftler aus der BRD, vor allem aus dem Luftfahrtmedizinischen Institut und dem Sportmedizinischen Institut (beide in Köln)« den Wunsch an ihn herangetragen haben, am 28.10.1989 sein Institut zu besuchen.[396] Im Bericht hieß es weiter: »Eine Psychophysiologische Arbeitsgruppe der CSSR demonstrierte einen Videofilm über das Experiment ›Stollen‹ (Bunkerversuch von 3 Wochen in völliger Abgeschiedenheit).« Außerdem bemerkte Hecht: »Das Bemühen, mit Experimenten unbedingt in sowjetischen Flugobjekten unterzukommen, war seitens des Westens sehr groß. Alle diese Länder verhandelten am Rande des Symposiums mit Glavkosmos« – was zu Sowjetzeiten die zentrale Himmelsbehörde in Sachen Kooperationen und kommerzielle Nutzung mit dem Ausland gewesen war.[397]

In den Archivakten schien der 9. November 1989 merklich näher zu rücken. Als würde die Revolution auch auf die abgelegte Geschichte übergreifen. Als würde selbst das Stillgelegte unruhiger werden. In die Berichte und Protokolle flossen nun immer häufiger Stimmungsbilder von den Straßen, vor allem aber eine spürbare Nervosität ein. Was sollte werden? In Taschkent sei die Kriminalität hoch, hieß es. Am Leipziger FKS wurde aussichtslos der Geheimnisschutz verteidigt, in Berlin fanden vor den Forschungsfenstern regelmäßig Demos statt, nur in Bad Saarow am See ging es anscheinend noch gemächlich zu. Dort suchte sich das Personal an dem festzuhalten, was seinen Alltag über lange Zeit bestimmt hatte und forschte weiter. Neben einer Vielzahl von Themen war es vor allem die Immunologie, die in den letzten zwei, drei Jahren im Interkosmos-Komplex immer größeren Raum eingenommen hatte.

Vermutlich hätte ich die Immunologie im Heuhaufen der Akten glatt übersehen, doch im Herbst 2021 war sie auf einmal da. Das hatte einzig und allein mit einem Detail zu tun, und das wiederum mit dem Hier und Jetzt: »Reise nach Peking, Wuhan, 18.4.–5.7.1988«, stand da als kurze Notiz in einer Akte.[398] Das Institut für Virologie in Wuhan war bereits 1956 gegründet worden und erhielt 1978 den Namen, den es heute noch trägt. Eine Einrichtung mit Tradition also. Da sie im Sommer 1988 von ostdeutschen Interkosmos-Experten aufgesucht wurde, ist davon auszugehen, dass den Chinesen das Weltraumprojekt nicht ganz fern gelegen haben dürfte.

In jedem Fall stand das starke Interesse an der Virusforschung bei Interkosmos im direkten Zusammenhang mit dem, was ab 1986 den Ideenhorizont für den Himmel ausmachte: der Neue Mensch in einer völlig neuen Dimension. In einem Konzeptpapier ist zu lesen: »Bei künftigen interplanetaren Flügen ist zu beachten, dass es beträchtliche Unterschiede zu langzeitigen Orbitalflügen gibt. Bei Orbitalflügen ist eine vielfältige Verbindung zur Erde gegeben. Diese werden bei Interplanetarflügen entfallen.«[399] Formulierte Zielstellung war, den »Einfluss von kosmischen Faktoren während eines Langzeitfluges im Orbit und beim Flug zum Mars« zu erforschen.[400]

Alle Biomedizin, nunmehr *Lebenswissenschaften*, alle Forschungen im All hatten die Implosion des Körpers bei Langzeitflügen bekräftigen müssen. Nicht nur Muskeln, nicht nur Blut, nicht nur Knochen, Augen, Herz – auch das Immunsystem hatte, je länger der Flug dauerte und je weiter man sich von der Erde entfernte, umso stärker mit der Schwerelosigkeit, der Strahlenbelastung, der Ödnis und dem generellen Unbehagen des Menschenkörpers im All zu kämpfen. Soweit die erforschten Tatsachen. Und nun? Auf einer der Beratungen der Ständigen Arbeitsgruppe für Kosmosmedizin standen 1986 in Sachen Virusforschung zwei zentrale Forschungsthemen auf dem Programm: »Genexpression und Aktivierung endogener Virusgenome in Zellkulturen unter kosmischen Bedingungen« sowie: »Immunologische Reaktivität des menschlichen Organismus unter realen und simulierten Schwerelosigkeitsbedingungen«.[401]

Immunologie gehörte seitdem als Intensivkonstante ins Forschungsportfolio. In Bad Saarow wurde extra eine Arbeitsgruppe Immunologie geschaffen, obwohl ein Institut Immunologie bereits existiert hatte. Das Leitungsprotokoll vom Mai 1987 hält dazu fest: »Internationales Symposion ›Klinische Gnotobiologie‹ im Oktober 1987 in Rostock. Vorsprung der DDR-Forschung gegenüber Japan: drei Jahre. Tagungen in Tokio, Essen, Warschau. Durch die Arbeitsgruppe Immunologie wird eine Recherche zu gegenwärtig vor allem in der BRD laufenden akademischen Arbeiten zur klinischen Gnotobiologie angefordert.«[402] Im Protokoll vom Juni 1987 heißt es, dass auch der Medizinische Dienst der NVA das Thema »Immunologische Probleme bei Langzeitflügen« zu bearbeiten habe.[403]

Erforscht wurden neue Antiviruspräparate, erforscht wurden Resistenzen gegenüber Virusinfektionen. Klar schien, der Neue Mensch würde ohne forcierte Virusforschung nicht an sein erhofftes Ziel gelangen.

Aversives. Ich sitze vor dem Computer und starre auf weiße Leere. Was schreiben? Es ist Oktober 2021. Die Strafanzeige der Stasiunterlagenbehörde wegen »Verletzung des Dienstgeheimnisses und einer besonderen Geheimhaltungspflicht« ist von der Staatsanwaltschaft Berlin eingestellt worden.[404] »Es ist nicht gelungen, einen Täter zu ermitteln«, steht in der Begründung.[405] Aus dem Schreiben geht hervor, dass es keine Ermittlung gab, sondern lediglich eine Person befragt wurde.

Gerd Machalett verfasst weiter seine Texte. Am 4.8.2021 erschien in *Rubikon* ein nächster Beitrag, diesmal unter dem Titel *Der konstruierte Skandal*.[406] In ihm attackiert er die Macher einer ARD-Dokumentation sowie die Hauptfigur des Films, einen ehemaligen Läufer, der offensichtlich Objekt des Forschungs-Konsortiums wurde, zu dem Machalett einst gehörte. Die »aufgeblähten Lügen«, die »Mär vom Zwangsdoping«, die »Aufarbeitungsindustrie« lese ich. Ich sehe im Film einen Mann durch eine ostdeutsche Stadt laufen. Er sagt seine Sätze, die konkret sind. Er zeigt seine Tagebücher, er hat viele Dokumente. Es kann keinen Zweifel geben, dass die Dokumentation seriös ist, der Mann unverschuldet schwer geschädigt wurde und Unterstützung braucht. Es hilft nichts. Er steht am öffentlichen Pranger.

»Wo man um sich blickt, spricht und schreibt, hat einen Einfluss darauf, was man sieht und wie man Traumata formuliert«, schreibt José Brunner.[407] Ich bleibe am Begriff des *kollektiven Tätertraumas* hängen, der sich durch Brunners Bücher zieht. Was ist mit Machalett und den anderen? Was ist mit der langen Diktaturgeschichte des Ostens und ihren weiter wirkenden Tabus, wenn es um Verantwortung geht? Was hat es auf sich mit der Räumlichkeit des Traumas, die Brunner beschreibt? Vielleicht ist es ja auch eine Art Wesen? Vielleicht entsteht es wie das Opfertrauma an einem ganz konkreten Ort und kommt nicht mehr davon los? Ich stelle mir vor, dass das kollektive Tätertrauma eine Aversion ist. Dass es die Oberfläche einer Gesellschaft unentwegt danach abscannt, ob es zum Thema wird. Dass es einen nervösen Magen, ein nervöses Herz und viele nervöse Nerven hat. Ich versuche mir vorzustellen, wie das kollektive Tätertrauma den November 1989 erlebt hat. Ob man sich angerufen oder getroffen hat, um sich über die neue Situation zu verständigen. Ich stelle mir vor, dass es erstmal abgewartet hat. Wer weiß schon, was kommt. Es ist nicht so viel gekommen, jedenfalls nicht für das kollektive Tätertrauma. Ich gehe davon aus, dass es das irgendwann kapiert hat. Wie es ja ohnehin viel wusste, sogar das, bevor es zum kollektiven Tätertrauma geworden ist. Beispielsweise, was geplant war, wer es geplant hat, wie die Situation an den Tischen war, an denen das mit den Versuchsobjekten entschieden wurde. Insofern ist das kollektive Tätertrauma dem Wissen des Opfertraumas genuin voraus.

Ich möchte José Brunner gern schreiben, dass es um Räumlichkeit geht, aber auch um Zeit. Um Vorläufe in der Zeit, um Wissen in der Zeit, um Akte in der Zeit, um die Zeit in unseren Köpfen. Ich versuche mir vorzustellen, was das mit den Vorläufen und Nachträgen bei einem Trauma auf sich hat, mit der inneren Struktur seiner Erzählung. Wo sich Opfer und Täter trennen, wo sie nichts miteinander zu tun haben können, wo es etwas Unübersetzbares gibt. Zwei konkurrierende Erfahrungen. Eine Unverrückbarkeit, die sich nicht wegmoderieren lässt. Etwas entschieden Geschiedenes. Es sei denn, es gelingt ein Übergang, ein *rite de passage*, ein politisch-kulturelles Skript, das dieser Erfahrung einen anderen Status ermöglicht.

Die Jahre nach 1989 und wie das kollektive Tätertrauma lernte, die Vorzüge einer Gesellschaft zu nutzen, die es bis

1989 bekämpft hatte. Das Untergründige, Unangeschaute, Reorganisierte, durch das der Status der Opfer kontinuierlich fragil blieb. Wer durfte sich als solches bezeichnen? Muss das Opfer nicht eine reine, lineare Erzählung vorweisen? Das kollektive Tätertrauma, das nach 1989 zuerst und vor allem die Opfer attackiert: »Hochstapler«, »Lügner«, »Nestbeschmutzer«, »Verräter«. Die müssen weg, die stören, die dürfen gar nicht erst hochkommen. Kampagnen sind ausdrückliche Verwirrmaschinen.

Ich stelle mir vor, dass *unknown soldier* nichts anderes als das kollektive Tätertrauma ist, hinter dem wie im Wald bei Shakespeare beliebig viele Akteure hervortreten können. Sie sind da, sie sind viele, sie leben ihre Aversionen, sie sitzen an ihren Computern und basteln sich ihre Attacken zusammen, sie warten, bis es Nacht wird. Dann werden die Pamphlete losgeschickt, an Ministerien, Behörden, Medien, Stiftungen, am besten an alle. Meine Versuche, mich zu wehren, laufen unter dem Etikett der Meinungsfreiheit ins Leere. Historische Tatsachen? Brauchen keine Rolle mehr zu spielen. Muss man das ernst nehmen? Zumindest haben die Angriffe es geschafft, das politische Projekt *DDR-Sportopfer* weitgehend ad acta zu legen.

Abchasisches. Die Affen von Suchumi, die in den 20er Jahren für erste Kreuzungsversuche herhalten mussten, die wie Abrek und Bion 1983 in den Himmel geschossen wurden und später der neuesten Virusforschung zu dienen hatten. Ich stoße auf einen Zeitungsbericht, der von den georgischen

Idyllen handelt, vom Schwarzen Meer, von langen Palmen-
stränden, von riesigen, weißen Magnolien, Oliven, Lorbeer
und vom Zentrum der Affen, das sich auf dem *Trapez*-Berg
oberhalb von Suchumi befindet. Ich lese im Buch von Irena
Josifovna Volk aus dem Jahr 1973 über diesen Ort: »Die Affen,
die hier beheimatet sind, bringen dem Menschen viel Nutzen.
Sie werden bestens betreut, gut gefüttert, und man geht auf
ihre Eigenarten ein.«[408]

1989, 1991, 1993. Die Sowjetunion implodierte, wie der
Neue Mensch am Himmel. Eine Frage der Statik? In Suchumi
war niemand mehr da, der sich um die Affen kümmerte. Das
Land war mit anderem beschäftigt. Dabei waren es viele Affen. Mehr als tausend, habe ich gelesen. Das große Kosmos-
projekt war kein Thema zu der Zeit. Kein Geld mehr da. Selbst
als der Kosmonaut Alexander Lasutkin im Jahr 1997 mit der
Sojus TM-25 unterwegs war und wegen zahlloser technischer
Pannen aus dem All hätte zurückgeholt werden müssen, blieb
er oben. Es war nichts da für eine Rückholaktion. Also weiter-
fliegen, bis zum irreversiblen Muskelschwund.[409]

Ich weiß zu wenig über Rhesusaffen, die ihr Leben lang in
Käfigen hocken. Aber irgendwas müssen sie 1989 mitgekriegt
haben. Irgendwas, das anders war. Vielleicht haben sie was
von der Zeit verstanden, vielleicht hatten sie einfach Hunger.
Vielleicht haben sie die Lockrufe ihrer zu Forschungszwe-
cken ausgewilderten Kollegen gehört. Auf alle Fälle haben sie
ihre Boxen geöffnet. Sie trafen sich am Eingang der Farm, sie
zogen los, durch den Wald, in die Stadt hinunter. Das erste
Mal das Meer hören. Sich das erste Mal beschnuppern, sich
aneinander reiben. Das erste Mal auf den Palmen der Ufer-

218

promenade hocken. Sich das erste Mal das eigene Futter besorgen, das jedenfalls, worauf man richtig Lust hatte. Das erste Mal durch die Stadt ziehen. Vielleicht wussten sie, dass schon bald wieder etwas anderes kommen würde, eine neue Zeit. Es war egal. Es hat stattgefunden. Es ist geschehen. Eine Revolution der Affen.

»In allen Diskussionen wurde betont,
dass viele Situationen des kosmischen
Fluges auf der Erde simuliert werden können. Einzig die langanhaltende
Schwerelosigkeit ist auf der Erde nicht
zu simulieren.«

Zentrales Archiv des Deutschen Zentrums für
Luft- und Raumfahrt e.V., Göttingen, BAAR, A850,
unnummeriert.

Zurück in die Zukunft

Turnarounds. Der 9.11.1989 als der große Glücksmoment der deutschen Geschichte. Er war es, ohne Frage. Doch wie fühlten sich die Tage und Wochen nach dem historischen Wunder für diejenigen an, bei denen alle Macht ins Rutschen kam? Aus den Notizen eines Mitarbeiters der Hauptabteilung XVIII der Staatssicherheit vom 17.11.: »Außerordentlich komplizierte Lage ... MfS nicht mehr existent ... IM-Netz sichern, Waffen tragen.« 22.11.: »Entscheidende Sicherung aller Fonds.« 24.11.: »Hauptabteilung XVIII/8 bereitet Auslagerung vor, Panzerschränke säubern!!!« 25.11.: »Zu Kaderfragen: sauber und vorsichtig, jeder wird gesichert vermittelt werden. Sorge: über soziale Absicherung, über Auszahlungssummen außerhalb Organ nicht sprechen.« 5.12.: »Objekte sichern, zusätzliche Sperrmaßnahmen ... Beratung beim General: Waffen an Personen empfohlen, bis 20.12.1989 inhaltliche Vorstellungen aufbereiten, HA XVII zunächst in heutigen Strukturen weiterarbeiten! Politik der Wende nicht schnell genug erreicht.«[410]

Wieder so eine Stelle, an der die Wörter Platz brauchen. An der sie Stopp sagen wollen, damit man sich ihnen zuwendet und sie auch versteht. *In heutigen Strukturen weiterarbeiten.* Ein Gedanke wie ein Fächer, der die kommende Geschichte bis in die Tiefe auslotet und en passant die Bestände ankündigt. Das Alte, das dabei war, ins Neue hinüberzuwechseln. *Politik der Wende*. Der Turnaround. Ich sehe einen Schwimmer, der am Beckenrand anschlägt und behände seine Rolle dreht. Eine Turnerin, die am Stufenbarren die wahnwitzigsten Drehungen hinlegt. Der Herbst 1989 und die Politik der Wende mit ihren ziselierten Sprachcodes, dem Informationsnebel in den neuen, nun unbegrenzten Operationsfeldern. Beim Ausatmen der Diktatur, beim historischen Looping der Täter. Die »realistische Außerkraftsetzung der Realität«, wie Hannah Arendt den Vorgang nannte.

Es ist zu viel an Material, an Stoff, an Geschichte. Ich will dranbleiben, den Spuren folgen, das Bild zusammensetzen. »Das Objekt, das im Archiv zu erhalten ist, kann nur begriffen werden, wenn seine Herkunft übermittelt wird«, lese ich beim Archivexperten Erdmut Wizisla.[411] Die Herkunft, der Osten, das Begreifen, die Akten-Auskopplungen. Sicherlich birgt jedes Archiv seinen Zweifel in sich. Vom persönlichen Archiv der Gefühle weiß man das. Aber es stimmt auch für die öffentlichen Archive. Auch sie haben Leerstellen, auch sie bestehen aus Ausschnittwissen. Wer sucht, wer ordnet, wer legt die Erzählung vor? Und wie es klarkriegen ohne Archive, analog die Wissensmagazine, ohne stabile Gegengedächtnisse, als Wegweiser, Leitplanken, als mutmaßliche Korrektive?

Implantate. Bin ich durch hier? Ich blättere nochmal durch die Papiere. Was ist im Hinblick auf Interkosmos und

Biomedizin unberücksichtigt, was außen vor geblieben? Die Forschung am Kind zum Beispiel. Für das Militär war das Kind ein Forschungsdauerthema. Insofern lagen in Bad Saarow dazu auch regelmäßig Dissertationsvorschläge auf dem Entscheidertisch. Bereits 1975 fanden als *Staatsplanthema 6.01.00* und unter dem Titel »Erhöhung von Lernleistung« Experimente mit Schulkindern statt. Sie oblagen dem Ministerium für Wissenschaft und Technik und standen in der Verantwortung des Ministeriums für Volksbildung sowie der Akademie der Wissenschaften der DDR.[412] In den 80er Jahren kamen andere Forschungsthemen hinzu. Sie hießen: »Wandlungen der Geburtshilfe nach Einführung der elektronischen Geburtenüberwachung – Eine Vergleichsstudie am Patientengut der Universitätsfrauenklinik der Charité und der Frauenklinik des Zentralen Lazaretts«[413], »Über die diagnostische Uringewinnung mittels suprapubischer Blasenpunktion anhand von 600 Punktionen bei Kindern unterschiedlichen Alters«[414], »Zur körperlichen und sportlichen Entwicklung von 7 – 9-jährigen schwimmsporttreibenden Kindern«.[415] Alle Arbeiten wurden in Bad Saarow verteidigt. Ab 1986 landete der komplexe Forschungsbereich dann nur noch als einzelnes Stichwort in den Protokollen. Als Ende 1986 ein »Rahmenvertrag auf dem Gebiet der Herz-Kreislauf-Diagnostik« vereinbart wurde, stand neben der Akademie der Wissenschaften, dem Zentralinstitut für Herzkreislaufforschung, der Medizinischen Klinik der MMA, dem Institut für Nuklearmedizin das Wort *Kinderklinik* im Protokoll.[416] Keine Ortsangabe, keine nähere Bezeichnung, als wäre jede Angabe eine Angabe zu viel.

Was noch? Die Forschung der Akademie der Wissenschaften der DDR mit der Staatssicherheit unter der Deckadresse des Militärs zum Beispiel. In der Nachfolge von *zwo sechsundzwanzig*, dem Sigmund-Jähn-Sprachprojekt, sollte innerhalb des Interkosmos-Programms 1982 ein »Sprachanalysegerät« entwickelt werden, das den psycho-emotionalen Zustand der Kosmonauten genauer bestimmte.[417] Ein Vorhaben, für das auch der DDR-Geheimdienst reges Interesse zeigte, denn es ermöglichte ihm, bei zu observierenden Regimegegnern Sprach- oder auch Geräuschanalysen anzufertigen. Oder auch: Man konnte mit der neuen Technik genauer, zielgerichteter abhören. Als Deckname für eine »geeignete Bezeichnung des Vorhabens« wurde »Korrelationsmessplatz« vorgeschlagen.[418] Aus einer sogenannten »Niederschrift« geht hervor, dass das Vorhaben »im Planteil »Gesonderter Bilanzbereich« verankert und »im Auftrag des Instituts für Sprachforschung und des Ministeriums für Staatssicherheit im Zentrum für wissenschaftlichen Gerätebau Berlin Adlershof realisiert« wurde.[419] In einer Folgeberatung pochte man erneut auf eine »multivalente Einsetzbarkeit« des Geräts, koordinierte die »Zusammenarbeit mit dem sowjetischen Partner« und bestätigte den Rahmen für einen »Wirtschaftsvertrag«, bei dem die Beteiligten viel Wert darauf legten, dass ihn lediglich die Akademie der Wissenschaften und das Ministerium für Nationale Verteidigung unterschrieben.[420] Im Protokoll heißt es denkbar knapp: »Die Interessen des Ministeriums für Staatssicherheit werden im Vertrag berücksichtigt und durch eine Vereinbarung mit dem Ministerium für Nationale Verteidigung untersetzt.«[421]

Und noch? Die Forschung zur *Kosmischen Pharmakologie*

zum Beispiel. Ein Begriff, der im Laufe der 80er Jahre in den Interkosmos-Protokollen vermehrt zum Einsatz kam und eine Realität bezeichnete, die mit einem über die Jahre immer sichtbarer gewordenen, prekären Himmels-Mechanismus zu tun hatte: Je länger und weiter die Flüge, umso unabwendbarer die Kollateralschäden des Körpers. Wollten die Sowjets an ihrem interplanetaren Ziel festhalten, und das wollten sie um jeden Preis, zog das zwangsläufig ein Übermaß an Forschung nach sich, deren Trend hin zum komplex chemisierten Neuen Menschen eindeutig war. Ostdeutsche Themen in dem Kontext waren: »Erforschung pharmakologischer Mittel zur Prophylaxe der Bewegungskrankheit«,[422] »Untersuchung des Antistressfaktoreffektes von Sequenzen der Substanz P«,[423] »Dynamik von Biorhythmen, Stress, Chronotherapie, Chronopharmakologie«,[424] »Möglichkeiten der pharmakologischen Korrektur von Folgeerscheinungen der Schwerelosigkeit im Knochengewebe«[425]. Meine Augen bleiben an einigen Halbsätzen der 80er Jahre hängen: »starke Veränderungen an den Kiefern und Zahnwurzeln«,[426] »Lymphozytenkulturen«,[427] »Mechanik der Atmung und Blutgase«[428], »Zellreparaturen«[429].

Die Menschen am Himmel und die Menschen am Boden. Dazu Bion, Abrek, die trächtigen Ratten. Und die vielen anderen. Eine Dynamik, die in kein Bild kommen soll, als gehöre sie zu keiner Zeit. Blutgase, Zahnwurzeln, Kiefern. Die Vorstellung, dass wir unentwegt von diesen Forschungsleben umkreist werden. Dass sie da sind und irgendwo hocken, warten, sich sorgen, Hunger haben, frieren, während in der Zwischenzeit ihre Zellen repariert werden oder anderes mit ihnen geschieht. Ich muss wieder mal aufpassen, was die Wörter hier so machen. Dass sie dabei bleiben, weitermachen, die Spur halten. Die Allgegenwart des Himmels und die Schwerelosigkeit im Knochengewebe. Das war nicht nur Forschung am Extrem, sondern Wissenschaft in der Körpertiefe. Und immer wieder auch zahllose Quellen zu verwandten Forschungsansätzen: »Einfluss der Schwerelosigkeit auf Differenzierungsprozesse am Beispiel des Knochenmarks«,[430] »Beschleunigungs- und höhenphysiologische Forschung«,[431] »Bestimmung der Schmerzschwelle am Mensch«,[432] »Beseitigung von Stressschäden am Mensch«,[433] »Experimente zur Bakterien- und Virusgenetik«[434].

Last but not least die ständige Erweiterung der im Archiv so bezeichneten *Affenforschung*. In den Interkosmos-Beständen ist sie ab 1982 vermerkt. »Dazu wurden bei drei Rhesusaffen Hirnelektroden in verschiedene kreislaufaktive und emotionsrelevante Hirnstrukturen implantiert.«[435] Die Operationen waren kompliziert: »Eine Nachoperation am 28. 10. 1982 (zusätzliches Anbringen von Koppelkondensatoren am implantierten System) brachte wegen der schlechten Isolationsmöglichkeiten unter diesen Bedingungen nicht den gewünschten Erfolg. Deshalb wird in der 2. Hälfte Dezember 1982 ein weiteres System mit vergossenen Koppelkondensatoren implantiert und getestet.«[436] Die Schlussfolgerung: »Die Tiere erscheinen für Untersuchungen zum Nachweis des Einflusses eines psycho-sozialen Stresses auf die Aktionsstruktur Gehirn zur Analyse der resultierenden vielfältigen zentral-nervösen Störungen geeignet«.[437]

Forschung, die offenkundig in Ostberlin stattfand. Wo

230

genau? Zumindest wurde mit ihr für Zukünftiges geplant. Denn nach wie vor sollte es um die »Gewährleistung der psychologischen Zuverlässigkeit der Besatzungsmitglieder bei kosmischen Langzeitflügen« gehen, wie es ein Arbeitsprotokoll der Sektion »Kosmische Psychologie« ausweist.[438] Für die *Etappe 1989* war deshalb vorgesehen: »Vorbereitung und Durchführung gemeinsamer physiologischer Untersuchungen der höheren Nerventätigkeit und der Sauerstoffspannung im Gehirn von Primaten während des Fluges eines Biosatelliten des Jahres 1989.«[439]

Demissionen. Die Militärmedizinische Akademie in Bad Saarow verlor am 1.9.1990 den »Status einer Hochschule«, wurde »aus dem Hochschulregister« gestrichen und durfte auch kein »facultas docendi« mehr erteilen.[440] Bis Ende 1990 hatte sie sich als Akademie vollständig aufzulösen und wurde ab da als Klinikum unter ziviler Trägerschaft geführt.[441] Ein klarer Bruch. Nicht aber für das Selbstverständnis der Militärforscher an diesem Ort. Im Jahr 2015 und damit genau ein Vierteljahrhundert nach der Demission der Akademie veröffentlichte ihr letzter Chef Helmut Reichelt die bislang erste und einzige Studie über die Institution und erklärte in ihr jedwede öffentliche Kritik für obsolet. Hochgeheime Militärforschung? – Gehörte in die Rubrik Kuriositätenkabinett.[442] Eisern durchgesetzter Geheimnisschutz? – »Er verhinderte, dass die Arbeitsergebnisse der DDR-Wissenschaftler und auch der Militärmedizin bekannt und anerkannt werden konnten.«[443] Der Aktenvernichtungsbefehl von 1990? – Blieb zur Gänze unerwähnt. Stattdessen schrieb Reichelt: »Als 1990 am Tag nach der Auflösung der NVA und der Übernahme alles Materiellen in die Bundeswehr Gruppen aus militärischen und zivilen Gremien der Bundesrepublik mit Aufträgen erschienen, alle Verschlusssachen-Literatur an der MMA zu beschlagnahmen und zu sichten, waren die Enttäuschung und Frustration riesengroß, nicht das vorgefunden zu haben, von dessen Existenz man offenbar fest überzeugt gewesen war.«[444]

Einzig auf zwei Kritikpunkte wollte der Autor doch nochmal genauer zurückkommen. Das betraf einerseits die Forschungen zu »chemischen Kampfstoffen und biologischen Kampfmitteln«, über die er festhielt: »In der Tat hat es so etwas nicht gegeben, und es fehlten auch alle äußeren Bedingungen (Giftlabore) für die Arbeit mit derart gefährlichen Substanzen.«[445] Unerwähnt blieb, dass es gerade mal 40 Kilometer von Bad Saarow entfernt das Militärtechnische Institut in Königs Wusterhausen gegeben hatte. Eine Einrichtung, die ab Mitte der 70er Jahre als Hauptstandort der militärischen Giftforschung fungierte.[446] Und der andere Punkt? »Auch die zweite Behauptung westdeutscher Wissenschaftler, an der MMA seien Doping-Substanzen entwickelt und am Menschen getestet worden, musste der Chef der MMA zurückweisen«, schrieb Helmut Reichelt notabene über sich selbst. »Zwar waren in der Medizinischen Klinik und am Institut für Immunologie Untersuchungen darüber geführt worden, ob Leistungssteigerungen als Trainingseffekte mit biochemischen Methoden objektiviert und damit verfolgt werden können, aber es sind dabei weder leistungs-

232

steigernde Medikamente noch Psychopharmaka eingesetzt worden.«[447]

Bunker Gosen. Weitaus professioneller vollzog sich der Systemwechsel am *Institut für Kosmosforschung* der Akademie der Wissenschaften, was auch am ausdrücklichen Interesse der Bundesrepublik an der besonderen Leiteinrichtung gelegen haben dürfte. »Schon bald – schneller als in anderen Akademieeinrichtungen – wurde die Notwendigkeit erkannt, einen starken Partner für die Weiterführung der Arbeit zu finden.«[448] Bei Lichte besehen konnte das niemand anderes sein als die Deutsche Forschungsanstalt für Luft- und Raumfahrt (DLR). Genau so kam es. »Die Evaluierung der verschiedenen Bereiche begann im Oktober 1990, die Stellungnahme des Wissenschaftsrates lag im März des Jahres 1991 vor. Auch dieses Gutachten fiel für das Institut sehr günstig aus.«[449] Man war sich rasch einig. Vermutlich auch, weil die »Raumfahrtmedizin in der Bundesrepublik generell weiterentwickelt werden sollte.«[450] Jedenfalls war die Eingliederung »der Forschungsbereiche des Instituts für Kosmosforschung in die DLR« ab dem 1.1.1992 erfolgt.[451]

Gab es eine Stunde Null der Wissenschaften? Was konnte man sich unter nationaler Verantwortung der Akademie in Zeiten des Umbruchs vorstellen? Wie erging es den Forschereliten im Verlauf des historischen Interregnums? In den Quellen kommt der 89er Turnaround recht umstandslos daher und sieht eher nach business as usual aus. Weil man sich an dem festhalten konnte, was im Weltenumbruch zunächst einfach weiterlief? Wie das »Interkosmos-Programm«, wie der »bilaterale Vertrag zwischen dem Institut für Medikobiologische Probleme in Moskau und der Charité«, wie die »Ständige Arbeitsgruppe für Kosmische Biologie und Medizin der Teilnehmerländer«.[452]

Dezember 1990: *Spezialisten* aus Moskau und Berlin trafen sich in der Charité, um sich über anstehende Forschungsvorhaben zu verständigen. Die »Untersuchungen unter Bedingungen einer langzeitigen Isolation« sollten weitergeführt werden.[453] Darüber hinaus informierte man sich gegenseitig »über Ergebnisse auf dem Gebiet der Psychopharmakologie und der Psychoneurologie«.[454] Getagt wurde in der Zeit im Grunde monatlich und unter äußerster Anspannung. Man wollte im Neuen landen. Im April 1991 informierten die ostdeutschen Forscher ihre Kollegen in Moskau darüber, dass sie bei der DARA, der erst 1989 in Bonn gegründeten Deutschen Agentur für Raumfahrtangelegenheiten, »fünf wissenschaftliche Projekte« eingereicht hatten.[455] Dem Protokoll lag eine lange Themenliste für »interinstitutionelle Forschung« anbei. Wieder ging es um das Kosmoslabor *Medilab*, um die Substanz P, um Chronostatus, Isolation, Affen im Extrem und hypomagnetische Felder.[456] Darüber hinaus wurde ein neuer »Vertrag über wissenschaftlich-technische Zusammenarbeit« für den Zeitraum 1991 – 1995 zwischen Berlin und Moskau aufgesetzt, »zur Problematik: »Einfluss von extremen Umweltfaktoren auf funktionelle Zustände von Mensch und Tier«.[457]

Keine zwei Wochen nach der Beratung in Moskau, am 26.4.1991, sollten die Vereinbarungen bereits in die Realität übersetzt werden, denn an diesem Tag gab es einen Besichtigungstermin im »Objekt Gosen«. Dort wurde die »Schaffung eines künftigen Trainings-Forschungszentrums für weltraum-medizinische und physiologische Fragestellungen« geprüft.[458] Der Bunker in Gosen diente in DDR-Zeiten dem Geheimdienst als sogenannte »Ausweichführungsstelle«. Ein Stasi-Atombunker, derart kompakt ausgestattet, dass Spionagechef Markus Wolf im Falle eines Atomschlags sein Agentennetz im Westen von dort aus hätte weiterführen können. Nun aber gab es die neue Zeit und in ihr die Idee, den Bunker in Gosen für die neueste, mittlerweile bundesdeutsche Weltraummedizin zu nutzen. Wie kam man überhaupt darauf? Wieso wusste das Charité-Forschungsteam von der geheimdienstlichen Liegenschaft? Wer vermittelte das Ganze?

In jedem Fall schickte Karl Hecht, nach wie vor Leiter des Instituts für Pathologische Physiologie, am 14. 6. 1991 einen Brief an den Rektor der Humboldt-Universität zu Berlin: »Magnifizienz, gestatten Sie mir, dass ich Sie mit diesem Brief über einige Aktivitäten und Fakten zur Weiterführung und Weiterentwicklung der raumfahrtmedizinischen Forschung seitens unseres Instituts in Kenntnis setze.«[459] Er schrieb was von Medilab, dessen Start auf 1996 verschoben worden war, vom Chronostatus, von Kinetose und Substanz-P-Regulation, von Crew-Simulationen und dem Projekt »Isolationsstudie Gosen«.[460] Alles in allem ging es um 23 Millionen D-Mark Forschungsmittel.[461] Am Ende kam er auf den Punkt: »Magnifizienz, ich möchte Ihre Aufmerksamkeit auf diese Projekte lenken, die meines Erachtens unserer Universität gut zu Gesicht stehen und unsere hohe wissenschaftliche Qualität ausweisen. Gleichzeitig möchte ich Sie bitten, uns bei der Nutzung des Atombunkers und einiger Räumlichkeiten im Objekt Gosen, die für die Realisierung der oben angeführten Objekte erforderlich sind, zu unterstützen.«[462]

In einem weiteren Schritt legte Karl Hecht einen Projektentwurf vor, der untermauerte, was im Bunker Gosen stattfinden sollte: »Geplante Langzeitflüge zu anderen Planeten, z. B. Mars, erfordern sowohl für die Auswahl, als auch für die Sicherung der Kontrolle der Gesundheit, Leistungsfähigkeit und Wohlergehen der Astronauten ein Untersuchungsinstrumentarium, welches die Dynamik komplexer Verhaltensweisen zu reflektieren vermag.«[463] In einem zusätzlichen Paper führte er aus: »In Vorbereitung künftiger nationaler und internationaler bemannter Missionen (Columbus, Eureka, Spacelab, MIR) ergibt sich die Notwendigkeit, die bisherigen Studien von *Crew Simulationen* im Sinne der Grundlagenforschung zu intensivieren und zu erweitern. Hauptziel sind chronopsycho-physiologische und chronobiologische Untersuchungen bei Crew Simulationen unter extremen Bedingungen im Zeitraum von 1991 – 1998.«[464]

Sätze, hinter denen sich der Bunker Gosen als realer Prognoseraum versteckte. In ihm sollte Langzeitforschung stattfinden, die alles mögliche über »menschliche Verhaltungsmuster« in der Isolation herausfand.[465] Der Aufenthalt im Bunker wurde dabei auf bis zu anderthalb Jahren konzipiert. Laut Entwurf war an eine Bunker-Crew in folgender Zusammensetzung gedacht: »Sechs männliche Versuchspersonen; interdisziplinäre Fachdisziplinen. 1. Arzt mit psychophysiologischen Kenntnissen, 2. Biologe mit biochemischen Kenntnissen, 3. Psychologe mit individual- und sozialpsychologischen Kenntnissen, 4. Techniker (Elektroniker), 5. Mathematiker, 6. Journalist.«[466]

Unterschiede im Terrain. Die Schichten der Zeit. Die Chronik der Quellen. Die Sachverhalte, Spuren, Indizien, Belege, Lücken. Meine Suche ist zu Ende. Nach 1992 verzeichnet Adlershof keine Akten mehr. Dass die Sechser-Crew in Gosen noch zum Einsatz kam, ist unwahrscheinlich. Aber es gibt viele Bunker, viele Umetikettierungen, viele stille Agreements, viel Himmel. Die Akademien, die wissenschaftlichen Räte, die integrativen Gemeinschaftsarbeiten, die Forscher und das codierte Untersuchungsmaterial, die Havariesituationen, das chronisch Instrumentierte, die Kontrolllebewesen. Es ist Zeit, zu Jacob zu fahren. Was er wissen will, bleibt hinter Codes versteckt. Es gibt sie nicht, die eine Antwort und vor allem kein Happyend. Aber ich kann ihm sagen, was sein Ort war, worin er sich befunden hat.

Es ist Dezember 2021. Ich setze mich ins Auto und fahre gen Osten, in eine Kleinstadt in Brandenburg nahe der polnischen Grenze. Ich schalte das Radio ein. Es läuft eine Reportage über den deutschen Astronauten Matthias Maurer, der sich seit dem 11.11.2021 für ein halbes Jahr auf ISS-Mission befindet. Der australische Raumfahrtexperte Morris Jones sagt soeben den Satz: »Der Mond ist ein großer Ort mit Unterschieden im Terrain«. Ich denke an die Stars am Himmel und an die, die in den Nebenzimmern der Geschichte landen.

Deren Körper oft genug eine neue Zeitrechnung betreten. So neu, dass sie ihr Leben nicht wiedererkennen.

Der Osten, von dem wir annehmen, dass wir ihn kennen. Er ist immer anders. Noch wilder und noch trostloser. Noch weiter und noch härter. Noch physischer und noch ungreifbarer. Ich finde Jacobs Straße. Die üblichen Wohnblocks. Ich finde sein Namensschild und klingle. Nichts. Ich rauche eine und klingle ein zweites Mal. Ein Mann kommt die leere Straße entlang, steuert auf das Haus zu, vor dem ich stehe, mustert mich kurz, schließt die Haustür auf. Suchen Sie wen?, fragt er. Die Situationen, die Gesichter, die Sätze. Als ob in mir ein Film läuft, der den Anfang verpasst hat. Mein Kopf ist voller Stoff. Ich frage nach Jacob. Der Mann und ich stehen vor der Tür und schauen uns an. In den Blicken diese Art Pause, die in sich zusammenfällt, als zerkratze sie den letzten Schutz. Er schüttelt den Kopf: Keine Ahnung. Der ist hier irgendwie verschütt gegangen. Ich habe ihn schon länger nicht gesehen.

Space Force. Ich fahre über die Landstraßen nach Berlin zurück, durch die brandenburgischen Dörfer mit ihren hellen Backsteinkirchen, die im Dezember leuchten wie Sonnenpunkte. Ich mag die Kiefern, den Sand, den weiten Himmel. Die Sommer an den brandenburgischen Seen, die alle Sommer in sich versammeln, die vergangenen, die kommenden und auch die, die wir nie erleben werden. Sommer ist Sommer, aber diese hier sind ein besonderes Glück. Ich fahre mit dem Gefühl durch die Landschaft, etwas verloren zu haben. Wo ist Jacob?

Die programmierten Manöver im All, die »Schwerelosigkeitsmuster«, der »nicht mehr organbezogenen Körper«. Es waren die Konzepte der Kybernetikkultur des Kalten Krieges. Veraltet sind sie nicht, ganz im Gegenteil: In den letzten zehn Jahren hat die Eroberung des Extraterrestrischen eine frappierende Renaissance erfahren. Stellare Macht gleich globale Macht? Im Februar 2019 erklärte US-Präsident Donald Trump das Weltall zur »neuen Kriegsfront« und unterzeichnete ein Dekret zur Gründung einer eigenständigen »Space Force«. Der Himmel ist zur neuen Bühne für die weltpolitischen Justierungen geworden. Als ein Markt der Macht und als ein Markt des Geldes.

So das Projekt *Mars One*, das eine niederländische Privatstiftung 2011 startete. Per Website hatte sie für eine One-Way-Mission zum Mars annonciert. Der Plan: die Kolonisierung des roten Planeten. Bereits 2023, so die Idee der *Mars One*-Gründer, sollten die ersten Menschen – anfangs zwei Frauen und zwei Männer – in einer permanenten Siedlung auf dem Mars leben. Bei der Akquise für ihre Mission gingen die Organisatoren der großen Weltflucht ausnehmend geschickt vor, setzten auf die Vielzahl von Mars-Freaks und lagen goldrichtig damit. Innerhalb von drei Jahren meldeten sich 220 000 Visionäre aus 140 Ländern für ihre endgültige Reise und zahlten. Die Website der Mars-Kolonisierer wurde innerhalb von fünf Jahren von mehr als 20 Millionen Usern besucht. Die Finanzierungs- und Vermarktungsgesellschaft des Vorhabens, Mars One Ventures AG, mit Sitz in Basel, wurde zeitweise sogar an der Frankfurter Börse gehandelt und spielte über eine Milliarde Dollar ein. Die Gelder flossen,

sicher auch, weil man den spektakulären Trip von vornherein als eine gigantische Realityshow entworfen hatte. Die
niederländische TV-Produktionsfirma Endemol sollte das
Ganze zum »größten Medienereignis der Weltgeschichte«
machen. Die Vorbereitungen liefen auf Hochtouren, obwohl
das Projekt jede technische, wirtschaftliche und ethische Expertise vermissen ließ. Es kam, wie es kommen musste. *Mars
One* meldete im Januar 2019 Konkurs an. Das viele Geld war
futsch. Die Faszination tausender Mars-Enthusiasten endete
in einer trüben Fake-Mission.

Ich komme an Grünheide vorbei und denke an die vielen
Spaziergänge mit dem Schriftsteller Joachim Walther am See
entlang, an unser Archiv der verfemten Literatur des Ostens,
an Jürgen Fuchs, der eine Zeitlang um die Ecke wohnte, an
den Abdruck der Geschichte im Neuen. An eine Landschaft
mit Zeitschlaufen, die nach Spiralen aussehen und natürlich
an Elon Musk, der in Grünheide soeben seine Gigafactory
bauen lässt. Laut Eigenwerbung wird sie die »fortschrittlichste
Serienproduktionsstätte für Elektrofahrzeuge der Welt« sein.
Die Kameras, sein Lachen, das perfekte Marketing. Elon Musk
als Chef des Elektroautoherstellers Tesla, des kalifornischen
Raumfahrtunternehmens SpaceX, als Verwaltungsratschef
der Solarenergiefirma Solar City und Mitinhaber des Neuro-
technologie-Unternehmens Neuralink. Als jemand, der seine
ausgreifenden Ausflüge in den Himmel genauer, jedenfalls
zielbewusster als die Leute von *Mars One* angeht. Es war der
31. 5. 2012, da seine SpaceX-Raumkapsel *Dragon* wohlbehal-
ten zur Erde zurückkehrte. Nach Sputnik, Kaltem Krieg und
Space Shuttle war sie die erste erfolgreiche Mission einer

privat entwickelten Rakete und Raumkapsel. Ein Schub, ein Durchbruch, eine neue Kosmosära jubelten die Medien.

Mittlerweile schickt Space X beinah monatlich »eine Rakete los, mit Satelliten für Unternehmen und Staaten und Nachschub für die Internationale Raumstation.«[467] Der Vorteil der Musk-Methode: Sie produziert komplett alles in den USA und kann sich damit der völlig überteuerten Weltraumbranche der Russen entziehen. »So hat die Stilllegung der Space Shuttle dazu geführt, dass die USA vollkommen von Russland abhängig sind, wenn sie Astronauten zur ISS bringen wollen. Die Russen berechnen pro Flug und Person 70 Millionen Dollar, und wenn politische Auseinandersetzungen es opportun erscheinen lassen, können sie die Amerikaner ganz abweisen«, schreibt der Musk-Biograf Ashlee Vance.[468] Und weiter: »Mit Space X tritt Musk gegen die Giganten des Militärisch-Industriellen Komplexes in den USA an, darunter Lockheed Martin und Boeing. Zugleich nimmt er es mit ganzen Staaten auf – vor allem Russland und China.«[469]

So oder so scheiden sich am Giga-Mann Elon Musk die Geister. Für die einen ist er der »Leonardo da Vinci des 21. Jahrhunderts«, ein »Visionär ohne Kompromisse«, eine »Ein-Mann-Wagniskapitalfirma, die nicht nur extreme Risikobereitschaft zeigt, sondern obendrein enorm komplexe physische Produkte herstellt«, ein »General, der seine Truppen zum Siegen kommandiert«, für die anderen ist er der Typ, der »falsche Hoffnungen verkauft«, ein »Jahrmarktschwindler«, der sein enormes Vermögen damit verdient, dass er die Angst und den Selbsthass von Menschen ausnutzt«.[470] Wie auch immer das Fazit über den *Tech-Rockstar* ausfällt, in jedem Fall ist man bei ihm unaufhörlich an die Zukunft angekoppelt, am Versuch, »im Unmöglichen noch Unmöglicheres zu schaffen«.[471]

Transportprobleme. Ich nähere mich Berlin. Die Wörter wollen aufsetzen wie Dragon-Kapseln, nach festem Boden greifen. Ich denke an den Schlick der Geschichte und an das, was wir Fortschritt nennen, an seine Glückseligkeit, an sein Verhängnis, an seinen Preis. An das, was wir nicht mehr loswerden, was in unseren Erfahrungen, in unseren Leben, in unserer Geschichte hockt. *Unknown soldier* zieht nochmal durch meinen Kopf. Als Essenz von etwas, das kein Ende findet. Als ob es sich verselbständigt hat, als ob das Alte in einem fort ins Jetzt hinüberkriecht, nicht mehr aufhören kann. Eine von der Realität abgekoppelte Obsession. Aber es sind nicht nur Altnetze. Was sonst? Vielleicht ist das Prinzip *unknown soldier* ja eine Art Staubsauger und zieht Leute an, die was ganz anderes im Sinn haben? Kriecht das Obsessive auch aus Obskurantismus, Missgunst, Narzissmus? Ich weiß es nicht. Es ist hart, schlimm, real. Was ist mit Jacob?

Das Willensprojekt Musk. Könnte es nicht im Kern die Neuauflage eines alten Denkens sein, nur in neuem Style, in neuester Technologie? Eine wirkmächtige Reinitiierung der Hybrisprojekte des Kalten Krieges? Die Kolonisierung des Mars. Es ist Musks Lieblingsidee. In seinen Augen eine Art Umzug. »Bei um die eine Million Dollar oder 500 000 Dollar würde ich eine selbstversorgte Marskolonie für sehr wahrscheinlich halten. Es wären dann genügend Leute daran inte-

242

ressiert, ihren Besitz auf der Erde zu verkaufen und weiterzuziehen … Wenn wir das Transportproblem lösen, ist es nicht mehr schwierig, ein transparentes Treibhaus mit künstlichem Luftdruck zu bauen, um darin zu leben«, weiß Musk.[472] Peter Thiel, einer der schillerndsten Figuren des Silicon Valley, Unternehmer, Risikokapitalgeber, Mitgründer des Bezahldienstes PayPal und erster externer Investor in Facebook, bestätigt das Musk-Projekt: »Es ist, wie zurück in die Zukunft zu gehen. Das Weltraumprogramm wurde über einen langen Zeitraum immer weiter zurückgefahren und die optimistischen Zukunftsvisionen, die wir in den 1970er Jahren hatten, sind verschwunden. Space X zeigt, dass es eine Möglichkeit gibt, diese Zukunft zurückzuholen.«[473]

Zurück in die Zukunft? Ein Leben in transparenten Treibhäusern mit künstlichem Luftdruck? Wer kann das wollen? Musk wäre nicht Musk, wenn er sich von derlei Zweifeln irgendwie beirren ließe. »Es geht nicht darum, dass ich auf den Mars komme«, erklärt er, »sondern darum, dass sehr viele Menschen dahin kommen.«[474] Auf die Frage, wie man mit der mittleren Temperatur von minus 63 Grad auf dem roten Planeten umgehen solle, sagt er: »Irgendwann würde man den Mars aufheizen müssen, wenn er ein erdähnlicher Planet werden soll … dafür müsste man wirklich drastische Sachen mit ihm anstellen.«[475] Das hätten die russischen Interplanetaristen vor reichlich hundert Jahren nicht anders gesagt. Es sind ihre Ideen. »Die totale Beherrschung und Verwandlung des Universums«.[476] Wo ist der Unterschied?

Ich bin in der Stadt, hangle mich von Ampel zu Ampel. Es geht nur zäh vorwärts. Das macht nichts. Es macht gar nichts.

Am Steuer sitzenbleiben, weiterfahren, nicht mehr aussteigen. Es wird keinen Abschluss geben. Es gibt auch keinen. Der Himmel ist neu, neuer, am neuesten, er ist alt. Erst vor Tagen las ich einen Zeitungsartikel, der von den biomedizinischen Experimenten bei *Neuralink* berichtete. Ein Unternehmen, das Elon Musk 2016 zusammen mit anderen gegründet hatte, ausdrücklich mit dem Ziel, ein Brain-Computer-Interface – eine invasive Neuroprothese fürs Hirn – zu entwickeln. Bereits im August 2020 präsentierte der Techno-Visionär einen Prototyp, einen Chip mit einem Durchmesser von 23 Millimetern bei acht Millimetern Dicke, der nicht nur Lähmungen, Parkinson, Epilepsie, Alzheimer oder Sehstörungen heilen soll, sondern auch die Cyborg-Pläne für den Neuen Menschen auf dem Mars bedienen könnte. Vom Mars war in dem Zeitungstext nicht die Rede, stattdessen gerieten die Forschungsmethoden bei Neuralink schwer in die Kritik.

Das US-amerikanische Physicians Committee for Responsible Medicine (PCRM), eine 1985 gegründete »Ärztevereinigung für verantwortungsvolle Medizin«, hatte 2021 eine Klage beim Landwirtschaftsministerium gegen die University of California-Davis eingereicht.[477] Sie zielte auf die im Auftrag von Neuralink angelaufene Chipforschung an Rhesusaffen. Daraufhin erhielt PCRM einen fast 600-seitigen Bericht, der »verstörende Zustände« bei den Forschungstieren offenlegte. »Die Dokumente enthüllen, dass das Gehirn von Affen in schäbigen Experimenten verstümmelt wurde, sie leiden und sterben mussten«, heißt es in einer Pressemitteilung von PCRM.[478] Von 23 Testaffen lebten nur noch acht. Die Tiere hatten laut Ärztekomitee die Substanz *Bioglue* erhalten, die ihr

Gehirn zerstörte, ihnen wurden Stahlpfosten an die Schädel geschraubt, ihnen wurde bis zu zehnmal der Kopf geöffnet, sie erlitten schwere Infektionen, Hirnblutungen, Gesichtstraumata, Krampfanfälle, tödliche Wunden.[479] Am 10.2.2022 reichte PCRM eine zweite Klage ein, um Videos und Fotos von den Forschungen zu erhalten. Sowohl die Universität als auch Elon Musk dementierten. Für 2022, twitterte er derweil, seien Chipforschungen am Menschen geplant.

Ich denke an die Revolution der Suchumi-Affen, die ihre Selbstbefreiung bitter bezahlen mussten. Die meisten von ihnen sind erschossen worden. Die Farm wurde später aufwändig saniert und ist heute fester Bestandteil des reanimierten Kosmosprogramms der Russen. Wie zu lesen war, findet gegenwärtig intensive Virusforschung an den Suchumi-Affen statt.

Nicht nur Russland und die USA, sondern vor allem auch China investiert in seine superlativischen Orbit-Träume. Dabei hat das Riesenreich seine planetaren Ansprüche äußerst präzise definiert und beabsichtigt, bis 2045 die alleinige Supermacht im All zu werden. Der Weg dahin ist langfristig und strategiereich angelegt: 2013 die erste unbemannte Mondlandung, 2018 der erste nichtstaatliche Raketenstart, 2019 die Landung einer Raumsonde auf der erdabgewandten Seites des Mondes, 2022 eine eigene, permanent bemannte Raumstation, ab 2023 Solarstationen, die in der Stratosphäre Weltraumstrom produzieren können.

Der Kosmos als neue machtpolitische Szene, als Energielieferant und Megaressource für seltene Erden und teure Bodenschätze. Experten gehen davon aus, dass auf dem Mond zwanzigmal mehr Titan, Platin, vor allem aber Helium 3 vorhanden ist als auf der Erde. Nicht von ungefähr sprechen Expansionisten vom Mond als dem »achten Kontinent«. Der Kosmos als neuer Lebensort. Die besten Plätze da oben sind teuer und begehrt. Was ist Geschichte?

Es ist der 15. 2. 2022. Ich sitze am Küchentisch. Der Himmel über dem Hof ist nähergekommen. Und das hier ist mein Bericht.

Anmerkungen

Unknown soldier

1   BArch (Militärarchiv Freiburg), DVW 2-1/39604, DVW 2-1/39605,
    DVW 2-1/39606.

2   Haase, Hans: Studie zur Schaffung von Grundlagen für die Fest-
    legung von Tauglichkeit und Eignung sowie für die medizinische
    Vorbereitung von Kosmonautenkandidaten der DDR, BArch
    (Militärarchiv Freiburg), DVW 2-1/39885, S. 26.

3   Verweise z. B. in: Zentrales Archiv des Deutschen Zentrums, die
    Dokumente sind noch nicht nummeriert, eine Blattangabe nicht
    möglich(.).

4   Papenfuß, Winfried: Der Beitrag des Instituts für Luftfahrt-
    medizin Königsbrück zur raumfahrtmedizinischen Forschung,
    Sitzungsberichte der Leibniz-Sozietät, Berlin, Band 96, Jahrgang
    2008, S. 97.

5   Haase: Tauglichkeit, BArch, DVW 2-1/39885, S. 294.

6   Haase: Tauglichkeit, BArch, DVW 2-1/39885, S. 27.

7   Haase: Tauglichkeit, BArch, DVW 2-1/39885, S. 113 ff.

8   Haase: Tauglichkeit, BArch, DVW 2-1/39885, S. 213 ff.

Der Neue Mensch

9   BArch (Militärarchiv Freiburg), VA-01/39603, S. 4.

10 Bergman, Ingmar: Das Schlangenei, 1977, universumfilm,
    Edition, Disc 1.

11 Koenen, Gerd: Utopie der Säuberung. Was war der Kommunis-
    mus? Berlin 1998, S. 29.

12 Koenen: Utopie, S. 28.

13 Groys, Boris; Hagemeister, Michael (Hrsg.): Die Neue Menschheit.
    Biopolitische Utopien in Russland zu Beginn des 20. Jahrhun-
    derts, Frankfurt/M. 2005, S. 41.

14 Groys; Hagemeister (Hrsg.): Menschheit, S. 40.

15 Groys; Hagemeister (Hrsg.): Menschheit, S. 40.

16 Groys; Hagemeister (Hrsg.): Menschheit, S. 392.

17 Groys; Hagemeister (Hrsg.): Menschheit, S. 392.

18 Groys; Hagemeister (Hrsg.): Menschheit, S. 412.

19 Groys; Hagemeister (Hrsg.): Menschheit, S. 419.

20 Koenen: Utopie, S. 132.

21 Groys; Hagemeister (Hrsg.): Menschheit, S. 420.

22 Rossijanow, Kirill: Gefährliche Beziehungen. Experimentelle
    Biologie und ihre Protektoren, in: Beyrau, Dietrich (Hrsg.): Im
    Dschungel der Macht. Intellektuelle Professionen unter Stalin
    und Hitler, Göttingen 2000, S. 348.

23 Rossijanow: Beziehungen, S. 348.

24 Rossijanow: Beziehungen, S. 350.

25 Rossijanow: Beziehungen, S. 350.

26 Rossijanow: Beziehungen, S. 350.

27 Rossijanow: Beziehungen, S. 350.

28 Rossijanow: Beziehungen, S. 354.

29 Groys, Boris: Gesamtkunstwerk Stalin. Die gespaltene Kultur in
    der Sowjetunion, München 1988, S. 9.

30 Koenen: Utopie, S. 145.

Kybernetik-Lampions

31 Mick, Christoph: Deutsche Fachleute in der sowjetischen
    Rüstungsforschung, in: Beyrau, Dietrich (Hrsg.): Im Dschungel
    der Macht. Intellektuelle Professionen unter Stalin und Hitler,
    Göttingen 2000, S. 384.

32 Malycha, Andreas: Biowissenschaften/Biomedizin im Span-
    nungsfeld von Wissenschaft und Politik in der DDR in den
    1960er und 1970er Jahren. Beiträge zur DDR-Wissenschafts-
    geschichte, Reihe C, Band 2, hrsg. von Burrichter, Clemens;
    Diesener, Gerald, Leipzig 2016, S. 42, Fußnote 68.

33 Von Ardenne, Manfred: Die Erinnerungen, München 1990,
    S. 265.

34 Buthmann, Reinhard: Versagtes Vertrauen. Wissenschaftler der
    DDR im Visier der Staatssicherheit, Göttingen 2020, S. 56.

35 Ausführlich zu Heinz Barwich in: Buthmann: Vertrauen, S. 266ff.

36 Von Ardenne, Manfred: BArch, NY 4090/560.

37 Malycha: Biowissenschaften/Biomedizin, S. 39.

38 Aumann, Philipp: Mode und Methode. Die Kybernetik in der
Bundesrepublik Deutschland, Göttingen 2009, S. 89.

39 Rieger, Stefan: Kybernetische Anthropologie. Eine Geschichte
der Virtualität, Frankfurt/M. 2003, S. 30.

40 Aumann: Mode, S. 103.

41 Physik. Lehrbuch für Klasse 11. Verlag Volk und Wissen, Berlin
1969.

42 Physik, Lehrbuch, S. 74.

43 Physik, Lehrbuch, S. 132.

44 BArch (MfS), ZAIG 10074.

Kein Zutritt für Unbefugte

45 »Innere Ordnung für die Zusammenarbeit der sozialistischen
Länder auf dem Gebiet der Erforschung und Nutzung des Weltraumes für friedliche Zwecke«. Anlage 2 der Durchführungs-
anweisung Nr. 1 zum Befehl 2/67 vom 10.1.1967, BArch, ZA, DSt
100503, S. 4.

46 Ebd., BArch, ZA, DSt 100503, S. 4.

47 Buthmann, Reinhard: Die DDR im Weltraum. Kosmosforschung
im Licht der MfS-Akten, in: Deutschlandarchiv, 1999, Heft 2,
März/April, S. 223–232.

48 Zentrales Archiv des Deutschen Zentrums für Luft- und Raumfahrt e.V., Göttingen, BAAR, A874, unnummeriert.

49 Zentrales Archiv des Deutschen Zentrums für Luft- und Raumfahrt e.V., Göttingen, BAAR, A887, unnummeriert.

50 BArch (MfS), ZAGG, Nr. 338, Blatt 4.

51 Zentrale Arbeitsgruppe Geheimnisschutz Abteilung I, 8.7.1980,
BArch (MfS), RSt, Abt. XX, Nr. 754, Blatt 3.

52 Zum Selbstverständnis der Arztausbildung heißt es: »Die Stellung des Arztes im Sozialismus unterscheidet sich prinzipiell von
der des Berufskollegen im Kapitalismus und prägt damit auch
das sozialistische Bewusstsein des Absolventen unserer Hochschulen. Während der Arzt in der kapitalistischen Gesellschaft
eine dem Volke entfremdete ›Exklusivstellung‹ aus Kastengeist
und Elitedenken einnimmt, im Grunde jedoch ein Entrechteter
und Missbrauchter des Kapitals bleibt, ist er im Sozialismus der
sozialen Herkunft, Stellung, politischen Haltung und Arbeits-
weise nach fest mit dem Volke verbunden, ein Teil der sozialisti-

schen Intelligenz.« Protokoll 9/72 vom 16.11.1972, BArch (Militär-archiv Freiburg), DVW 2-1/139602.

53 Protokoll 9/72 vom 16.11.1972, BArch (Militärarchiv Freiburg), DVW 2-1/139602.
54 BArch (Militärarchiv Freiburg), VA-01/39603, S. 4.
55 Rüting, Torsten: Der Kampf um Pawlows Erbe. In: Beyrau, Diet-rich (Hrsg.): Im Dschungel der Macht. Intellektuelle Professionen unter Stalin und Hitler, Göttingen 2000, S. 325.
56 Rüting: Kampf, S. 324.
57 Rüting: Kampf, S. 325.
58 Rüting: Kampf, S. 325.
59 Rüting: Kampf, S. 328.
60 Ohler, Norman: Der totale Rausch. Drogen im Dritten Reich. Köln 2015, S. 49.
61 Mommsen, Hans: Nachwort, in: Ohler: Rausch, S. 306.
62 Koenen: Utopien, S. 145.
63 Koenen: Utopien, S. 145.
64 Koenen: Tauglichkeit, S. 128.
65 Rüting: Kampf, S. 333.
66 Haase: Tauglichkeit, S. 126.
67 Haase: Tauglichkeit, S. 170.
68 Haase: Tauglichkeit, S. 170.
69 Haase: Tauglichkeit, S. 184.
70 Haase: Tauglichkeit, S. 171.
71 Haase: Tauglichkeit, S. 171.

Fehlendes Schwerelot

72 Eisenhower, Dwight H.: Farewell Address to the nation, 17.1.1961, www.youtube.com.
73 Herwig, H. Holger: »One Hell of a Business«. The Genesis of the Military-Industrial Complex in the United States, in: Kollmer, Dieter H. (Hrsg.): Militärisch-Industrieller Komplex? Rüstung in Europa und Nordamerika nach dem Zweiten Weltkrieg, Freiburg im Breisgau/Berlin/Wien 2015, S. 29.
74 Koch, Egmont R.; Wech, Michael: Deckname Artischocke. Die geheimen Menschenversuche der CIA, München 2002, S. 100.
75 Koch; Wech: Deckname S. 108.
76 Herwig: Hell, S. 30/31.

77   Herwig: Hell, S. 46.

78   Medizinischer Jahresbericht für das Ausbildungsjahr 1964/65, Institut für Luftfahrtmedizin, BArch (Militärarchiv Freiburg), DVL 4-9/109418.

79   Uhl, Matthias: Umfang, Struktur und Leistungsvermögen des militärisch-industriell-akademischen Komplexes der Sowjetunion 1945–1970, in: Kollmer, (Hrsg.): Militärisch-Industrieller Komplex?, S. 50.

80   Uhl: Umfang, S. 51.

81   Diedrich, Torsten: Zwischen Anspruch und Möglichkeit. Die Rüstungsindustrie der DDR. In: Kollmer: Militärisch-Industrieller Komplex?, S. 179.

82   Diedrich: Anspruch, S. 178.

83   Diedrich: Anspruch, S. 181.

84   Es ging um die Entwicklung eines Infrarot-Zielsuchkopfes, eines Laser-Feuerleitsystems für den T-72 Panzer, eines automatisierten mobilen Truppenführungssystems, eines Raketen-Artillerieschnellbootes und um die militärische Nutzung des erdnahen Raumes. 1982 wurden die Verträge für einen »optischen Sternensensor« und einen »optischen Basisgeber« unterschrieben. Als »Grundvoraussetzungen weltraumgestützter Raketenabwehr« gehörten diese Geräte zu den geheimsten Forschungsvorhaben auf dem Gebiet der ostdeutschen Hochtechnologie. Es waren »Beiträge der DDR zum Anti-SDI-Programm«. Zit. in: Buthmann: DDR, S. 231.

85   Buthmann: DDR, S. 231.

Koppelmanöver

86   Hein-Weingarten, Katharina: Das Institut für Kosmosforschung der Akademie der Wissenschaften. Ein Beitrag zur Erforschung der Wissenschaftspolitik der DDR am Beispiel der Weltraumforschung von 1957 bis 1991, Berlin 2000, S. 27.

87   U. a. Beschluss des Präsidiums des Ministerrates vom 17.12.1973 zur Erweiterung des DDR-Beitrages am Interkosmos-Programm der sozialistischen Länder für den Zeitraum bis 1980, BArch (Berlin), DY 30/57747, S. 5.

88   BArch, (Militärarchiv Freiburg), VA-01/39603, S. 6.

89   Nancy, Jean-Luc: Corpus, Zürich/Berlin 2014, S. 13.

90 Darstellung der gesellschaftlichen und wissenschaftlich-strate-
gischen Zielstellung eines Forschungsprogramms am Beispiel
der Biowissenschaften und naturwissenschaftlichen Grundlagen der Medizin vom 29. 8. 1973. Archiv der Berlin-Brandenburgischen Akademie der Wissenschaften, Forschungsbereich
Kosmische Physik, VFP, 26, 73, 10, Blatt 3.

91 Steinitz, Klaus: »In letzter Zeit wurde oft die Frage gestellt, ob
nicht alles das, was wir bisher unter Prognose verstanden haben,
nunmehr als langfristige Planung zu bezeichnen sei.« Einleitender
Vortrag vor dem Vorstand des Forschungsrates zur schrittweisen
Entwicklung der langfristigen Planung und die sich daraus erge-
benden Anforderungen an die Weiterführung der prognostischen
Arbeiten vom 26. 6. 1972, BArch (Berlin), DF 4/20244, S. 6.

92 Beschluss des Präsidiums des Ministerrates vom 17. 12. 1973 zur
Erweiterung des DDR-Beitrages am Interkosmos-Programm der
sozialistischen Länder für den Zeitraum bis 1980, BArch (Berlin),
DY 30/57747, S. 5.

93 Buthmann: DDR, S. 228.

94 VII. Beratung der Ständigen Arbeitsgruppe der sozialistischen
Länder für Kosmische Biologie und Medizin im Rahmen Inter-
kosmos vom 5. – 10. 5. 1974 in Bukarest, SR Rumänien. Zentrales
Archiv des Deutschen Zentrums für Luft- und Raumfahrt e.V.,
Göttingen, BAAR, A857, unnummeriert.

95 Zentrales Archiv des Deutschen Zentrums für Luft- und Raumfahrt e.V., Göttingen, BAAR, A857, unnummeriert.

96 VII. Beratung der Ständigen Arbeitsgruppe der sozialistischen
Länder für Kosmische Biologie und Medizin im Rahmen Inter-
kosmos vom 5. – 10. 5. 1974 in Bukarest, SR Rumänien. Zentrales
Archiv des Deutschen Zentrums für Luft- und Raumfahrt e.V.,
Göttingen, BAAR, A857, unnummeriert.

97 Zentrales Archiv des Deutschen Zentrums für Luft- und Raumfahrt e.V., Göttingen, BAAR, A850, unnummeriert.

98 Weiz, Herbert: Konzeption Interkosmos, 17. 12. 1976, BArch,
DF 4/11237, S. 3.

99 Protokoll der Leitungssitzung des Wissenschaftlichen Rates der
Militärmedizinischen Akademie vom 11. 11. 1988, BArch (Militärarchiv Freiburg), VA-01/39610.

100 Entwicklung und Einschätzung des Niveaus der Promotionen im

Jahr 1979: »Alle A-Verfahren wurden im Zentralen Lazarett der NVA durchgeführt. Durch diese, sowie durch fakultasdocendi-Verfahren wurde das wissenschaftliche Leben bereichert … Nutzung der Ergebnisse: 5 Arbeiten fließen mit ihren Ergebnissen im zentralen Forschungsvorhaben 18, 4 im zentralen Forschungsvorhaben 19, 2 Arbeiten im zentralen Forschungsvorhaben 17 ein.« Protokoll 5/81 der Fakultätssitzung vom 26.6.1981, BArch (Militärarchiv Freiburg), DVW 2-1/39601.

101 Protokoll 2/1980 der Fakultätssitzung der Militärmedizin vom 30.1.1980, BArch (Militärarchiv Freiburg), DVW 2-1, 39605.

102 »Oberst XXX informiert, dass am 15.12.1981 leitende Genossen der Partei- und Staatsführung zur Klärung der Überführung von militärmedizinischen Forschungsergebnissen in der Militärmedizinischen Akademie weilten.« Protokoll 1/1982 der Fakultätssitzung der Militärmedizin vom 8.1.1982, BArch (Militärarchiv Freiburg), DVW 2-1/39605.

103 »Aus pädagogisch-psychologischen Gründen ist die Zahl der Mitglieder der Prüfungskommissionen zu reduzieren. Weiterhin sind die Festlegungen über den Vorsitz der Prüfungskommissionen und die Einbeziehung von Vertretern des Ministeriums für Staatssicherheit und des Ministeriums des Inneren abzustimmen.« Protokoll der Leitungssitzung des Wissenschaftlichen Rates vom 25.11.1983: Punkt 2.7., BArch (Militärarchiv Freiburg), DVW 2-1/39606.

104 »Die Möglichkeiten der durch das Diagnostik- und Beratungszentrum für medizinische Genetik angebotenen Zusammenarbeit werden nach Rücksprache mit Chef Militärmedizinischer Akademie und XXX geklärt.« Protokoll 1/1982 der Fakultätssitzung der Militärmedizin vom 8.1.1982, BArch (Militärarchiv Freiburg), DVW 2-1/39605.

105 Protokoll 1/82 vom 14.5.1982, BArch (Militärarchiv Freiburg), DVW 2-1/39606.

106 Protokoll 1/1982 der Fakultätssitzung der Militärmedizin vom 8.1.1982, BArch (Militärarchiv Freiburg), DVW 2-1/39606.

107 Zentrales Archiv des Deutschen Zentrums für Luft- und Raumfahrt e.V., Göttingen, BAAR, A823, unnummeriert.

108 Zentrales Archiv des Deutschen Zentrums für Luft- und Raumfahrt e.V., Göttingen, BAAR, A823, unnummeriert.

109 Karl-Marx-Universität Leipzig, Sektion Physik, Brief vom 23.3.1979 an den Direktor des Zentralinstitutes der Akademie der Wissenschaften der DDR: »In der Selbst. Abteilung Chemische Analytik werden z.Z. keine Möglichkeiten für biologische und medizinische Experimente im Kosmos gesehen.« Zentralinstitut für Mikrobiologie und Experimentelle Therapie, Jena, Brief vom 29.3.1979: »In Beantwortung Ihres Schreibens vom 25.1. möchte ich Ihnen mitteilen, dass wir schon zum Interkosmos beitragen: Charakterisierung physischer Belastungszustände von Kosmonauten mit Hilfe des ERY-Tests. Mehr können wir nicht anbieten, da wir das schon Vorhandene nicht kennen.« Institut für Wissenschaftsinformation in der Medizin, Brief vom 1.3.1979: »Mit Schreiben vom 25.1. baten Sie um Vorschläge für biologische und medizinische Experimente im Kosmos. Leider kenne ich den bestehenden Themenkatalog nicht.« Zentrales Archiv des Deutschen Zentrums für Luft- und Raumfahrt e.V., Göttingen, BAAR, A848, unnummeriert.

110 Buthmann: DDR, S. 227.

111 BArch (Militärarchiv Freiburg), DY 30/69607.

112 BArch (Militärarchiv Freiburg), DY 30/69607.

113 Haase: Tauglichkeit, S. 475.

114 Bericht über die Jahreskonferenz der Interkosmos-Arbeitsgruppe Biologie und Medizin vom 28.9.1970–3.10.1970 in Budapest, Zentrales Archiv des Deutschen Zentrums für Luft- und Raumfahrt e.V., Göttingen, BAAR, A867, unnummeriert.

115 Zentrales Archiv des Deutschen Zentrums für Luft- und Raumfahrt e.V., Göttingen, BAAR, A867, unnummeriert.

116 Zentrales Archiv des Deutschen Zentrums für Luft- und Raumfahrt e.V., Göttingen, BAAR, A867, unnummeriert.

117 Zentrales Archiv des Deutschen Zentrums für Luft- und Raumfahrt e.V., Göttingen, BAAR, A867, unnummeriert.

118 Es ging dabei um Merkamin, Zystamin, Zystaphos, Mexamin, Prodigiosan, aber auch ATF (Adenosintriphosphorsäure), Zentrales Archiv des Deutschen Zentrums für Luft- und Raumfahrt e.V., Göttingen, BAAR, A867, unnummeriert.

119 Zentrales Archiv des Deutschen Zentrums für Luft- und Raumfahrt e.V., Göttingen, BAAR, A867, unnummeriert.

120 Zentrales Archiv des Deutschen Zentrums für Luft- und Raum-
    fahrt e.V., Göttingen, BAAR, A867, unnummeriert.
121 Gespräch mit Münchner Ärztin, DOH-Beratungsstelle, 24.3.2016.
122 Betroffenengespräch DDR-Zuchthaus, DOH-Beratungsstelle,
    4.2.2018.
123 Stasi-Treffbericht von Hans-Georg Meier vom 10.11.1976, BArch
    (MfS), LPZ XX 0001/105, Studien FKS, S. 5.
124 Wensierski, Peter: »In Kopfhöhe ausgerichtet«, in: Der Spiegel,
    20/1999.
125 Hoffmann, Horst: Die Deutschen im Weltraum, Berlin 1998,
    S. 304–307.
126 Abschlussbericht über die Auswertung des Interkosmos-Experi-
    ments »Sprache I« DDR, S. 2, Zentrales Archiv des Deutschen
    Zentrums für Luft- und Raumfahrt e.V., Göttingen, BAAR, A848,
    unnummeriert.
127 Zentrales Archiv des Deutschen Zentrums für Luft- und Raum-
    fahrt e.V., Göttingen, BAAR, A848, unnummeriert, S. 2.
128 Ebd., BAAR, A848, unnummeriert, S. 11.
129 Ebd., BAAR, A848, unnummeriert, S. 11.

Abrek und Bion

130 Baumann, Christiane: Die Zeitung »Freie Erde« (1952–1990).
    Kader, Themen, Hintergründe. Beschreibung eines Bezirks-
    organs, hrsg. von der Landesbeauftragten für die Aufarbeitung
    der SED-Diktatur, Schwerin 2013, S. 66.
131 Marx, Peter: »Genosse Journalist«. DLF Kultur, Berlin, 1.10.2013.
132 Marx, Peter: »Genosse Journalist«. DLF Kultur, Berlin, 1.10.2013.
133 Brunner, José: Die Politik des Traumas. Gewalterfahrungen und
    psychisches Leid in den USA, in Deutschland und im Israel/Paläs-
    tina-Konflikt, Berlin 2014.
134 Brunner: Politik, S. 115.
135 Brunner: Politik, S. 116.
136 Brunner, José: Zur Geopolitik des Traumas. Konturen einer kri-
    tischen Raumtheorie für die Traumaforschung, in: Trauma und
    Gewalt, Heft 4, 11/2021, S. 285.
137 »Etwas anderes kann auch nicht für diejenigen Fälle gelten, bei
    denen erwachsene Sportlerinnen nicht aufgeklärt wurden. Denn
    maßgebliches Kriterium ist nicht deren Alter, sondern ihre

Unkenntnis über das ihnen Verabreichte und der damit ver-
bundenen Körperverletzung.« In: Marxen, Klaus; Werle, Gerhard
(Hrsg.): Gefangenenmisshandlung, Doping und sonstiges DDR-
Unrecht. Dokumentation Strafjustiz und DDR-Unrecht, Band 7,
Berlin 2009, S. 107–330.

138 BArch (Militärarchiv Freiburg), DVW 2-1/39604.

139 BArch (MfS), AIM 2696/69-2, S. 45.

140 BArch (Militärarchiv Freiburg), DVW 2-1/39605.

141 BArch (Militärarchiv Freiburg), DVW 2-1/39860.

142 BArch (Militärarchiv Freiburg), DVW 2-1/40099.

143 BArch (Militärarchiv Freiburg), DVW 2-1/39605.

144 BArch (Militärarchiv Freiburg), DVW 2-1/40189.

145 BArch (Militärarchiv Freiburg), DVW 2-1/39605.

146 BArch (Militärarchiv Freiburg), DVW 2-1/40202.

147 BArch (Militärarchiv Freiburg), DVW 2-1/40305.

148 BArch (Militärarchiv Freiburg), DVW 2-1/39958.

149 »Bildung eines Zentrums für Kosmosforschung … Es gab Enthu-
siasten der Kosmosforschung, aber auch die Haltung: Wir sollten
nicht in die Ferne schweifen.« Bericht von Claus Grote, Chef
des Koordinierungsrates für Kosmosforschung der DDR vom
23.10.1980, BArch (Militärarchiv Freiburg), DF 4/20253.

150 Hein-Weingarten: Institut, S. 42.

151 BArch (Militärarchiv Freiburg), DVW 2-1/39611.

152 Protokoll 1/1982, des Wissenschaftsrates der Militärmedizinischen Akademie, Bad Saarow vom 8.1.1982, BArch (Militärarchiv
Freiburg), DVW 2-1/39606.

153 Protokoll der Plenarsitzung des Wissenschaftlichen Rates der
MMA vom 26.11.1982, BArch (Militärarchiv Freiburg), DVW
2-1/39605.

154 Information über den Stand der biomedizinischen Kosmosforschung der DDR im Porgramm Interkosmos, Königsbrück, den
10.9.1981, Zentrales Archiv des Deutschen Zentrums für Luft-
und Raumfahrt e.V., Göttingen, BAAR, A854, unnummeriert.

155 Protokoll der Leitungssitzung des Fakultätsrates der MMA vom
29.4.1983, BArch (Militärarchiv Freiburg), DVW 2-1/39607.

156 Einladungsschreiben der Akademie der Wissenschaften der DDR
vom 5.4.1983, Zentrales Archiv des Deutschen Zentrums für Luft-
und Raumfahrt e.V., Göttingen, BAAR, A852, unnummeriert.

157 BArch (Militärarchiv Freiburg), DVW 2-1/39607.

158 Plenarsitzung des Wissenschaftlichen Rates der MMA vom
     15.12.1983, BArch (Militärarchiv Freiburg), DVW 2-1/39607.

159 Protokoll der Fakultätssitzung vom 9.2.1984, BArch (Militär-
     archiv Freiburg), DVW 2-1/39607.

160 »Biologische Experimente mittels unbemannter Raumflugkörper
     besitzen ungeachtet des inzwischen erreichten hohen Kenntnis-
     standes und der gewonnenen umfangreichen Erfahrungen auf
     dem Gebiet der kosmischen Biologie und Medizin bemannter
     Raumflüge nach wie vor eine große Bedeutung (weitere Aufklä-
     rung von biologischen Mechanismen und Reaktionsweisen unter
     kosmischen Umweltbedingungen, Aufdeckung von Tendenzen,
     Erarbeitung von Schlussfolgerungen und Prognosen für bemannte
     Raumflüge).« Zentrales Archiv des Deutschen Zentrums für Luft-
     und Raumfahrt e.V., Göttingen, BAAR, A857, unnummeriert.

161 Hecht, Karl: »Zu ersten Ergebnissen des Biosatellitenexperi-
     mentes Kosmos 1514«. Bericht an den Koordinierungsrat für
     Kosmosforschung der DDR am 29.5.1984, Zentrales Archiv des
     Deutschen Zentrums für Luft- und Raumfahrt e.V., Göttingen,
     BAAR, A823, unnummeriert.

162 Hecht: Ergebnisse, Zentrales Archiv des Deutschen Zentrums für
     Luft- und Raumfahrt e.V., Göttingen, BAAR, A823, unnummeriert.

163 Ebd., BAAR, A823, unnummeriert.

164 Ebd., BAAR, A823, unnummeriert.

165 Ebd., BAAR, A823, unnummeriert.

166 Ebd., BAAR, A823, unnummeriert.

167 Ebd., BAAR, A823, unnummeriert.

168 Ebd., BAAR, A823, unnummeriert.

169 Zentrales Archiv des Deutschen Zentrums für Luft- und Raum-
     fahrt e.V., Göttingen, BAAR, A854, unnummeriert.

170 Ebd., BAAR, A823, unnummeriert.

171 Ebd., BAAR, A823, unnummeriert.

172 BArch (Militärarchiv Freiburg), DVW 2-1/39603.

Reliktstrahlung

173 »Korvettenkapitän Dr. Gürtler erhielt 1965 die Möglichkeit, an
     der Militärmedizinischen Sektion in Übereinstimmung mit dem
     Kommandeur und dem Kaderorgan den entsprechenden Nach-

wuchs für die Sportmedizin der Armeesportverbände (ASV) zu gewinnen. Die besten und an der Sportmedizin interessiertesten Absolventen wurden von ihm gezielt angesprochen.« BArch, (Militärarchiv Freiburg), DVW 2-1/40227, Dissertation »Die Entwicklung der Sportmedizin in der Armeesportvereinigung Vorwärts«, S. 54.

174 Protokoll der Sitzung, Arbeitsgruppe Kosmische Biologie und Medizin vom 13.11.1981, Zentrales Archiv des Deutschen Zentrums für Luft- und Raumfahrt e.V., Göttingen, BAAR, A892, unnummeriert.

175 Tätigkeitsbericht von Hans Gürtler im Hinblick auf seine Dissertation B, BArch (Militärarchiv Freiburg), DVW 2-1/39618.

176 Spitzer, Giselher: Doping in der DDR. Ein historischer Überblick zu einer konspirativen Praxis, Bundesinstitut für Sportwissenschaft, Köln 2000, S. 9.

177 Ewert, Günter; Hornei, Rolf; Maronde, Hans-Ulrich: Militärmedizinische Sektion 1955–1990. Bildungsstätte für Militärärzte, Militärzahnärzte und Militärapotheker an der Ernst-Moritz-Arndt-Universität Greifswald, Berlin 2015.

178 »Durch die Werbung soll die gesamte Arbeit im Bereich der Sportmedizin am FKS verbessert werden. Darüber hinaus soll damit begonnen werden, mehr bedeutungsvolle operative Informationen aus dem Operationsgebiet zu erarbeiten, wozu der Kandidat auf Grund seiner Reisekadertätigkeit bis zu einem gewissen Grad in der Lage ist.« BArch (MfS), LPZ AIM 715/86, I, S. 13. Umregistrierung vom GMS zum IMS am 31.5.1976, BArch (MfS), LPZ AIM 715/86, I, S. 13.

179 Bericht vom 29.9.1978: Sicherung des Forschungsvorhabens »Aufdeckung zusätzlicher Leistungsreserven für den Zeitraum 1975–1980: »Bei dem zu schützenden Staatsgeheimnis geht es darum, dass bei der Steigerung der sportlichen Leistungsfähigkeit im Hochleistungsbereich der DDR zentral geleitet und kontrolliert unterstützende Mittel ›uM‹ wissenschaftlich erforscht, erprobt und eingesetzt werden.« BArch, MfS, LPZ AIM 715/86, III, S. 35.

180 BArch (MfS), LPZ AIM 715/86, I/II/III.

181 »Der Forschungsauftrag ›Gegenmittel gegen chemische Kampfstoffe‹, welcher vom Ministerium für Nationale Verteidigung herausgegeben wurde, hatte zum Hauptinhalt die Schaffung von

Gegengiften gegen Blausäurevergiftungen. Der Forschungsauftrag ist deklariert als VVS und wurde bereits 1966 abgeschlossen.«, BArch (MfS), AIM 2696/69-2, S. 45.

182 BArch (MfS), LPZ Abt. XX 0001/07, S. 36.
183 BArch (MfS), LPZ Abt. XX, FKS, Blatt 225, 19. 1. 1977.
184 Nicht auf der Medikamentenliste der DDR stehende Substanz.
185 BArch (MfS), LPZ Abt. XX 0001/10, S. 177.
186 »Es geht um unsere Ehre«, Der Spiegel 35/91, 25. 8. 1991.
187 Stellungnahme von Prof. Dr. Hansgeorg Hüller zu den »gegen mich erhobenen Beschuldigungen«, Staatsanwaltschaft Schwerin, 4541 a, 22. 1. 1993, Landeshauptarchiv Schwerin, 8.33-6/2.
188 »Durch den Direktor des FKS ist angewiesen bis 13. 2. 1978 die weitere Bestimmung des Staatsgeheimnisses durch ein dazu berufenes Leitungskollektiv vorzunehmen. Neben dem bereits als Staatsgeheimnis eingestuften Vorhaben ›Zusätzliche Leistungsreserven‹ werden vor allem die Themen und Vorhaben hinsichtlich ihrer Einstufung als Staatsgeheimnis überprüft, die … uns durch Forschungsergebnisse mit Neuheitswert einen Vorlauf im internationalen Rahmen verschaffen.« BArch (MfS), HA XX, 17062, S. 6.
189 »Vorbereitung neuer Staatsaufträge für technisch-technologische Durchbrüche in den 90er Jahren« vom 25. 3. 1988, Archiv der Berlin-Brandenburgischen Akademie der Wissenschaften, Bestand Forschungsbereich Geo- und Kosmoswissenschaften, Signatur 286, Dokumente unnummeriert.
190 »Das Sowjetische Programm zur Erforschung des Weltalls im Zeitraum bis zum Jahre 2000. Pläne, Projekte, Internationale Zusammenarbeit«, Archiv der Berlin-Brandenburgischen Akademie der Wissenschaften, Bestand Forschungsbereich Geo- und Kosmoswissenschaften, Signatur 217, unnummeriert.
191 »Die Entdeckung der Biosphäre auf dem Mars – ob einer existierenden oder ausgestorbenen – wäre eine überaus wichtige wissenschaftliche Entdeckung.« »Das Sowjetische Programm«, Archiv der Berlin-Brandenburgischen Akademie der Wissenschaften, Signatur 217, unnummeriert.
192 »Die Hauptaufgabe der Röntgenastronomie besteht in der Diagnostik des heißen kosmischen Plasmas. Dieses Plasma entsteht praktisch in allen Klassen astrophysikalischer Objekte – von

den nächstliegenden Sternen vom Typ Sonne bis hin zu den Quasaren und Anhäufungen von Galaxien, die in einer kosmologischen Entfernung liegen.« »Das Sowjetische Programm«, Archiv der Berlin-Brandenburgischen Akademie der Wissenschaften, Signatur 217, unnummeriert.

193 Geplante Projekte u. a. waren: INTERBOL – Die Erforschung des magnetosphärischen Plasmas und der Sonne-Erde-Beziehungen; APEX – Aktive Plasmaexperimente, AKTIVES-IK – Kosmisches Plasmawellenlaboratorium; KORONAS – Komplexe erdnahe Orbitalbeobachtungen der Sonnenaktivität; PHOBOS – Marsmond Phobos; KOLUMB – Marsnahe Umlaufbahn; VESTA – Gravitationsmanöver in der Nähe vom Mars. »Das Sowjetische Programm«, Archiv der Berlin-Brandenburgischen Akademie der Wissenschaften, Signatur 217, unnummeriert.

194 »Das Sowjetische Programm«, Archiv der Berlin-Brandenburgischen Akademie der Wissenschaften, Signatur 217, unnummeriert.

195 »Die außeratmosphärischen Experimente mit maximaler Empfindlichkeit gegenüber den Schwankungen der Reliktstrahlung auf Winkelmaßstäben von Minuten bis zu Grad haben das Ziel, Informationen über die Epoche der Rekombinationen der ursprünglich heißen und vor der Rekombination ionisierten Materie des Weltalls, die Amplitude der Primarschwingungen der Dichte, die zur Bildung der Galaxien führten, und die Natur der verborgenen Masse zu erhalten.« »Das Sowjetische Programm«, Archiv der Berlin-Brandenburgischen Akademie der Wissenschaften, Signatur 217, unnummeriert.

196 Czichon, Eberhard: Grundlagenforschung, Kosmosforschung, Forschungsaufgaben, Forschungsorganisation, Akademie der Wissenschaften, UdSSR, Zentrales Archiv des Deutschen Zentrums für Luft- und Raumfahrt e.V., Göttingen, BAAR, A874, unnummeriert.

197 Der Biosatellit 3 war vom 23. 11. – 15. 12. 1975 im All, u.a. in Kooperation mit Frankreich und den USA, Zentrales Archiv des Deutschen Zentrums für Luft- und Raumfahrt e.V., Göttingen, BAAR, A857, unnummeriert.

198 Hecht, Karl: Bericht für die Arbeitsberatung der Spezialisten des Instituts für mediko-biologische Probleme des MfG der UdSSR, Moskau, und der Charité der Humboldt-Universität zu Berlin vom 28.10. – 2.11.1988 in Moskau, Zentrales Archiv des Deutschen Zentrums für Luft- und Raumfahrt e.V., Göttingen, BAAR, A823, unnummeriert.

199 Ebd., BAAR, A823, unnummeriert.

200 »Das Sowjetische Programm«, Archiv der Berlin-Brandenburgischen Akademie der Wissenschaften, Bestand Forschungsbereich Geo- und Kosmoswissenschaften, Signatur 217, unnummeriert.

Adäquate Bodenmodelle

201 Bericht zum Primatenexperiment, Zentrales Archiv des Deutschen Zentrums für Luft- und Raumfahrt e.V., Göttingen, BAAR, A859, unnummeriert.

202 »Wie bei allen Biosatelliten lief auch in diesem Fall zum Vergleich ein Synchron- und ein Vivariumexperiment auf der Erde.« Zentrales Archiv des Deutschen Zentrums für Luft- und Raumfahrt e.V., Göttingen, BAAR, A823, unnummeriert.

203 Bericht zum Primatenexperiment, Zentrales Archiv des Deutschen Zentrums für Luft- und Raumfahrt e.V., Göttingen, BAAR, A859, unnummeriert.

204 Ebd., BAAR, A859, unnummeriert.

205 Ebd., BAAR, A859, unnummeriert.

206 Ebd., BAAR, A859, unnummeriert.

207 Vorschläge für Interkosmos-Programm 1981–1985, Brief der Akademie der Wissenschaften der DDR vom 25.5.1981, Forschungszentrum für Molekularbiologie und Medizin, Zentralinstitut für Herz- und Kreislauf-Forschung, Zentrales Archiv des Deutschen Zentrums für Luft- und Raumfahrt e.V., Göttingen, BAAR, A859, unnummeriert.

208 Brief der Akademie der Wissenschaften der DDR vom 25.10.1984, Zentrales Archiv des Deutschen Zentrums für Luft- und Raumfahrt e.V., Göttingen, BAAR, A882, unnummeriert.

209 Zentrales Archiv des Deutschen Zentrums für Luft- und Raumfahrt e.V., Göttingen, BAAR, A857, unnummeriert.

210 Bericht über die Arbeitsberatung der Spezialisten des MDBP und den Spezialisten der der Charité im Rahmen des bilateralen Vertrages über wiss.-techn. Zusammenarbeit vom 25. – 31.12.1986, Zentrales Archiv des Deutschen Zentrums für Luft- und Raumfahrt e.V., Göttingen, BAAR, A846, unnummeriert.

211 Zentrales Archiv des Deutschen Zentrums für Luft- und Raumfahrt e.V., Göttingen, BAAR, A857, unnummeriert.

212 »Das Thema »Entwicklung und Untersuchung von Mitteln zur Erhöhung der Stabilität des Organismus gegenüber der Einwirkung zentripetaler Beschleunigungen«, »Abhängigkeit der verschiedenen Trainingsarten und der Fähigkeit des Organismus, äußerste Beschleunigungen auszuhalten« wird auf der Basis des Militärinstituts für Luftfahrtmedizin der VR Polen bearbeitet.« »Unter Berücksichtigung der technischen Möglichkeit der pharmakologischen Industrie der Ungarischen Volksrepublik sollen Spezialisten der UVR zum Thema ›Taumeln‹ herangezogen werden.« Zentrales Archiv des Deutschen Zentrums für Luft- und Raumfahrt e.V., Göttingen, BAAR, A867, unnummeriert.

213 Ebd., BAAR, A867, unnummeriert.

214 Ebd., BAAR, A857, unnummeriert.

215 Ebd., BAAR, A857, unnummeriert.

216 Ebd., BAAR, A823, unnummeriert.

217 Ebd., BAAR, A823, unnummeriert.

218 Ebd., BAAR, A846, unnummeriert.

219 Protokoll vom 6.1.1984 der Fakultätssitzung des MMA, Bad Saarow, BArch (Militärarchiv Freiburg), VA-01/39607.

220 Protokoll vom 9.2.1984 der Fakultätssitzung der Militärmedizinischen Akademie, Bad Saarow, BArch (Militärarchiv Freiburg), VA-01/39607.

221 Bilanz der medizinisch-biologischen Forschungen, Bukarest 1982, Zentrales Archiv des Deutschen Zentrums für Luft- und Raumfahrt e.V., Göttingen, BAAR, A890, unnummeriert.

222 Ebd., BAAR, A890, unnummeriert. Der Begriff »adäquate Bodenmodelle« ist der »Bilanz der medizinisch-biologischen Forschungen, die 1981 auf der Station ›Salut 6‹ durchgeführt wurden«, entnommen, Zentrales Archiv des Deutschen Zentrums für Luft- und Raumfahrt e.V., Göttingen, BAAR, A890, unnummeriert.

223 BStU, Mail vom 25.2.2020.

224 BStU, Brief vom 12.3.2020.

225 BStU, Mail vom 24.6.2020.

226 BStU, Mail vom 3.7.2020.

227 BStU, Mail vom 3.7.2020.

228 Stellungnahme der BStU zum Ermittlungsverfahren gegen Unbekannt an die Staatsanwaltschaft Berlin vom 4. 2. 2021, Zeichen 283 UJs 26/21.

229 »Dr. Schäker informierte mich am 1. 4. 1975 im Gespräch, dass er eine Analyse und den Einsatz von Hormonen zur Leistungsbeeinflussung im Leistungssport bereits 1968/69 dem XXX übergeben hatte. XXX lehnte damals weitere Arbeiten daran ab. Dr. Schäker arbeitete trotzdem an der wissenschaftlichen Fragestellung über den Einsatz von Hormonen weiter und wurde in einem Gespräch ca. 1970 von XXX aufgefordert, wiederum eine Analyse einzureichen. Diese Analyse übergab er XXX und erhielt ca. 1970/71 die Erlaubnis der offiziellen Bearbeitung. Seitdem wird damit im Armeesportclub Vorwärts (Turnen) experimentiert.« BArch (MfS), LPZ XX 00001/04, S. 6

230 Bericht vom 30. 1. 1975, BArch (MfS), LPZ Abt XX 00001/02. S. 4.

231 BArch, (MfS), LPZ Abt. XX 0001/07.

232 BArch (Militärarchiv Freiburg), DVW 2-1/40172.

233 BArch (Militärarchiv Freiburg), DVW 2-1/40172.

234 BArch (Militärarchiv Freiburg), DVW 2-1/40172, S. 46.

235 BArch (Militärarchiv Freiburg), DVW 2-1/40172, S. 45.

236 Gesamteinschätzung »Zusätzliche Leistungsreserven«, Treffbericht von IM »Hans-Georg Meier vom 4. 7. 1979, BArch (MfS), LPZ XX 0001/105, S. 000030, S. 90.

237 Wissenschaftliches Kolloquium am 26./27. 11. 1981 zum Thema Neuropeptide, BArch (MfS), LPZ Abt. XX 0001/10, S. 14.

238 Argumentationshinweise über die Notwendigkeit der weiteren Beteiligung des TPG Dresden an Aufgaben im Rahmen der Interkosmosforschung, 21. 7. 1982, Zentrales Archiv des Deutschen Zentrums für Luft- und Raumfahrt e.V., Göttingen, BAAR, A873, unnummeriert.

239 Ebd., BAAR, A873, unnummeriert.

240 »Für den DTSB und die einzelnen Verbände, das SKS und den SMD sind entsprechende Codebezeichnungen auszuarbeiten … Alle am FKS vorhandenen UM-Anwendungskonzeptionen sind zu vernichten, neue nicht anzunehmen.« BArch (MfS), LPZ Abt. XX 0001/10, Februar 1986, S. 149. Oder auch: »Dr. XXX erhält keine schriftlichen Unterlagen, alles erfolgt mündlich. Der Schriftverkehr vom VEB Jenapharm läuft unter VD. Präparate werden von Dr. XXX direkt an Dr. Schäker gesandt. Dr. XXX

achtet streng auf Geheimhaltung.« Treffbericht vom 23.7.1979,
S. 91, BArch, (MfS), LPZ, Abt. XX 0001/105.

241 Bericht vom 3.9.1987, S. 158, BArch, (MfS), LPZ, Abt. XX 0001/10.

242 Treffbericht IMS »Hans Georgi« vom 5.1.1984, S. 16, BArch,
(MfS), LPZ, Abt. XX 00001/09.

243 Labor Endokrinologie (Schäker), Treffbericht von IM Hans-
Georg Meier vom 1.8.1977, BArch (MfS), LPZ XX 0001/105, S. 25

244 Treffbericht IMS »Hans Georgi« vom 5.1.1984, S. 16 BArch, (MfS),
LPZ, Abt. XX 00001/09.

245 Treffbericht IM »Technik« vom 18.3.1985, BArch, (MfS), A 637/79,
Bd. 3, S. 386.

246 Treffbericht IM »Technik« vom 18.3.1985, BArch, (MfS), A 637/79,
Bd. 3, S. 410.

247 Bericht zu ersten Ergebnissen des Biosatellitenexperiments
Kosmos 1514 an den Koordinierungsrat für Kosmosforschung der
DDR am 29.5.1984, Zentrales Archiv des Deutschen Zentrums für
Luft- und Raumfahrt e.V., Göttingen, BAAR, A823, unnummeriert.

248 Ebd., BAAR, A823, unnummeriert.

249 Ebd., BAAR, A823, unnummeriert.

250 Aufgabenblatt für Forschung, 16.4.1984, Zentrales Archiv des
Deutschen Zentrums für Luft- und Raumfahrt e.V., Göttingen,
BAAR, A887, unnummeriert.

251 Ebd., BAAR, A887, unnummeriert.

252 Ebd., BAAR, A887, unnummeriert.

253 Bodenuntersuchungen, Hypokinese, Zentrales Archiv des Deutschen Zentrums für Luft- und Raumfahrt e.V., Göttingen, BAAR,
A859, unnummeriert.

254 Ebd., BAAR, A859, unnummeriert.

255 Protokoll der Fakultätssitzung der Militärmedizinischen Akademie, Bad Saarow, vom 24.2.1988, BArch (Militärarchiv Freiburg),
VA-01/39605.

Wir sind die Ersten

256 Brief an Stoph, Willi, (Vorsitzenden des Ministerrates der DDR)
von Armeegeneral Heinz Hoffmann vom 8.2.1985, BArch (Militärarchiv Freiburg), DVW 1/115551, Blatt 12.

257 Information vom 20.1.1986 über die Beratung mit Karl Hecht zu
seiner Eingabe vom 17.12.1985, Zentrales Archiv des Deutschen

Zentrums für Luft- und Raumfahrt e.V., Göttingen, BAAR, A891, unnummeriert.

258 »Entsprechend Ihrem Schreiben vom 8. 2. 1985 hat der Vorsitzende des Ministerrates, Genosse Stoph, die Zustimmung gegeben, die Ständige Arbeitsgruppe für kosmische Biologie und Medizin der Akademie der Wissenschaften zu zuordnen.« Brief von Weiz, Herbert (Stellv. des Vorsitzenden und Minister für Wissenschaft und Technik) an Heinz Hoffmann vom 14. 5. 1985, Zentrales Archiv des Deutschen Zentrums für Luft- und Raumfahrt e.V., Göttingen, BAAR, A846, unnummeriert.

259 Ebd., BAAR, A846, unnummeriert.

260 Ebd., BAAR, A843, unnummeriert.

261 Institut für Wirkstoffforschung: »Einschätzung der Arbeitsergebnisse im Rahmen des Interkosmos-Programms«, Zentrales Archiv des Deutschen Zentrums für Luft- und Raumfahrt e.V., Göttingen, BAAR, A859, unnummeriert.

262 Archiv der Berlin-Brandenburgischen Akademie der Wissenschaften, Bestand Forschungsbereich Kosmische Physik, Signatur 225, unnummeriert.

263 Sekretariat Weiz, Herbert: Kontrolle zur »Leitung und Planung von Staatsplanthemen« im Namen von Wissenschaft und Technik, BArch (Militärarchiv Freiburg), DF 4/20251, S. 2.

264 Brief des Institutsleiters für Kosmosforschung an die Akademie der Wissenschaften der DDR vom 24. 7. 1985: »Wie mir durch den Forschungsbereich Geo-und Kosmoswissenschaften mitgeteilt wurde, ist entschieden worden, die im Institut für Kosmosforschung erarbeiteten wissenschaftlich-technischen Ergebnisse ›UV-Hygrometer‹ und ›UV-Bestrahlungsstärke- und Dosismeter‹ auf der Bezirksmesse der Meister von morgen im September 1985 auszustellen … Den vom Institut für Kosmosforschung erbrachten Leistungen wurden Lizenzangebote zu Grunde gelegt. Zum UV-Hygrometer wurde ein Optionsvertrag mit einer BRD-Firma abgeschlossen und bisher 15 000 Valutamark eingenommen. Wie im Optionsvertrag vereinbart, sind die Partner zur Geheimhaltung verpflichtet … Es besteht die Gefahr, dass durch unerwünschte und unkontrollierte Weitergabe von wesentlichen technischen Informationen und Erkenntnissen der Abschluss ökonomisch vorteilhafter Lizenzverträge der AdW unmöglich wird.« Archiv der Berlin-Brandenburgischen Akademie der Wissenschaften, Bestand Forschungsbereich Geo- und Kosmoswissenschaften, Signatur 160, unnummeriert.

265 Hess, Volker; Hottenrott, Laura; Steinkamp, Peter: Testen im Osten. DDR-Arzneimittelstudien im Auftrag westlicher Pharmaindustrie 1964–1990, Berlin 2016, S. 58.

266 Abgeschlossene Vereinbarungen der Militärmedizinische Akademie, Bad Saarow, hier mit der Akademie der Wissenschaften, Zentralinstitut für Anorganische Chemie, BArch (Militärarchiv Freiburg), DVW 2-1/51511.

267 »Der Einfluss von Alkylphosphaten auf den Serumeiweiß- und Lipoproteinstoffwechsel experimentell begifteter Ratten« oder auch »Tierexperimentelle Untersuchungen zur Verträglichkeit und Wirksamkeit sauerstofftransportierender kolloidaler Volumenersatzmittel«. Protokoll der Leitungssitzung des Wissenschaftlichen Rates der Militärmedizinische Akademie, Bad Saarow vom 4.5.1983, BArch (Militärarchiv Freiburg), DVW 2-1/39607.

268 28./28.9.1989: 5. Saarower Symposium »Blutreinigung in der Militärmedizin« der AG Detoxikation in Zusammenarbeit mit der HFR 28, BArch (Militärarchiv Freiburg), DVW 2-01/50511.

269 BArch (MfS) A 637/79, IM »Technik«, Teil II, Bd. 3, S. 233–238.

270 »UV-Bestrahlung des Blutes«, Treff-Bericht »Egon Miethe« vom 3.12.1982, BArch (MfS), AIM 3220/90, Bd. II, S. 303.

271 Brief an das Ministerium für Wissenschaft und Technik vom 27.5.1982, Zentrales Archiv des Deutschen Zentrums für Luft- und Raumfahrt e.V., Göttingen, BAAR A873.

272 IM »Technik«, Teil II, Bd. 3, S. 439 , BArch (MfS) A 637/79.

273 Die Themen: »Einfluss des Fließverhaltens von Blut auf die Sauerstofftransportkapazität, Stabilisatorwirkungen auf die Sauerstofftransportkapazität von konservierten Erythrozyten in vitro, Modifiziertes Hämoglobin als Sauerstoffträger, Perfluorverbindungen als Sauerstoffträger, Die hyperbare Oxygenation (nach Ardenne)«. BArch (MfS) A 637/79, IM »Technik«, Teil II, Bd. 3, S. 439.

274 Auswertung der 2. Antidopingweltkonferenz Moskau 1989, BArch (MfS), HA XX, Nr. 939, S. 101.

275 Hess: Testen, S. 236 ff.

276 Pörksen, Bernhard; Schulz von Thun, Friedemann: Die Kunst des

Miteinander-Redens. Über den Dialog in Gesellschaft und Politik, München 2020.

277 Pörksen: Die Kunst, S. 172.

278 Machalett, Gerd: Die »Die Doping-Legende«, Rubikon, 19.5.2021. Am Ende des Textes auch der Hinweis des Autors auf weitreichende Unterstützung: »Henner Misersky bin ich für Ratschläge und Hinweise bei der Erarbeitung des Berichtes zu Dank verpflichtet. Ich habe im Text seine Gedanken nicht extra mit Quellenangabe ausgewiesen.«

279 Machalett, Gerd: Die Doping-Legende, Rubikon, 19.5.2021.

280 IM »Technik«, Teil II, Bd. 3, S. 439, BArch (MfS) A 637/79.

281 https://www.bundeswehr.de/resource/blob/52778/b3fa477 de3853904d535da0d9e5c7450/wmm-ausgabe-04-2018-pdf-data. pdf

282 Machalett, Gerd: »Ein groß angelegter Schwindel?« In: RotFuchs, Mai 2018.

283 Treffbericht von IM »Technik« vom 16.1.1986, Teil II, Bd. 3, S. 416, BArch (MfS) A 637/79.

284 UM-Problematik, Treffbericht von IM »Technik« vom 16.1.1986, Teil II, Bd. 3, S. 416.

285 DDR-Gesundheitswesen: »Obskure Quellen«, Deutsches Ärzteblatt 11/2014. »Zu Erythrozyten-Konzentraten in DDR-Blutkonserven«, RotFuchs, April 2014; zur »Kriegshetze bei der antirussischen Paranoia«, »Ein großabgelegter Schwindel?«, RotFuchs, Mai 2018, Zum »Verschwörungskonstrukt« der S.W. Skripal-Vergiftung, Junge Welt vom 23.10.2020; zur Vergiftung von A. Nawalny, Junge Welt vom 16.12.2020.

286 Gerd Machalett veröffentlicht bei Altstasi-Vereinen wie der »Gesellschaft zur Rechtlichen und Humanitären Unterstützung e.V.« und »Sport und Gesellschaft e.V.«, einer Vereinigung ehemaliger stasi- und dopingbelasteter DDR-Sportfunktionäre mit dem Vereinsziel, »die gut bezahlten Kampagnen zur Diffamierung des DDR-Sports zu entlarven«, sowie im »RotFuchs«, einer 1998 von der DKP-Gruppe Berliner Nordost gegründeten Zeitschrift, die das sächsische Landesamt für Verfassungsschutz 2009 als neostalinistisch und linksextremistisch einstufte. Für die ZEIT-Journalistin Barbara Nolte ist der RotFuchs das »Leitmedium« ehemaliger Stasi-Offiziere. (ZEIT vom 19.7.2006), siehe auch: Christian Nestler: Zeitschriftenporträt: RotFuchs, in: Jahrbuch Extremismus & Demokratie 24/2012. S. 248–261, hier 261.

287 »Mögliche Verzögerungen der geplanten Forschungsvorhaben ›Unterstützende Mittel‹ am FKS können durch eine ungewöhnlich hohe Fluktuationsrate unter den Wissenschaftlern des Endokrinologielabors bzw. des Bereiches Sportmedizin/Biowissenschaften eintreten. Ursachen und begünstigende Bedingungen stellen Probleme bei der Vergütung, Anerkennung, materiellen Stimulierung der betreffenden Mitarbeiter. (keine Möglichkeiten der Veröffentlichung und damit der ideellen Anerkennung, geringe oder gar keine materielle Stimulierung)«, BArch (MfS), BVfS Leipzig Abt. XX 00042/03, S. 8.

288 Treffbericht vom 16.2.1986, IM »Technik«, Teil II, Bd. 3, S. 416, BArch (MfS), A 637/79.

289 Treffbericht vom 16.2.1986, IM »Technik«, Teil II, Bd. 3, S. 416, BArch (MfS), A 637/79.

290 Treffbericht vom 16.2.1986, IM »Technik«, Teil II, Bd. 3, S. 416, BArch (MfS), A 637/79.

291 Treffbericht vom 20.2.1986, IM »Technik«, Teil II, Bd. 3, S. 423, BArch (MfS), A 637/79.

292 Treffbericht vom 20.2.1986, IM »Technik«, Teil II, Bd. 3, S. 423, BArch (MfS), A 637/79.

293 »Über die Bedeutung zellulärer Veränderungen des Blutes im Hochleistungstraining unter dem Aspekt der Sideropenie«. (Wohl ein Deckname, Quellenverweise dazu finden sich auch in Kreischa und Suhl). Zentrale Fachkommission Sportmedizin, Lehrgang Militärmedizin, BArch, DR 506/2; Spezifische Aufgaben für die Sportärztliche Hauptberatungsstelle Schwerin für 1990, BArch, DR 506/68.

294 Voigt, Tobias; Erler, Peter: Medizin hinter Gittern. Das Stasi-Haftkrankenhaus in Berlin-Hohenschönhausen, Berlin 2011, S. 8.

295 BArch (Militärarchiv Freiburg), DVW 2-1/39940.

296 BArch (Militärarchiv Freiburg), DVW 2-1/39940.

297 BArch (Militärarchiv Freiburg), DVW 2-1/39958.

298 BArch (Militärarchiv Freiburg), DVW 2-1/40202.

299 BArch (Militärarchiv Freiburg), DVW 2-1/40156.

300 BArch (Militärarchiv Freiburg), DVW 2-140305.

301 BArch (Militärarchiv Freiburg), DVW 2-1/40305.

302 BArch (Militärarchiv Freiburg), DVW 2-1/40203.

303 Forschung in Haftanstalten »Hinter Mauern«. Neue Erkenntnisse zur DDR, in: Lehner, Anna Maria, Medizin und Menschenrechte im Gefängnis. Zur Geschichte und Ethik der Forschung an Häftlingen seit 1945, Bielefeld 2018, S. 89 ff.

304 Auch in: Reichelt, Helmut: Die Militärmedizinische Akademie Bad Saarow und ihre Vorgängereinrichtungen, 1954–1991. Ein Bericht aus Dokumenten, Wissen und Erlebnissen, Berlin 2016.

305 KP »Hans« am 19. 9. 1964, BArch (MfS), 8961/69, S. 39. Zu Hans Schuster heißt es von Seiten der Hauptabteilung XX/6/1 der Staatssicherheit: »Nachdem seit Ende der 50er Jahre zu Prof. Dr. Schuster guter offizieller Kontakt bestand, wurde im Sommer 1964 die inoffizielle Verbindung zu ihm hergestellt. Zur Gewährleistung dieser Zusammenarbeit wurde in organisatorischer Hinsicht über ihn ein inoffizieller Vorlauf angelegt. Aufgrund seiner Position als Direktor der Forschungsstelle sowie später als Rektor der DHfK war es unzweckmäßig, ihn als IM zu verpflichten«, BArch (MfS), XV/958/64, S. 114.

306 Bericht vom 19. 9. 1964, Hauptabteilung XX/6/1, S. 39, BArch (MfS), XV/958/64, S. 114.

307 »Der GI berichtete bezugnehmend auf das Gespräch vom 18. 8. 1964 in Leipzig, dass er eine längere Aussprache mit Gen. Minister Mielke hatte. Die Kontaktperson zeigte sich über die Ergebnisse des Leipziger Gesprächs sehr befriedigt.« Bericht vom 19. 9. 1964, Hauptabteilung XX/6/1, BArch (MfS), XV/958/64, S. 114.

308 MfS-Hauptabteilung XX/6/1, Treffbericht vom 29. 7. 1965, BArch (MfS), AIM 8961/69, S. 48.

309 »Es wäre insbesondere notwendig, durch vorgetäuschte Forschungsrichtungen und Scheinergebnisse den Gegner in eine andere Richtung zu lenken sowie andere Maßnahmen durchzuführen.« GMS »Hans«, BArch (MfS), AGMS 5871/89, S. 48.

310 Spitzer, Giselher: Doping in der DDR. Ein historischer Überblick zu einer konspirativen Praxis, Köln 1998, S. 1 ff.

311 »Über Aufgaben und Entwicklungstendenzen der Sportmedizin bis etwa 1980«, Tonbandabschrift IM »Philatelist«, 28. 5. 1970, BArch (MfS), HA XX/3, Nr. 129, Blatt 22.

312 »Über Aufgaben und Entwicklungstendenzen der Sportmedizin bis etwa 1980«, Tonbandabschrift IM »Philatelist«, 28.5.1970, BArch (MfS), HAXX/3, Nr. 129, Blatt 22.

313 BArch (MfS), HA XX, Nr. 17062, S. 7

314 BArch (MfS), HA XX, Nr. 17062, S. 7.

315 BArch (MfS), HA XX, Nr. 17062, S. 7. Der Leiter des FKS Hans Schuster konnte die »langjährigen Kooperationen« noch etwas genauer angeben. Es waren das »Pharmazeutische Kombinat GERMED in Dresden, VEB-Jenapharm, das Zentralinstitut für Mikrobiologie und Experimentelle Therapie in Jena, das Zentralinstitut für Isotopen- und Strahlenschutz in Berlin-Buch, das Zentralinstitut für Kernforschung in Dresden-Rossendorf, das Institut für Klinische Pharmakologie der Humboldt-Universität, das Institut für Luftfahrtmedizin und damit auch die Militärmedizinische Akademie in Bad Saarow. Bei der Forschungsrichtung »Psychotrope Substanzen« ging es ab 1984 um Kooperationen mit dem Institut für Wirkstoffforschung in Berlin, mit dem Paul-Flechsig-Institut an der Karl-Marx-Universität in Leipzig und dem Institut für Neuropathophysiologie der Humboldt-Universität Berlin. (Treffbericht von GMS »Hans« am 17.7.1984, BArch [MfS], AGMS 5871/89, S. 206).

316 Brief Technisch-Physikalischer Gerätebau Dresden an die Akademie der Wissenschaften vom 3.2.1984, Zentrales Archiv des Deutschen Zentrums für Luft- und Raumfahrt e.V., Göttingen, BA AR, A823, unnummeriert.

317 Bericht vom 6.4.1983, BArch (MfS), BVfS Leipzig Abt. XX 00042/03, S. 31.

318 Bericht vom 6.4.1983, BArch (MfS), BVfS Leipzig Abt. XX 00042/03, S. 31.

319 BArch (MfS), LPZ Abt. XX 00001/09, S. 15, 16, 20.

320 BArch (MfS), LPZ Abt. XX 00001/09, S. 54.

321 Staatsanwaltschaft Schwerin, 8.33-6/2, 4541f.

322 IM »Wolfgang Martinsohn«, BArch (MfS), ZAGG, Nr. 338, Blatt 10.

323 IM »Wolfgang Martinsohn«, BArch (MfS), ZAGG, Nr. 338, Blatt 10.

324 Die Firmen: »Kontron Bildanalyse GmbH, Eching bei München, Wintex Instruments GmbH, Mühlheim, Pharmacia LKB Instruments, Wien, Eppendorf-Nethler-Hinz, Hamburg, Elphymed B.V., Veenendahl, Hewlett-Packard GmbH, Wien, ICN-Instruments, Northeim, Jäger GmbH u. Co KG, Würzburg, Merck, Darmstadt,

Serva-Feinbiochemica GmbH, Heidelberg, Transcommerz, Berlin-West, Boehringer Mannheim GmbH, Mannheim, Beckmann Instruments, Wien, Rank Xerox London, IHZ Berlin, Friedrichstraße IIMC Ltd., Oxfordshire, Toshibs, Medical Systems Europe, Berlin-West«, BArch (MfS), BVfS Leipzig, Abt. XX 01382, S. 3.

325 Anlage zum Treffbericht IMB »Technik« vom 20.6.1985, BArch (MfS), A637/79, Teil II, Bd. 30.

326 BArch (MfS), Neubrandenburg AIM, 165/82.

327 Beschuldigtenvernehmung vom 30.10.1997, Staatsanwaltschaft II beim Landgericht Berlin, AZ JS 1014/93 , Landeshauptarchiv Schwerin.

328 Treffbericht IM Hans-Georg Meier vom 10.11.1976, BArch (MfS), LPZ XX 0001/105, S. 5.

329 Treffbericht IM Hans-Georg Meier vom 10.11.1976, BArch (MfS), LPZ XX 0001/105, S. 5.

330 Feller, Karl; Terhaag, Bernd: Pflichten und Verantwortung in der experimentellen Medizin, in: Burkhardt, Gerhard; Reimann, Wolfgang (Hrsg.): Aktuelle Rechtsfragen des Arzt-Patient-Verhältnisses, Dresden 1976, S. 71.

331 Sicherung des Forschungsvorhabens »Aufdeckung zusätzlicher Leistungsreserven für den Zeitraum 1975–1980«, 29.9.1978, BArch (MfS), LPZ XX 0001/105, S. 35.

332 Ebd., BArch (MfS), LPZ XX 0001/105, S. 35.

333 Gesamteinschätzung Forschung Zusätzliche Leistungsreserven, 1.8.1977, BArch (MfS), LPZ XX 0001/105, S. 30.

334 Ebd., BArch (MfS), LPZ XX 0001/105, S. 30

335 Schwerpunkt Geheimnisschutz, BArch (MfS), HA XX, Nr. 17062, S. 6.

336 »Wirkungsvergleich verschiedener anaboler Steroide im Tiermodell und auf ausgewählte Funktionssysteme von Leistungssportler und Nachweis der Praxisrelevanz der theoretischen und experimentellen Folgerungen«, BArch (Militärarchiv Freiburg), DVW 2-1/40131.

337 »Untersuchungen zur Beeinflussung des Mischfunktionalen Monooxygenasesystems und des Glutathions-Systems durch körperliche Belastung und Steroide«, BArch (Militärarchiv Freiburg), DVW 2-1/40070.

338 Ebd., DVW 2-1/40070, S. 8.

339 »Verbesserung des zentralnervalen und neuromuskulären Funktionsniveaus sowie sportartspezifischer Leistungen durch Oxytozin«, BArch (Militärarchiv Freiburg), DVW 2-1/40172, S. 46.

340 »Untersuchungen zur Reaktivität des Organismus unter dem Einfluss sportlicher Belastungen. Dargestellt am Beispiel ausgewählter humoraler und zellulärer Messgrößen der nichtimmunologischen und immunologischen Abwehr«.Eine Forschung von 1986 aus der Abteilung Immunologie der Militärmedizinischen Akademie, Bad Saarow. In der Einleitung Seite 9 ist zu lesen: »Abwehrprozesse als gesamtorganismische Reaktionsform in diesem Sinne sind inhaltlicher Bestandteil von Untersuchungen zu Abwehrvorgängen im Bereich der Tumor-Wirt-Beziehung, die in der militärmedizinischen Forschung der DDR seit mehr als 30 Jahren unter Leitung von Generalleutnant OMR Prof. Dr. sc. Med. Gestewitz stattfinden. Diese Untersuchungen haben Modellcharakter zur Erfassung des Reaktivitätsverhaltens des Organismus auch für andere Belastungswirkungen.« Auf Seite 18 heißt es: »Während hohe Dosen exogener Steroide das humorale und zelluläre Immunsystem hemmen, ist der physiologische Serumspiegel der Steroide für die normalen Immunfunktionen erforderlich.« BArch (Militärarchiv Freiburg), DVW 2-1/40329. Hans-Rudolf Gestewitz (1921–1998) war Leiter des Zentralen Lazaretts der NVA in Bad Saarow und späterer Rektor der Militärmedizinischen Akademie, auch Lehrer von NVA-Arztoberst Dr. Gerd Machalett.
Eine Arbeit, 1987 in Bad Saarow verteidigt, hat den Titel: »Der Einfluss künstlicher Hypoxie im Experimentaltraining von Langstreckenläufern auf ausgewählte Messgrößen des Sauerstofftransportsystems und des Stoffwechsels«. In ihr heißt es: »Die Anpassungsfähigkeit ist ein charakteristischer Zug des Lebens … In der Höhe kommt es zu einer schnell einsetzenden Bildung von Erythrozyten … Ab 4000 Metern scheinen das Herz-Kreislauf-System und die Energiebereitstellung bei intensiven Belastungen zunehmend leistungslimitierend zu wirken.« BArch (Militärarchiv Freiburg), DVW 2-1/40109. Sowohl Immunologie wie Hypoxie waren zu dem Zeitpunkt originäre Interkosmos-Themen.

341 »Wirkungsvergleich verschiedener anaboler Steroide im Tiermodell und auf ausgewählte Funktionssysteme von Leistungssportlern und Nachweis der Praxisrelevanz der theoretischen und experimentellen Folgerungen«, BArch (Militärarchiv Freiburg), DVW 2-1/40131.

342 Ergebnisse einer klinischen Vorprüfung zur Wirkung von Steroidsubstanzen auf ausgewählte Organfunktionen und auf die physische Leistungsfähigkeit, BArch (Militärarchiv Freiburg), DVW 2-1/40057.

343 BArch (MfS), LPZ XX 001/105, 22.11.1978, S. 55.

344 BArch (MfS), LPZ XX 001/105, 24.4.1979, S. 76.

345 Auswertung Treff May, 23.7.1979, BArch (MfS), LPZ XX 0001/105, S. 91.

346 Zwischenbericht Zusätzliche Leistungsreserven, BArch (MfS), LPZ Abt. XX 0001/07, S. 35.

347 BArch (MfS), LPZ Abt. XX 0001/10, S. 147.

348 BArch (MfS), LPZ Abt. XX 0001/10, S. 149.

349 BArch (MfS), LPZ Abt. XX 0001/10, S. 149.

350 BArch (MfS), LPZ Abt. XX 0001/10, S. 149. Neben der geforderten Codierung wurden für Februar 1986 folgende Substanzen vom FKS als erforscht angegeben: »Oral Turinabol, STS 646, Testosteronpropionat, HCG, Clomiphen, Testosteronänanthat, Testotropin, Alpha-Lipoesäure, B17, Piracetam. Mittel in der Überprüfung: Präcursoren, S12, Piracetam, Lysn-Vasopressin, Nivalin, SP, ACTH, Opioide«, BArch (MfS), LPZ Abt. XX 0001/10, S. 152.

351 Zu den Forschungsarbeiten von Zivilisten an der Militärmedizinischen Akademie Bad Saarow, heißt es: »Heterogenität der Promovenden: Angehörige der NVA, Angehörige der Schutz- und Sicherheitsorgane sowie Zivilisten, sofern sie militärmedizinische Themen bearbeiten«, Leitungssitzung der Fakultät vom 11.11.1988, BArch (Militärarchiv Freiburg), VA-01/39610.

352 Krankenakte IG, Sportmedizinscher Dienst, Bezirk Gera, Staatsarchiv Rudolstadt.

353 Riedel, Hartmut: Zur Wirkung anaboler Steroide auf die sportliche Leistungsentwicklung in den leichtathletischen Sprungdisziplinen, BArch (Militärarchiv Freiburg), DVW 2-1/40149.

354 Riedel: Wirkung, S. 10.

355 Riedel: Wirkung, S. 3.

356 In einer Sicherungskonzeption des MfS Dresden heißt es zu Kreischa: »Das Zentralinstitut des Sportmedizinischen Dienstes in

Kreischa ist das zentrale Forschungszentrum auf dem Gebiet der Sportmedizin … Durch die Abteilung XX/3 der Bezirksverwaltung Dresden wird in Abstimmung mit der Hauptabteilung XX/3 und im Zusammenwirken mit der Zentralen Arbeitsgruppe Geheimnisschutz und der Arbeitsgruppe Geheimnisschutz der Bezirksverwaltung Dresden die politisch-operative Arbeit zur vorbeugenden Spionageabwehr weiter qualifiziert.« BArch (MfS), HA XX, Nr. 211, 25.4.1978, S. 15.

Revolution der Affen

357 Thom, Achim; Weise, Klaus: »Die Funktion des philosophischen Denkens in der Medizin und die allgemeine Bewegungsrichtung medizinisch-theoretischen Denkens«, in: Thom, Achim; Weise, Klaus: Medizin und Weltanschauung, Leipzig 1973, S. 5–23. Frewer, Andreas; Erices, Rainer: Medizinethik in der DDR, Stuttgart 2015. Auch: Quitz, Andrea: Staat, Macht, Moral. Die medizinische Ethik in der DDR, Berlin 2015.

358 Protokoll des Wissenschaftlichen Rates der Militärmedizinischen Akademie Bad Saarow vom 30.1.1991, BArch (Militärarchiv Freiburg), DVW 2-1/39611.

359 BArch (Militärarchiv Freiburg), VA-01/39603.

360 Zentrales Archiv des Deutschen Zentrums für Luft- und Raumfahrt e.V., Göttingen, BAAR, A843, unnummeriert.

361 Arbeitsbericht vom 25.10.1984, Zentrales Archiv des Deutschen Zentrums für Luft- und Raumfahrt e.V., Göttingen, BAAR, A887, unnummeriert.

362 Ebd., BAAR, A887, unnummeriert.

363 Ebd.,BAAR, A887, unnummeriert.

364 Kurzinformation und Stellungnahme zu den Fragen vom 14.12.1984. »Die hier aufgeführten Aktivitäten sind Bestandteil der nationalen Staatsplanaufgabe ZF.06.27. 104.50 ›Physiologische, biochemische und pharmakologische Prozesse in der Embryonalentwicklung und im adulten Alter unter terrestrischen und kosmischen Bedingungen‹ und der ZF.06.27 104.59 ›Regulator-Peptide und Schlafprofil unter den Bedingungen des kosmischen Langzeitfluges‹, Zentrales Archiv des Deutschen Zentrums für Luft- und Raumfahrt e.V., Göttingen, BAAR, A846, unnummeriert.

365 Zentrales Archiv des Deutschen Zentrums für Luft- und Raumfahrt e.V., Göttingen, BAAR, A846, unnummeriert.

366 Bericht über die Arbeitsberatung der Spezialisten des Instituts für Medikobiologische Probleme des Ministeriums für Gesundheitswesen der UdSSR und den Spezialisten der Charité, Humboldt-Universität im Rahmen des bilateralen Vertrages über wissenschaftlich-technische Zusammenarbeit vom 25. – 31.12.1986 in Moskau. Zentrales Archiv des Deutschen Zentrums für Luft- und Raumfahrt e.V., Göttingen, BAAR, A 846, unnummeriert.

367 Ebd., BAAR, A846, unnummeriert.

368 Ebd., BAAR, A846, unnummeriert.

369 Ebd., BAAR, A846, unnummeriert.

370 Ebd., BAAR, A846, unnummeriert.

371 Bericht über die Teilnahme an der Beratung der ständigen Arbeitsgruppe sozialistischer Länder für kosmische Biologie und Medizin »Interkosmos« in Brno/CSSR vom 10. – 16.6.1984. Planungen 1986–1990, Zentrales Archiv des Deutschen Zentrums für Luft- und Raumfahrt e.V., Göttingen, BAAR, A825, unnummeriert.

372 Ebd., BAAR, A825, unnummeriert.

373 Bericht über die Erfüllung der wissenschaftlichen Forschungsaufgaben des DDR-Teils der Ständigen Arbeitsgruppe der sozialistischen Länder Kosmische Biologie und Medizin im Programm »Interkosmos« 1987, Zentrales Archiv des Deutschen Zentrums für Luft- und Raumfahrt e.V., Göttingen, BAAR, A859, unnummeriert.

374 Untersuchung von Problemen der kosmischen Biorhythmologie unter allgemein-biologischen und psychophysiologischem Aspekt. Zentrales Archiv des Deutschen Zentrums für Luft- und Raumfahrt e.V., Göttingen, BAAR, A859, unnummeriert.

375 Untersuchung von Problemen der kosmischen Biorhythmologie unter allgemein-biologischen und psychophysiologischem Aspekt. Zentrales Archiv des Deutschen Zentrums für Luft- und Raumfahrt e.V., Göttingen, BAAR, A859, unnummeriert.

376 Ebd., BAAR, A859, unnummeriert.

377 Ebd., BAAR, A859, unnummeriert.

378 Ebd., BAAR, A859, unnummeriert.

379 Protokoll der Leitung des Wissenschaftlichen Rates vom 25. II. 1983, BArch (Militärarchiv Freiburg), DVW 2-1/39606.

380 »Das Sowjetische Programm zur Erforschung des Weltalls im Zeitraum bis zum Jahre 2000. Pläne, Projekte, Internationale Zusammenarbeit«, Archiv der Berlin-Brandenburgischen Akademie der Wissenschaften, Bestand Forschungsbereich Geo- und Kosmoswissenschaften, Signatur 217, unnummeriert.

381 Bericht über die XXI. Beratung der Ständigen Arbeitsgruppe »Kosmische Biologie und Medizin« der am Programm Interkosmos beteiligten sozialistischen Länder, 6. – II. 6. 1988. Zentrales Archiv des Deutschen Zentrums für Luft- und Raumfahrt e.V., Göttingen, BAAR, A844, unnummeriert.

382 »Leistungsfähigkeit der Frau und ihre Eignung für die militärische Verwendung«, BArch (Militärarchiv Freiburg), DVW 2-1/40189, S. 9.

383 Zentrales Archiv des Deutschen Zentrums für Luft- und Raumfahrt e.V., Göttingen, BAAR, A860, unnummeriert.

384 Substanz P-Wirkung auf Reproduktion und Entwicklung gestresster trächtiger Ratten, Zentrales Archiv des Deutschen Zentrums für Luft- und Raumfahrt e.V., Göttingen, BAAR, A859, unnummeriert.

385 Untersuchung des Einflusses der Schwerelosigkeit und Hypergravitation auf Wachstum und Entwicklungsprozesse, Zentrales Archiv des Deutschen Zentrums für Luft- und Raumfahrt e.V., Göttingen, BAAR, A859, unnummeriert.

386 Zentrales Archiv des Deutschen Zentrums für Luft- und Raumfahrt e.V., Göttingen, BAAR, A843, unnummeriert.

387 Ebd., BAAR, A843, unnummeriert.

388 BArch (Militärarchiv Freiburg), Protokoll der Fakultätssitzung der Militärmedizinischen Akademie Bad Saarow vom 5. 9. 1996, VA-01/39609.

389 Protokoll des Wissenschaftlichen Rates der Militärmedizinischen Akademie Bad Saarow vom 5. 9. 1986, BArch (Militärarchiv Freiburg), VA-01/39609.

390 Ebd., BArch (Militärarchiv Freiburg), VA-01/39609.

391 Ebd., BArch (Militärarchiv Freiburg), VA-01/39609.

392 Ebd., BArch (Militärarchiv Freiburg), VA-01/39609.

393 Ebd., BArch (Militärarchiv Freiburg), VA-01/39610.

394 Bericht über die Teilnahme am 8. Symposium der Internationalen Akademie für Kosmonautik vom 29.9. – 4.10.1989 in Taschkent, Zentrales Archiv des Deutschen Zentrums für Luft- und Raumfahrt e.V., Göttingen, BAAR, A838, unnummeriert.

395 Ebd., BAAR, A838, unnummeriert.

396 Ebd., BAAR, A838, unnummeriert.

397 Ebd., BAAR, A838, unnummeriert.

398 Zentrales Archiv des Deutschen Zentrums für Luft- und Raumfahrt e.V., Göttingen, BAAR, A11246, unnummeriert.

399 Projektentwurf Interdisziplinäre Humanwissenschaftliche Weltraumforschung, Zentrales Archiv des Deutschen Zentrums für Luft- und Raumfahrt e.V., Göttingen, BAAR, A870, unnummeriert.

400 Forschungsprojekt »Kosmische Medizin und Biologie im Interkosmos-Programm«, Zentrales Archiv des Deutschen Zentrums für Luft- und Raumfahrt e.V., Göttingen, BAAR, A872, unnummeriert.

401 Beratung Ständige Arbeitsgruppe Kosmische Biologie und Medizin, Zentrales Archiv des Deutschen Zentrums für Luft- und Raumfahrt e.V., Göttingen, BAAR, A859, unnummeriert.

402 Protokoll der Leitungssitzung des Wissenschaftlichen Rates der Militärmedizinischen Akademie Bad Saarow vom 5.5.1987, BArch (Militärarchiv Freiburg), VA-01/39609.

403 Ebd., BArch (Militärarchiv Freiburg), VA-01/39609.

404 Staatsanwaltschaft Berlin an den Bundesbeauftragten für die Unterlagen des Staatssicherheitsdienstes der ehemaligen DDR vom 7.6.2021, Zeichen: 283 UJs 26/21.

405 Staatsanwaltschaft Berlin an den Bundesbeauftragten für die Unterlagen des Staatssicherheitsdienstes der ehemaligen DDR vom 7.6.2021, Zeichen: 283 UJs 26/21.

406 Machalett, Gerd; Gröbel, Helmar: »Der konstruierte Skandal. Behauptungen, im DDR-Sport seien mit Dopingmitteln »Menschenversuche« durchgeführt worden, entbehren jeder Grundlage«, Rubikon, 4.8.2021.

407 Brunner, José: Zur Geopolitik des Traumas. Konturen einer kritischen Raumtheorie für die Traumaforschung, Trauma und Gewalt, Stuttgart, Heft 4, November 2021, S. 284.

408 Volk, Irena Josifovna: Die Affen von Suchumi, Berlin 1973, S. 6

409 Adler, Sabine: Schwerelos in Unterhosen, in: Adler, Sabine: Russisches Roulett. Ein Land riskiert seine Zukunft. Berlin 2011, S. 19–23.

Zurück in die Zukunft

410 Arbeitsbuchaufzeichnungen, HA XVIII, Abteilung 5, BArch (MfS), ZA, HA XVIII, nicht erschlossenes Material, Blatt 1 – 19.
411 Wizisla, Erdmut: Ausgraben und Erinnern. Walter Benjamins Theorie des Archivierens, in: Akademie der Künste (Hrsg.) Arbeit am Gedächtnis, Berlin 2021, S. 42.
412 Spitzer, Doping, S. 123, Fußnote 2.
413 »Wandlungen der Geburtshilfe nach Einführung der elektronischen Geburtenüberwachung – Eine Vergleichsstudie am Patientengut der der Universitätsfrauenklinik der Charité und der Frauenklinik des Zentralen Lazaretts«, Protokoll der Leitungssitzung des Wissenschaftlichen Rates der MMA vom 26.3.1980, BArch (Militärarchiv Freiburg), DVW 2-1/39605.
414 »Über die diagnostische Uringewinnung mittels suprapubischer Blasenpunktion anhand von 600 Punktionen bei Kindern unterschiedlichen Alters«, Protokoll der Leitungssitzung des Wissenschaftlichen Rates der MMA vom 14.10.1983, BArch (Militärarchiv Freiburg), VA-01/39607.
415 »Zur körperlichen und sportlichen Entwicklung von 7 – 9-jährigen schwimmsporttreibenden Kindern«, Protokoll der Leitungssitzung des Wissenschaftlichen Rates der MMA vom 26.6.1981, BArch (Militärarchiv Freiburg), DVW 2-1/39605.
416 Abgeschlossene Vereinbarungen der MMA, Rahmenvertrag 1.12.1986 – 30.6.1991, BArch (Militärarchiv Freiburg), DVW 2-1/51511.
417 BArch, DY 30/69605, S. 89.
418 Niederschrift »Beratung über die Abstimmung zum gemeinsamen Vorgehen des Ministeriums für Nationale Verteidigung, PF 98 473 und des Ministeriums für Staatssicherheit, DE 3000 bei der Realisierung des F/E-Vorhabens »Fourieranalysator« vom 22.6.1982, Zentrales Archiv des Deutschen Zentrums für Luft- und Raumfahrt e.V., Göttingen, BAAR, A888, unnummeriert.
419 Niederschrift der Beratung über die Einbeziehung einer speziellen Aufgabenstellung aus dem Themenkomplex der Arbeits-

gruppe »Kosmische Biologie und Medizin« in das F/E-Vorhaben »Fourieranalysator« am 7.4.1982 in der AdW, Abteilung I, Zentrales Archiv des Deutschen Zentrums für Luft- und Raumfahrt e.V., Göttingen, BAAR, A888, unnummeriert.

420 Protokoll »Beratung über die weitere Gestaltung der Beziehungen aller am F/E-Vorhaben »Fourieranalysator« beteiligten Organe/Bereiche der AdW, des MfS und des MfNV am 6.7.1982 in der AdW, Zentrales Archiv des Deutschen Zentrums für Luft- und Raumfahrt e.V., Göttingen, BAAR, A888, unnummeriert

421 Protokoll »Beratung über die weitere Gestaltung der Beziehungen aller am F/E-Vorhaben »Fourieranalysator« beteiligten Organe/Bereiche der AdW, des MfS und des MfNV am 6.7.1982 in der AdW, Zentrales Archiv des Deutschen Zentrums für Luft- und Raumfahrt e.V., Göttingen, BAAR, A888, unnummeriert.

422 Ebd., BAAR, A823, unnummeriert.

423 Ebd., BAAR, A860, unnummeriert.

424 Ebd., BAAR, A859, unnummeriert.

425 Ebd., BAAR, A859, unnummeriert.

426 Ebd., BAAR, A859, unnummeriert.

427 Ebd., BAAR, A857, unnummeriert.

428 Ebd., BAAR, A823, unnummeriert.

429 Ebd., BAAR, A852, unnummeriert.

430 Ebd., BAAR, A852, unnummeriert.

431 Protokoll der Leitungssitzung des Wissenschaftlichen Rates der MMA vom 8.4.1988, BArch (Militärarchiv Freiburg), VA-01/39610.

432 Bericht über die Arbeitsberatung der Spezialisten des Instituts für Medikobiologische Probleme des Ministeriums der UdSSR und der Spezialisten der Charité, Humboldt-Universität im Rahmen des bilateralen Vertrages über wissenschaftlich-Technische Zusammenarbeit vom 25.–31.12.1986 in Moskau, Zentrales Archiv des Deutschen Zentrums für Luft- und Raumfahrt e.V., Göttingen, BAAR, A846, unnummeriert.

433 Bericht zur Vorbereitung des Biosatellitenexperiments im Rahmen des Interkosmosprogramms in Suchumi vom 20.–29.10.1984. Zentrales Archiv des Deutschen Zentrums für Luft- und Raumfahrt e.V., Göttingen, BAAR, A846, unnummeriert.

434 Zentrales Archiv des Deutschen Zentrums für Luft- und Raumfahrt e.V., Göttingen, BAAR, A854, unnummeriert.

435 Zentrales Archiv des Deutschen Zentrums für Luft- und Raumfahrt e.V., Göttingen, BAAR, A852, unnummeriert.

436 Brief Direktor des Zentralinstituts für Herz- und Kreislaufforschung an den Leiter des Forschungszentrums für Molekularbiologie und Medizin vom 17.12.1982, Zentrales Archiv des Deutschen Zentrums für Luft- und Raumfahrt e.V., Göttingen, BAAR, A852, unnummeriert.

437 Ebd., BAAR, A852, unnummeriert.

438 Sektion »Kosmische Psychologie«, Thema 4.12: »Suche und Vervollkommnung von Methoden zur Bewertung der psychologischen Adaptation des Menschen, anwendbar auf die Bedingungen kosmischer Flüge unterschiedlicher Dauer«, Zentrales Archiv des Deutschen Zentrums für Luft- und Raumfahrt e.V., Göttingen, BAAR, A830, unnummeriert.

439 Ebd., BAAR, A830.

440 Protokoll des Wissenschaftlichen Rates der MMA vom 30.1.1991, BArch (Militärarchiv Freiburg), DVW 2-1/39611.

441 Reichelt, Die Militärmedizinische Akademie, S. 72.

442 Reichelt, Die Militärmedizinische Akademie, S. 159.

443 Reichelt, Die Militärmedizinische Akademie, S. 159.

444 Reichelt, Die Militärmedizinische Akademie, S. 160.

445 Reichelt, Die Militärmedizinische Akademie, S. 160.

446 Müller, Jürgen: Von der Remise des Herzogs zum geheimen Forschungslabor, Altenburg 2020, S. 47.

447 Reichelt: Die Militärmedizinische Akademie, S. 160.

448 Hein-Weingarten, Das Institut, S. 52.

449 Hein-Weingarten, Das Institut, S. 54.

450 »Wenn es Probleme geben sollte, rechnen wir mit Unterstützung der DARA, da Raumfahrtmedizin in der BRD generell weiterentwickelt werden soll.« Handschriftlicher Vermerk zu Brief Karl Hecht an Rektor der HU Berlin vom 14.6.1991, Zentrales Archiv des Deutschen Zentrums für Luft- und Raumfahrt e.V., Göttingen, BAAR, A838, unnummeriert.

451 Hein-Weingarten, Das Institut, S. 54.

452 Forschungsprojekt »Kosmische Medizin und Biologie im Interkosmos-Programm, 1990 – 1995, Protokoll der 24. Beratung der Ständigen Arbeitsgruppe Kosmische Biologie und Medizin der Teilnehmerländer des Interkosmosprogramms«, Zentrales Archiv des Deutschen Zentrums für Luft- und Raumfahrt e.V., Göttingen, BAAR, A872, unnummeriert.

453 Protokoll der Arbeitsberatung der Spezialisten des Instituts für Medikobiologische Probleme des Ministeriums für Gesundheitswesens der UdSSR und dem Institut für Pathologische Physiologie der Charité der Humboldt-Universität, BRD, im Rahmen des Vertrages über interinstitutionelle Zusammenarbeit, 15.12 – 22.12.1990, Zentrales Archiv des Deutschen Zentrums für Luft- und Raumfahrt e.V., Göttingen, BAAR, A838, unnummeriert.

454 Protokoll der Arbeitsberatung, 15.12. – 22.12.1990, Zentrales Archiv des Deutschen Zentrums für Luft- und Raumfahrt e.V., Göttingen, BAAR, A838, unnummeriert.

455 Protokoll der Arbeitsberatung der Spezialisten des Instituts für Medikobiologische Probleme des MfG der UdSSR und dem Institut für Pathologische Physiologie der medizinischen Fakultät (Charité) der Humboldt-Universität, BRD, Moskau, 9. – 14.4.1991, Zentrales Archiv des Deutschen Zentrums für Luft- und Raumfahrt e.V., Göttingen, BAAR, A838, unnummeriert.

456 Vorläufige Themenliste gemeinsamer Untersuchungen, Protokoll der Arbeitsberatung, 9. – 14.4.1991, Zentrales Archiv des Deutschen Zentrums für Luft- und Raumfahrt e.V., Göttingen, BAAR, A838, unnummeriert.

457 Vertrag über wissenschaftlich-technische Zusammenarbeit zwischen dem Institut für Medikobiologische Probleme (IMBP) des Ministeriums für Gesundheitswesen der UdSSR, Moskau, und dem Institut Pathologische Physiologie der Humboldt-Universität zu Berlin für den Zeitraum 1991 – 1995 zur Problematik: »Einfluss von extremen Umweltfaktoren auf funktionelle Zustände von Mensch und Tier«, Protokoll der Arbeitsberatung, 9. – 14.4.1991, Zentrales Archiv des Deutschen Zentrums für Luft- und Raumfahrt e.V., Göttingen, BAAR, A838, unnummeriert.

458 Weitere Information zur zukünftigen Nutzung des Objektes Gosen, 14.5.1991, Zentrales Archiv des Deutschen Zentrums für Luft- und Raumfahrt e.V., Göttingen, BAAR, A872, unnummeriert.

459 Brief von Karl Hecht an den Rektor der Humboldt-Universität Prof. Dr. Fink vom 14.6.1991, Zentrales Archiv des Deutschen Zentrums für Luft- und Raumfahrt e.V., Göttingen, BAAR, A838, unnummeriert.

460 Brief Hecht, 14.6.1991, Ebd., BAAR, A838, unnummeriert.

461 Ebd., BAAR, A838, unnummeriert.

462 Ebd., BAAR, A838, unnummeriert.

463 Projektentwurf Interdisziplinäre Humanwissenschaftliche Weltraumforschung. Thema: »Komplex Verhaltensweisen unter besonderer Beachtung der Psycholokomotorik bei der Beurteilung der psychophysiologischen Stabilität des Astronauten unter langzeitig veränderten Bedingungen«, Zentrales Archiv des Deutschen Zentrums für Luft- und Raumfahrt e.V., Göttingen, BAAR, A870, unnummeriert.

464 Chronopsycho-Physiologische Untersuchungsmöglichkeiten, Vorhabenbeschreibung, Zentrales Archiv des Deutschen Zentrums für Luft- und Raumfahrt e.V., Göttingen, BAAR, A870, unnummeriert.

465 Projektentwurf, Zentrales Archiv des Deutschen Zentrums für Luft- und Raumfahrt e.V., Göttingen, BAAR, A870, unnummeriert.

466 Ebd., BAAR, A870, unnummeriert.

467 Vance, Ashlee: Elon Musk, Tesla, PayPal, SpaceX. Wie Elon Musk die Welt verändert, München 2021, S. 198.

468 Vance, Musk, S. 199.

469 Vance, Musk, S. 21.

470 Vance, Musk, S. 12, 20, 23, 284.

471 Vance, Musk, S. 236.

472 Vance, Musk, S. 299.

473 Vance, Musk, S. 301.

474 Vance, Musk, S. 300.

475 Vance, Musk, S. 299.

476 Groys; Hagemeister (Hrsg.), Menschheit, S. 40.

477 Physicians group files states lawsuit and federal complaint against UC Davis regarding deadly monkey experiments at Elon Musk-funded lab, Pressemitteilung, 10.2.2022, PCRM.

478 Ebd., Pressemitteilung, 10.2.2022, PCRM.

479 Ebd., Pressemitteilung, 10.2.2022, PCRM.

Dank

Der erste Dank geht an Jacob, ohne den dieses Buch nicht entstanden wäre. Sein Name wurde anonymisiert, seine Geschichte ist real.

Die Recherchen für das Buch hatten es in sich. Von daher möchte ich den Archivteams im Militärarchiv Freiburg, im Bundesarchiv Berlin, im Archiv der Akademie der Wissenschaften Berlin, im Landeshauptarchiv Schwerin, im Staatsarchiv Rudolstadt, in der Stasiunterlagenbehörde Schwerin sowie in der Bibliothek des Deutschen Zentrums für Luft- und Raumfahrt in Berlin-Adlershof für die Bereitstellung der Archivalien, ihre Hinweise und die immense Freundlichkeit ausdrücklich danken.

Wieder danke ich meinem Verlag für das Vertrauen in die Buchidee, für den Beistand, aber auch die Großzügigkeit in Tat und Wahrheit, insbesondere meinem Verleger Tom Kraushaar, meiner Lektorin Christine Treml, natürlich Katharina Wilts, Verena Knapp, Marion Heck und allen bei Klett-Cotta, die ein solches Buch überhaupt erst entstehen lassen.

Und wie immer geht es nicht ohne die Freunde. Ich danke Eva-Maria Otte, dass sie mir bei der zähen Materialsuche so die Stange gehalten hat, für ihre Erstlektüre, ihr konzises Mitdenken, fürs Gepiezel und Gepuzzel, aber auch für die dramaturgische Zuverlässigkeit. Ich danke Andreas Petersen für seine Liebe, für alle Sorgfalt und alle Moral. Ich danke Rena Krebs für ihre Zeit und die unermüdliche Fürsprache. Ich danke Gerit Decke für ihre Inspiration und eine lange Freundschaft. Ich danke Dorit Linke für die Runden im Volkspark und ihre Dauerermutigung.

IG, im Februar 2022

Literatur

Adler, Sabine: Russisches Roulett. Ein Land riskiert seine Zukunft, Berlin 2011.

Aumann, Philipp: Mode und Methode. Die Kybernetik in der Bundesrepublik Deutschland, Göttingen 2009.

Bergman, Ingmar: Das Schlangenei. 1977, universumfilm, Edition, Disc I.

Bergmann, Anna: Der entseelte Patient. Die Moderne Medizin und der Tod, Berlin 2004.

Baumann, Christiane: Die Zeitung »Freie Erde« (1952 – 1990), Kader, Themen, Hintergründe. Beschreibung eines SED-Bezirksorgans, Schwerin 2013.

Beyrau, Dietrich (Hrsg.): Im Dschungel der Macht. Intellektuelle Professionen unter Stalin und Hitler, Göttingen 2000.

Brunner, José: Die Politik des Traumas. Gewalterfahrungen und psychisches Leid in den USA, in Deutschland und im Israel/Palästina-Konflikt, Berlin 2014.

Buthmann, Reinhard: Versagtes Vertrauen. Wissenschaftler der DDR im Visier der Staatssicherheit, Göttingen 2020.

Ewert, Günter: Interaktionen zwischen der Stadt Greifswald, der Ernst-Moritz-Arndt-Universität und dem Militär, Berlin 2007.

Ewert, Günter; Hornei, Rolf; Maronde, Hans-Ulrich: Militärmedizinische Sektion 1955 – 1990. Bildungsstätte für Militärärzte, Militärzahnärzte und Militärapotheker an der Ernst-Moritz-Arndt-Universität, Berlin 2015.

Foucault, Michel: Überwachen und Strafen. Die Geburt des Gefängnisses, Frankfurt/Main 1994.

Frewer, Andreas; Erices, Rainer (Hrsg.): Medizinethik in der DDR. Moralische und menschenrechtliche Fragen im Gesundheitswesen, Stuttgart 2015.

Goffman, Erving: Stigma. Über Techniken der Bewältigung beschädig-
ter Identität, Frankfurt/Main 1967.

Groys; Boris, Hagemeister, Michael (Hrsg.): Die neue Menschheit.
Biopolitische Utopien in Russland des 20. Jahrhunderts, Frankfurt/
Main 2005.

Groys, Boris: Gesamtkunstwerk Stalin. Die gespaltene Kultur der
Sowjetunion, München 1988.

Hein-Weingarten, Katharina: Das Institut für Kosmosforschung der
Akademie der Wissenschaften der DDR. Ein Beitrag zur Erforschung der Wissenschaftspolitik der DDR am Beispiel der Weltraumforschung von 1957 bis 1991, Berlin 2000.

Hess, Volker; Hottenrott, Laura; Steinkamp, Peter: Testen im Osten.
DDR-Arzneimittelstudien im Auftrag westlicher Pharmaindustrie
1964 – 1990, Berlin 2016.

Hoffmann, Horst: Die Deutschen im Weltraum. Zur Geschichte der
Kosmosforschung in der DDR, Berlin 1998.

Klee, Ernst: Deutsche Medizin im Dritten Reich. Karrieren vor und
nach 1945, Frankfurt/Main 2001.

Koch, Egmont R.; Wech, Michael: Deckname Artischocke. Die geheimen Menschenversuche der CIA, München 2002.

Koenen, Gerd: Utopie der Säuberung. Was war der Kommunismus?
Berlin 1998.

Lehner, Anna-Maria: Medizin und Menschenrechte im Gefängnis.
Zur Geschichte und Ethik der Forschung an Häftlingen seit 1945,
Bielefeld 2018.

Lohl, Jan, More, Angela: Unbewusste Erbschaften des Nationalsozialismus, Gießen 2014.

Lovelock, James: Novozän. Das kommende Zeitalter der Hyper-
intelligenz, München 2021.

Malycha, Andreas: Biowissenschaften/Biomedizin im Spannungsfeld
von Wissenschaft und Politik in der DDR in den 1960er und 1970er
Jahren, Leipzig 2016.

Marxen, Klaus; Werle, Gerhard (Hrsg.): Gefangenenmisshandlung,
Doping und sonstiges DDR-Unrecht. Dokumentation Strafjustiz
und DDR-Unrecht, Bd. 7, Berlin 2009.

Meyer, Sophie: Immunologie im »kleinen Staat« DDR. Die tumorim-
munologische Grundlagenforschung in Berlin-Buch (1948 – 1984),
Berlin 2016.

Müller, Jürgen: Von der Remise des Herzogs zum geheimen Forschungslabor, Altenburg 2020.

Nancy, Jean-Luc: Corpus, Zürich/Berlin 2014.

Ohler, Norman: Der totale Rausch. Drogen im Dritten Reich, Köln 2015.

Pörksen, Bernhard; Schulz von Thun; Friedemann: Die Kunst des Miteinander-Redens. Über den Dialog in Gesellschaft und Politik, München 2020.

Quitz, Andrea: Staat, Macht, Moral. Die medizinische Ethik in der DDR, Berlin 2015.

Reichelt, Helmut: Die Militärmedizinische Akademie Bad Saarow und ihre Vorgängereinrichtungen, 1954 – 1990. Ein Bericht aus Dokumenten, Wissen und Erlebnisse, Berlin 2016.

Rieger, Stefan: Kybernetische Anthropologie. Eine Geschichte der Virtualität, Frankfurt/Main 2003.

Schleiermacher, Sabine; Pohl, Norman (Hrsg.): Medizin, Wissenschaft und Technik in der SBZ und DDR. Organisationsformen, Inhalte, Realitäten, Husum 2009.

Schmidtke, Adrian: Körperformationen. Fotoanalysen zur Formierung und Disziplinierung des Körpers in der Erziehung des Nationalsozialismus, Münster 2007.

Spitzer, Giselher: Doping in der DDR. Ein historischer Überblick zu einer konspirativen Praxis, Köln 2000.

Thom, Achim, Weise, Klaus: Medizin und Weltanschauung, Leipzig 1973.

Uhl, Matthias: Umfang, Struktur und Leistungsvermögen des militärisch-industriell-akademischen Komplexes der Erforschung der Wissenschaftspolitik der DDR am Beispiel der Weltraumforschung von 1957 bis 1991, Berlin 2000.

Vance, Ashlee: Elon Musk, Tesla, PayPal, SpaceX. Wie Elon Musk die Welt verändert, München 2021

Virilio, Paul: Die Eroberung des Körpers. Vom Übermenschen zum überreizten Menschen, München/Wien 1994.

Voigt, Tobias, Erler, Peter: Medizin hinter Gittern. Das Stasi-Haftkrankenhaus in Berlin-Hohenschönhausen, Berlin 2011.

Volk, Irena Josifovna: Die Affen von Suchumi, Berlin 1973.

Von Kollmer, Dieter H. (Hrsg.): Militärisch-Industrieller Komplex? Rüstung in Europa und Nordamerika nach dem Zweiten Weltkrieg, Freiburg in Breisgau/Berlin/Wien 2015.

Von Ardenne, Manfred: Die Erinnerungen, München 1990.